# Dengos e zangas das mulheres-moringa:
## Vivências afetivo-sexuais de mulheres negras

Bruna Cristina Jaquetto Pereira

LASA | LATIN AMERICA RESEARCH COMMONS

Publicado por
Latin America Research Commons
www.larcommons.net
larc@lasaweb.org

©Bruna Cristina Jaquetto Pereira, 2020
Primeira edição: 2020
Desenho da tampa: Milagros Bouroncle
Imagem de capa: Linoca Souza
Diagramação da versão impressa: Lara Melamet
Diagramação da versão digital: Siliconchips Services Ltd.
Correção: AABX Translations - Aivars Holms

ISBN (Físico): 978-1-951634-12-4
ISBN (PDF): 978-1-951634-13-1
ISBN (EPUB): 978-1-951634-14-8
ISBN (Mobi): 978-1-951634-15-5
DOI: https://10.25154/book6

O texto completo deste livro recebeu avaliação duplo-cego por pares para garantir a excelência do nível acadêmico. Para consultar a nossa política de avaliação, entre em www.larcommons.net/site/alt-research-integrity

Para ler a versão livre em acesso aberto deste livro digital, visite https://10.25154/book6 ou faça a leitura do código QR com o seu dispositivo móvel.

# Conteúdo

# Agradecimentos

Este livro é uma versão revisada e atualizada de minha tese de doutorado, defendida em 2019 no Programa de Pós-Graduação em Sociologia da Universidade de Brasília (UnB), a qual contou com o apoio do Conselho Nacional de Desenvolvimento Científico e Tecnológico (CNPq). Agradeço aos/às colegas, funcionários/as e aos/às docentes do programa, especialmente à minha orientadora, Tânia Mara Campos de Almeida, e a Joaze Bernardino-Costa, integrante da banca avaliadora. Dela também participaram as professoras Paula Balduíno de Melo, Dione Moura e o professor Cristiano Rodrigues, cujas contribuições para o resultado final foram inestimáveis.

O Grupo de Estudos Mulheres Negras-UnB foi um espaço importante de desenvolvimento intelectual. Agradeço a cada uma das pessoas que por lá passaram.

Minha estadia na Universidade da Califórnia, Berkeley, no período de 2017-2018, teve grande influência nos rumos deste trabalho. Agradeço à generosidade e às valiosas contribuições da professora Tianna Paschel, e ao BLAC-Blackness in Latin America and the Caribbean, em especial a John Mundell e Nicole Ramsey.

Sou grata a Ana Laura Lobato, Andressa Marques, Cintia Engel, Denise Cruz, Elizabeth Löwe-Hunter, Eunice Borges, Leonardo Rauta Martins, Raíssa Roussenq, SamYouts, Rodolfo Reis, Taís de Sant'Anna Machado e Tonika Sealy--Thompson, amigas e amigos que também participaram, de alguma forma e em diferentes medidas, da construção desta pesquisa.

Agradeço ainda a Monique, Rayane, Verônica e Vanessa por mediarem o meu contato com algumas das entrevistadas, e também a Thânisia, Raíla, Emily e Valéria por me auxiliarem em alguns momentos específicos da pesquisa. Sou particularmente grata a todas aquelas que se dispuseram a contribuir para este trabalho relatando experiências tão íntimas.

Sobretudo, sou imensamente grata aos meus pais, Vilma e João Manoel, por seu investimento em minha formação e pela torcida de sempre. Agradeço também às minhas irmãs, Ana Claudia e Kenia, por sua paciência, carinho e apoio incondicionais.

# Introdução

Nos primeiros meses de 2019, logo no início do que seria uma longa viagem interestadual de ônibus saindo de Brasília, tentei dormir um pouco. Não consegui. Era difícil cair no sono devido ao som alto do celular de uma passageira, o qual tocava repetidamente uma única canção melosa da dupla sertaneja Chrystian e Ralph, de Goiás, que se tornou famosa lá pelos anos 1980. A música logo cessou, e passei de irritada a atenta. Me chamava a atenção a conversa entre as duas amigas sentadas no banco de trás, a quem dei os nomes fictícios de Amanda e Lia.

Quem sabe se inspiradas pela letra romântica da canção, Amanda e Lia falavam sobre suas paixões – seus dengos –, e também sobre suas desventuras amorosas – suas zangas. Eram duas mulheres negras, pele entre tom médio e escuro, uma um pouco mais clara que a outra. Aparentavam ter entre 35 e 45 anos. De cintura fina e quadril largo, dispunham de uma fisionomia que, segundo uma das participantes do estudo aqui apresentado, lembra o formato de uma moringa. Aquelas mulheres-moringa contavam sobre os homens de suas vidas: os que já tinham passado, os que ainda estavam, aqueles que esperavam encontrar quando o ônibus as deixasse em seu destino final. Amanda vangloriava-se por trabalhar pesado na roça, o que lhe permitia não "depender de homem": não queria ficar à mercê de companheiros violentos, como aquele ex-parceiro que denunciara pela Lei Maria da Penha. "Não quero mais saber de homem!" afirmou resoluta, para em seguida confessar que estava há dias flertando com um rapaz pelo WhatsApp. Ela achava que "ainda" era bonita e capaz de arrumar homem para "curtir", quem sabe até poderia atrair um bom partido. Só o trabalho ao sol, alegou, que a deixava mais "preta" do que realmente era e, por isso, feia. Lia não acreditava muito na amiga, achava que o sol não tinha muito a ver com a situação, Amanda era mesmo daquela cor – portanto, "feia". Discutiram um pouco sobre as feições "de preta" de cada uma – nariz, boca –, disputando quem era feia ou bonita tendo por medida a aparência mais ou

**Como citar a introdução:**
Pereira, Bruna Cristina Jaquetto. *Dengos e zangas das mulheres-moringa: Vivências afetivo-sexuais de mulheres negras*. Pp. 1-7. Pittsburgh, Estados Unidos: Latin America Research Commons. DOI: https://10.25154/book6. Licença: CC BY-NC 4.0

menos negra. Encontraram um único consenso: elogiaram uma à outra pelos cabelos, alisados – logo, "arrumados". Aproveitaram a trégua para dormir, sonhando talvez que acordavam em um outro corpo, branco, quiçá ao lado do parceiro almejado.

A conversa corriqueira entre Amanda e Lia repercute algumas das situações vivenciadas por mim – uma mulher negra de tez clara – e por tantas outras mulheres negras brasileiras em suas vivências afetivo-sexuais: a beleza feminina como atrativo para os homens; a relação com o ideal de beleza branco; o machismo e a violência contra as mulheres; a experiência da solidão, do sexo casual, e o eventual desejo de encontrar um companheiro; o uso das tecnologias e redes sociais para paquera. De um diálogo que se poderia supor banal, despontam discussões que têm sido consideradas em trabalhos acadêmicos: as relações entre negros/as e brancos/as no Brasil – e, com menor frequência, dos/as negros/as entre si –; as relações de gênero; a interseccionalidade de gênero e raça; compreensões variáveis quanto à natureza e à importância do vínculo afetivo, quanto ao par considerado adequado, quanto ao lugar ocupado pelo prazer sexual nos envolvimentos contemporâneos. Estas são algumas das questões que abordo na presente obra.

Este livro é resultado de minha tese de doutorado em Sociologia, que partiu da hipótese de que a interseccionalidade de gênero e raça – e não apenas gênero, em isolado – ocupa um lugar central no delineamento da sequência de experiências afetivo-sexuais de mulheres negras no decorrer de suas vidas, no Brasil atual. O trabalho foi orientado pela seguinte pergunta principal: como gênero e raça configuram as trajetórias afetivo-sexuais de mulheres negras na sociedade brasileira contemporânea?

Para construir a resposta a tal indagação, busquei explorar as seguintes questões: como as vivências de natureza afetivo-sexual durante o período da infância e da adolescência contribuem para a formação da autopercepção de mulheres negras? Como os sujeitos que interagem com mulheres negras situam e atribuem significado ao contato ou relacionamento afetivo-sexual estabelecido com elas? Como terceiros interagem com casais compostos pelo menos uma mulher negra e qual o impacto dessas interações no desenrolar dos relacionamentos? E, por fim, como as experiências afetivo-sexuais são experimentadas subjetivamente pelas mulheres negras, e qual o seu efeito para percepções de si, impressões quanto à sua posição relativa frente a outros/as, avaliações sobre o que podem alcançar, suas preferências e escolhas, desejos e projetos?

Neste início do século XXI, a inserção das mulheres negras na sociedade brasileira, como grupo, permanece profundamente impactada pelas desigualdades estruturais e pelas discriminações de caráter patriarcal e racista. Os dados estatísticos referentes ao período de 2015 a 2018, durante o qual se iniciou o estudo e foi conduzida a pesquisa de campo, são capazes de fornecer um pano de fundo para se tratar dos assuntos que constituem o interesse principal deste trabalho.

Em 2015, as mulheres negras eram 52,7% da população feminina do Brasil, somando mais de 55,6 milhões de pessoas – o maior grupo populacional quando se considera o recorte de gênero e raça. Dessas, 8,6% se autodeclaravam pretas (negras de tez escura) e 44,1%, pardas (negras de tez clara). Ainda em 2015, 57,8 % da população do DF, que então contava com pouco mais de 2,9 milhões de habitantes, declarava-se negra. Entre as mulheres, as negras somavam 56,8% da população da Unidade Federativa em questão (IPEA 2017).

Em nível nacional, no que se refere ao tempo de estudo, as mulheres negras ficavam à frente somente dos homens negros, apresentando em média escolaridade de 7,7 anos em 2015. Em comparação, a média nacional era então de 8,4 anos de estudo por pessoa; para os homens brancos, de 8,9 anos; para as mulheres brancas, de 9,1 anos; para os homens negros, 8,9 anos de estudo. A taxa de analfabetismo entre as mulheres negras era de 10,2% – quase 2 pontos percentuais acima da média nacional, que era de 8%, e menor apenas que a taxa apresentada pelos homens negros, de 11,1% (IPEA 2017).

No âmbito do mercado de trabalho, as desigualdades apresentavam-se ainda mais contundentes. Em 2018, a população negra obteve um rendimento médio bastante inferior ao das pessoas brancas: o rendimento domiciliar *per* capita foi de R$ 1.846 para o grupo branco e de R$ 934,00 para o grupo negro. As mulheres negras receberam 44,4% dos rendimentos dos homens brancos: enquanto estes receberam em média R$ 1.871, aquelas auferiram R$ 916. Dentre todos os grupos classificados por raça e gênero, o delas foi o que obteve o menor rendimento. A população negra representava então 75,2% dos 10% da população com menor rendimento, mas apenas 27,7% dos/as 10% com maior rendimento. As mulheres negras constituíam então 32% da população desocupada (assim como os homens negros, que somavam outros 32%; mulheres brancas eram 18% dos/as desocupados/as; homens brancos, 16%) (IBGE 2020b).

Importante ressaltar que essas desigualdades se refletiam ainda nas condições de moradia e acesso a serviços tais como saneamento básico, coleta de lixo e abastecimento de água, que se apresentavam piores para a população negra em geral, e para as mulheres negras em específico (IBGE 2020b).

O impacto da crise econômica iniciada em 2014 soma-se aos efeitos funestos e prolongados da pandemia de coronavírus na economia do país – e, de fato, na economia mundial. Ainda que a posição estrutural relativa da população negra e, em particular, das mulheres negras, nunca tenha se alterado substancialmente na sociedade brasileira[1], observa-se recentemente um aumento nas desigualdades raciais – por exemplo, no que tange à renda (IBGE 2020a) – que tende a se acentuar.

Em se tratando da vitimização por violência, as mulheres negras também se apresentam em desvantagem na sociedade brasileira quando comparadas às mulheres brancas. Os dados disponibilizados pelo Sistema de Informações sobre Mortalidade, do Ministério da Saúde, indicam que, embora a vitimização

---

[1] Ver, por exemplo, as séries históricas e comparações de dados estatísticos de períodos apresentados por Marcelo Paixão (Paixão et al. 2010).

por homicídio seja proporcionalmente muito mais expressiva para os homens – sobretudo, para os homens negros –, em 2017, a taxa de homicídios para mulheres negras ficou em 5,6 por 100 mil habitantes, e foi de 3,2 por 100 mil habitantes para as mulheres brancas. No total, 3.282 mulheres negras foram assassinadas no ano de 2017. Os dados de homicídio apresentam limitações para indicar a motivação dos homicídios femininos, pois mulheres são assassinadas tanto em situação de violência urbana quanto de violência doméstica e familiar. Contudo, o indicador de local do homicídio mostra que tanto brancas quanto negras são assassinadas com mais frequência em suas residências, um forte indício de situação de violência doméstica e familiar (IPEA e FBSP 2019)[2]. Além disso, a combinação entre machismo e racismo resulta na maior vitimização de mulheres negras pelo crime de feminicídio[3] (Diniz, Costa e Gumieri 2015).

Esses são aspectos fundamentais do contexto social em que se desenrolam os fenômenos aqui analisados, e retratam a conjuntura na qual estão imersas e se articulam as experiências das participantes da pesquisa.

Para responder às perguntas acima expostas, o presente trabalho parte de uma abordagem interseccional, que leva em conta a inter-relação entre subjetividade, imaginário social e dinâmicas interpessoais (presenciais ou não). Além disso, são consideradas variadas possibilidades e cenários: os vínculos inter-raciais e entre pessoas negras, hétero e homoafetivos; as novas modalidades de envolvimento afetivo-sexual, bem como as tradicionais; o uso de aplicativos de paquera e das redes sociais, além de interações em espaços de sociabilidade; a influência de contradiscursos emergentes na sociedade brasileira que desafiam representações e lógicas tradicionais e seus confrontos com as mesmas.

Certas questões aqui abordadas despontam como preocupações também em outros espaços. Durante o período em que realizei a pesquisa, ganhavam força nas redes sociais debates sobre os efeitos do racismo para a afetividade negra em geral e, particularmente, sobre a maneira como ele resulta na "solidão da mulher negra". A expressão tem sido muito utilizada nos círculos intelectuais e da militância negra, empregada sobretudo pelas ativistas, que, ao lançar mão dele, designam de maneira ampla o abandono, o desprezo e o sofrimento experimentados por mulheres negras no âmbito afetivo. Nesses ambientes, as discussões sobre solidão afetiva somam-se àquelas sobre a hipersexualização das mulheres negras, e vão ganhando espaço e legitimidade entre os círculos militantes, embora dispondo ainda de um status secundário. Como uma demanda relacionada a emoções e pertencente à ordem dos afetos e do desejo, que põe em tela a sua circulação e distribuição, o debate encontra certa resistência para alcançar legitimidade enquanto matéria pertinente à esfera pública.

---

[2] Para um estudo sobre dinâmicas racializadas em contextos de violência doméstica, ver o livro *Tramas e dramas de gênero e cor* (Pereira, B. 2016).

[3] Débora Diniz, Sinara Costa e Bruna Gumieri (2015) definem como feminicídio os assassinatos de mulheres que têm como motivação o gênero da vítima.

Na academia, alguns trabalhos de intelectuais negras destacam a hipersexualização do corpo feminino negro, referida a uma matriz colonial de relações sociais (Carneiro 1995; Gonzalez 1982a, 1984; Nascimento, B. 1990). Contudo, são poucas as publicações brasileiras editadas na última década dedicadas exclusivamente a questões referentes a gênero e raça, afetividade e sexualidade. Os trabalhos que encontrei tratavam de aspectos pontuais: dos relacionamentos inter-raciais – como os de Zelinda Barros (2003), Laura Moutinho (2004) e Chinyere Osuji (2016) –; das experiências da solidão de mulheres negras – como os de Claudete Souza (2008) e de Ana Cláudia Lemos Pacheco (2013); ou das experiências de homens negros homossexuais – como o de Osmundo Pinho (2012). Essas produções apresentaram importantes contribuições ao presente estudo. Somadas, deixam ver a existência de uma lacuna de pesquisas empíricas que abordem experiências afetivo-sexuais de mulheres negras de uma maneira panorâmica, que contemplem ainda questões como a homoafetividade, os impactos dos movimentos sociais negros nas relações sociais contemporâneas e o crescente uso das tecnologias e redes sociais.

Na elaboração da análise, priorizei a interlocução com trabalhos prévios, tendo em vista que muitos deles tratam apenas de gênero, e não de raça, ou apenas de raça, mas não de gênero; não abordam ou não têm por foco as experiências de mulheres negras; tratam de uma variedade de temas, e não especificamente de vivências afetivo-sexuais. Pareceu-me importante estabelecer uma discussão entre tal bibliografia e meu trabalho de campo, de modo a testar a validade de estudos prévios, atualizá-los e esmiuçar argumentos e dinâmicas sociais apresentados com frequência de maneira superficial e incompleta, ou que não tenham sido explorados por estudos empíricos. Ao mesmo tempo, o estudo apresenta resultados originais e inovadores, compilados e resumidos no capítulo final.

O livro está organizado em cinco capítulos, seguidos da seção conclusiva.

O capítulo 1 tem por intuito apresentar os fundamentos analíticos deste estudo. Começo por introduzir os aportes teórico-conceituais que dirigiram o meu olhar para a realidade e que alicerçam a construção da pesquisa e sua apresentação. Mobilizo aportes da teoria sociológica de modo a observar a inter-relação dinâmica entre subjetividades, interações, imaginários e hierarquias sociais, fazendo uso da noção de trajetórias afetivo-sexuais. A seguir, comento brevemente a abordagem socioantropológica das vivências afetivo-sexuais, atenta às construções que têm por base gênero e raça. É também neste primeiro capítulo que apresento um modelo analítico interseccional que considera a mobilização de três fatores de articulação de gênero e raça no âmbito afetivo-sexual: a estética, a sexualidade e a moralidade sexual.

No segundo capítulo, dedico-me a explorar a relação entre as interações sociais e a subjetividade, tendo em vista a socialização inicial das mulheres negras no ambiente familiar e também as suas primeiras experiências amorosas e eróticas no ambiente escolar e em outros espaços públicos. Indico que a socialização inicial das meninas negras nos ambientes da família e da escola (e, em menor medida, também outros espaços públicos, como a rua/vizinhança) abrange a transmissão, a compreensão e a internalização do significado social da feminilidade negra. Na família, instruções quanto à importância da beleza e da experiência afetivo-sexual, noções racializadas de beleza e ensinamentos e práticas de controle referidas à sexualidade contribuem para a formação da identidade racial e de gênero das mulheres negras. Na escola e na rua, experiências recorrentes de rejeição afetiva e de sua associação à hipersexualidade ou à sexualidade desviante consolidam para elas os significados atribuídos à negritude, colaborando para a formação de seu autoconceito negativo e para o desenvolvimento de interesses particulares, que perduram por etapas posteriores de suas trajetórias.

Os envolvimentos afetivo-sexuais constituem o objeto de análise do capítulo 3. Começo por descrever as dinâmicas de flerte em espaços de sociabilidade, em aplicativos de paquera e nas redes sociais. Aponto como as relações entre negras e brancos (e, em menor medida, entre negras e brancas) são perpassadas e estão mesmo condicionadas por noções de diferença que preservam a manutenção das fronteiras raciais. É também neste capítulo que analiso os relacionamentos, ou seja, os vínculos constituídos para além da interação de flerte e abordagem, e avalio as dinâmicas presentes tanto nas relações inter-raciais quanto nas das mulheres negras com outras pessoas negras. Considero então os efeitos do status da parceira negra quanto a gênero e raça para o desdobrar dos relacionamentos inter-raciais, bem como os desafios e potencialidades encontrados para a formação do casal negro.

No capítulo 4, volto-me à exploração sobre as interações de outras pessoas – familiares, amigos/as e desconhecidos/as – com casais compostos por mulheres negras. Destaco a importância da interferência de terceiros na imposição dos padrões tradicionais de moralidade racializada, seja com o intuito de preservar o patrimônio simbólico da família ou do grupo branco como um todo, seja com o de fazer valer o projeto familiar de embranquecimento transgeracional. Adicionalmente, considero as interferências protetivas da família negra e também as disputas entre mulheres na "batalha de cores".

O capítulo 5 está consagrado ao estudo da subjetividade das mulheres negras. Nele, exploro a relação que elas estabelecem com o próprio corpo, com a própria sexualidade, e a maneira como são elaboradas as suas preferências pessoais. Discorro sobre as impressões das mulheres negras em relação às marcas fenotípicas relativas à afrodescendência, considerando o impacto de algumas transformações recentes na forma de se enxergar a negritude. Considero a associação simbólica entre cabelo e sexualidade, tendo em vista a forma como ela é vivida, bem como as performances "recatadas" ou "lascivas" adotadas como estratégias de negociação frente aos estereótipos que a elas se remetem. Aqui, discuto também as preferências por pares negros ou brancos, bem como a escolha por duas situações frequentemente associadas às mulheres negras: ser "a amante" ou viver a solidão afetiva.

Na conclusão, apresento de maneira consolidada os principais resultados da pesquisa: agrupo achados dispersos pelos capítulos e exploro suas consequências de modo mais amplo. Além disso, os referencio à bibliografia relativa ao tema estudado, indicando convergências, atualizações e divergências. Indico então as contribuições originais e os principais avanços do trabalho. Em suma, indico que a interseccionalidade de gênero e raça, articulada pela interação entre estética, sexualidade e moralidade sexual, constitui a trama mais delicada da subjetividade e da intimidade, estruturando a circulação e a distribuição dos afetos e do desejo, estabelecendo modos de ver, de ser e de sentir, cristalizando vínculos e afastamentos.

# CAPÍTULO I

# Ponto de partida:
# fundamentos analíticos

Beauty was not simply something to behold;
it was something one could *do*.[4]
(Toni Morrison [1970] 2007, xi)

Descobri que, para mim,
ser mulher basta.
Para puxar véus,
levantar saias
pintar as unhas de vermelho feroz –
mesmo que seja só para dizer: para.
Ou para ver a dança des-contínua do seu corpo
sobre o meu (o meu oposto)
pelo espelho que se emancipa
das paredes deste quarto
e desta tarde delicada.
Mas sempre ser mulher basta:
posto que é inteiro e vão,
onda que bate na pedra e despedaça
apenas para voltar inteira
– afogada –
em um mar de (in)diferenças
onde cada gota solitária e única
forma um discurso descomposto,

---

[4] Beleza não era simplesmente algo a se contemplar; era algo que se podia *fazer*. (Tradução minha.)

---

**Como citar este capítulo:**
Pereira, Bruna Cristina Jaquetto. *Dengos e zangas das mulheres-moringa: Vivências afetivo-sexuais de mulheres negras.* Pp. 9-39. Pittsburgh, Estados Unidos: Latin America Research Commons. DOI: https://10.25154/book6. Licença: CC BY-NC 4.0

cambiante,
plural:
mesmo quando me atiro sobre esta pedra,
que me rechaça.

(Santos 2016, 31)

Neste capítulo, apresento os alicerces das análises tecidas por este estudo.

Inicialmente, discorro sobre a perspectiva sociológica adotada e sobre a maneira como a mobilizo de modo a observar a inter-relação dinâmica entre subjetividades, interações, imaginários e hierarquias sociais.

Em seguida, trato da abordagem socioantropológica das vivências afetivo-sexuais, ou seja, das compreensões cambiantes sobre noções referentes a amor, paixão e sexualidade, tendo em vista sobretudo as mudanças relacionadas à modernidade e à modernidade tarde. Atenho-me, ainda, às construções que têm por base gênero e raça.

Por fim, abordo o conceito/paradigma da interseccionalidade, e apresento o modelo analítico interseccional empregado. Ao construí-lo, priorizei a genealogia entrelaçada das formulações modernas sobre desigualdade e assimetria de gênero e sobre categorizações e hierarquias raciais, e destaquei os conteúdos simbólicos e valorativos compartilhados entre ambos. Como resultado, o modelo considera a mobilização de três fatores de articulação de gênero e raça no âmbito afetivo-sexual: a estética, a sexualidade e a moralidade sexual.

## Subjetividade, interações e trajetórias

As reflexões apresentadas neste estudo incorporam, a partir da obra de George H. Mead, uma noção geral do processo individual de subjetivação, partindo do pressuposto de que indivíduos e corpos não dispõem de existência prévia à vida social: é por meio da interação social, estabelecida pela comunicação simbólica, que eles adquirem existência. Em linhas gerais, para o autor, o *self* emerge do processo interativo, que torna possível que o indivíduo desenvolva a consciência de si e a habilidade humana de assumir o papel "do outro". A capacidade de reconhecer o outro e de internalizá-lo, mediada pelo caráter simbólico da linguagem e pela competência interpretativa dos seres humanos, permite que o indivíduo antecipe as perspectivas alheias em um contexto de interação, adaptando continuamente o próprio comportamento e o curso de sua ação. O desenvolvimento do *self*, para Mead, tem um caráter processual: ao brincar, a criança assume diferentes papéis. No contexto do jogo, ela precisa aprender o papel de todos/as aqueles/as que dele participam, ou seja, precisa desenvolver a noção do "outro generalizado", uma ideia geral da comunidade organizada, do grupo social no qual está inserido, que passa então a servir como referência ao comportamento e à ação (Domingues 2014; Mead e Morris 1967; Moore 2008; Spink 2011).

Minha leitura da obra do autor está primordialmente interessada no caráter corporificado, processual e relacional da constituição dos sujeitos, o que me permite explorar as complexas relações entre as dimensões simbólica, social e subjetiva. Valendo-me de sua proposta, considero que discursos e categorias culturais, instituições e valores sociais são interiorizados pelos indivíduos e afetam o desenvolvimento da subjetividade, sendo esta produzida em um ambiente particular de interação e em referência a um corpo dado, atravessado de – e constituído por – significados coletivamente elaborados e continuamente rearticulados (Domingues 2014; Moore 2008).

Recorro ocasionalmente a formulações de Erving Goffman para analisar as interações sociais. Do autor, incorporo, em primeiro lugar, a preocupação analítica com a "ordem da interação", isto é, com a estrutura das interações face a face. A ordem da interação refere-se às formulações simbólicas e convenções sociais prévias à interação social, as quais operam como pressupostos cognitivos que orientam indivíduos e grupos (ou "equipes") em um encontro social (Castro 2012; Goffman 1983). Em segundo lugar, teço considerações sobre o cenário da interação quando ele se mostra relevante para a questão aqui investigada. Para o autor, "a parte cênica do equipamento expressivo" (Goffman 2013, 36) participa da forma como aqueles/as que interagem definem a situação. Em terceiro lugar, volto meu olhar justamente para a questão da "definição da situação"[5], ou seja, para como os/as participantes de um encontro social interpretam e buscam projetar uma determinada interpretação da situação na qual interagem, estabelecendo relações de cooperação ou de ruptura com os/as demais (Castro 2012; Goffman 1983, 2013). Em minha leitura das interações sociais, atento-me às relações de poder que atravessam e estruturam os encontros, tendo em vista que a capacidade de definir o que está acontecendo e de estabelecer como legítima certa definição da situação depende "de quem tem o poder de propor e sustentar a definição" (Gastaldo 2008, 150).

Recorro à noção de trajetórias afetivo-sexuais – ou "carreiras sexuais/amorosas" (Heilborn 1999, 41) – para alcançar uma abordagem cumulativa, mais do que pontual, das experiências dos sujeitos abordados. Com isso, meu intuito é resgatar percursos típicos, momentos significativos e situações críticas, comuns ou significativas em sua singularidade, relacionados a gênero e raça. A observação dos eventos sequenciais, junto às circunstâncias sociais imediatas, presta-se a identificar os desdobramentos de experiências particulares para a compreensão de si, dos/as outros/as, e para a avaliação de possibilidades, formulação de cursos de ação, de desejos e aspirações. Ou seja, a articulação entre cenários e eventos sucessivos é tomada como balizadora "do processo de modelação da subjetividade, entendido como as circunstâncias sociais e biográficas que

---

[5] Assim Édison Gastaldo explica a ideia de "definição da situação": "Trata-se do processo a partir do qual se atribui um sentido ao contexto vivido, da resposta que cada pessoa dá à seguinte pergunta: o que está acontecendo aqui, agora?" (Gastaldo 2008, 150).

ensejam o sentido do *eu*" (Heilborn 1999, 42, grifos da autora) e, consequente-
mente, como orientadora da ação individual no contexto social.

## Vivências afetivo-sexuais segundo a ótica socioantropológica

Segundo a ótica socioantropológica, as experiências afetivo-sexuais são tomadas como "produto de um complexo conjunto de processos sociais, culturais e
históricos – formas culturais intersubjetivas que moldam e estruturam a experiência subjetiva da vida sexual (e amorosa) em diferentes ambientes sociais"
(Parker 1991, 13). As reflexões que aqui apresento referem-se de maneira ampla
aos aspectos sociológicos dos fenômenos relacionados ao apaixonamento e
ao desejo, às experiências eróticas e aos laços subjetivos e sociais criados por
afeições.

A produção sociológica e antropológica sobre o tema estende-se em debates entre aqueles/as que defendem a universalidade e os/as que sustentam a
especificidade histórica e contextual dos sentimentos e normas societais que
orientam as vivências afetivo-sexuais. Há, por exemplo, uma discussão sobre
a existência ou não do "amor passional" (Giddens 1993) ou "paixão amorosa"
(Lobato 2012) em todas as sociedades humanas. Na análise das transformações
associadas à modernidade e à modernidade tardia no Ocidente, entram em
tela considerações sobre as mudanças na estrutura de sentimentos, nas formas
de enxergar, expressar e experienciar o amor, o desejo e o sexo, tendo em vista
tendências progressivas no sentido da individualização.

Grosso modo, a origem das transformações relacionadas à modernidade é
referida aos séculos XVIII e XIX, ainda que algumas delas possam ser rastrea-
das até os séculos XV e XVI, remetendo às relações de alteridade construídas no
bojo das empreitadas coloniais. O domínio da intimidade floresceu como parte
do processo de separação entre as esferas pública e privada. Se o domínio da
impessoalidade se constituiu como instância das relações anônimas e burocrá-
ticas, o âmbito da intimidade passou a abranger – de maneira ideal, se não de
fato – a subjetividade e a intersubjetividade (Bozon 2004). Os casamentos deixaram de ser realizados segundo os interesses dos grupos – famílias ou outras
instituições sociais –, e a paixão amorosa passou a ser vista como uma experiência emocional desejável, requisito para a constituição de relações amorosas gratificantes e único fundamento aceitável para constituição do casamento
(Giddens 1993; Lobato 2012). Com a emergência da noção de amor romântico
ou conjugal, a união consagrada pelo matrimônio absorveu funções afetivas e
sexuais, e o amor tornou-se "domesticado", redirecionando-se o seu potencial
subversivo e seu aspecto de imprevisibilidade para a construção de uma vida
adulta responsável e familiar. O amor foi, então, "civilizado", no sentido de que,
em sua experiência ideal, deveria ser regido pela cultura e a ela subordinar-se.
Em oposição ao amor vivido no conforto doméstico, o "amor-paixão" – selvagem, adúltero, secreto, marginal – passou a ser visto como relacionado ao desvio,

à transgressão e como uma ruptura com a cultura em prol de um "chamado da natureza" (Giddens 1993; Lobato 2012).

Além de ligadas à individualização característica da modernidade, as referidas transformações decorreram ainda da rearticulação de gênero e raça a partir da empreitada colonial e, mais recentemente, dos movimentos sociais que, valendo-se dos marcos conceituais do ideário democrático-igualitarista moderno, reivindicam direitos e acesso igualitário dos grupos discriminados e marginalizados a recursos materiais e simbólicos.

## Gênero e raça

Como categoria histórica – contextualmente variável e dotada de uma trajetória – e cultural – socialmente articulada e dotada de sentido –, gênero opera como uma formulação discursiva que enquadra a anatomia e o sexo com base na divisão biológica fundamental entre macho e fêmea. Institui, assim, uma divisão binária entre feminino e masculino, atribuindo diferenças sociais, psicológicas e culturais a homens e mulheres – diferenças estas que fundamentariam as hierarquias de gênero e a hegemonia masculina. Ao mesmo tempo, no Ocidente moderno, gênero articula a ideia de heteronormatividade ao presumir coerência e continuidade entre sexo, gênero, prática sexual e desejo (Butler 1990, 2004; Connell 2009). Além de influenciar e tomar parte na constituição da estrutura de personalidade e da identidade, gênero opera como um princípio organizador da ordem social nas sociedades modernas e de suas instituições (Lorber 2006).

A modernidade instituiu um novo padrão de relações de gênero, com o reforço e rearticulação das ideias de diferença sexual e de heterossexualidade compulsória. Mudanças no significado da maternidade e do casamento e transformações na maneira como se concebe a divisão sexual do trabalho ajudaram a cimentar os direitos dos homens sobre as mulheres, além de viabilizar a apropriação sistemática, por parte deles, do trabalho material, emocional, sexual e simbólico desenvolvido por elas (Curiel 2013; McClintock 2010; Pateman 1988; Rich 2012). A figura modelar do casal heterossexual, a associação do feminino à emotividade e o amor romântico como modelo de subjetivação feminina contribuíram para naturalizar a subordinação da esposa ao marido, consolidando o alijamento da mulher "respeitável" – branca, de classe média – do espaço público e confinando-a ao lar (Giddens 1993; McClintock 2010).

Por sua vez, a empreitada colonial desdobrou-se na sistematização da distinção entre natureza e cultura, que se tornaram constitutivas das alteridades de gênero e raça. A oposição entre "povos brancos civilizados" – "racionais" e "cultos" – e "não brancos selvagens" – "irracionais/impulsivos" e "primitivos" – passou a codificar e dar sentido às diferenças de gênero nas próprias metrópoles, com a formulação de analogias entre as mulheres brancas e as raças "inferiores"[6] (Collins 2009; Gonzalez 1982b; McClintock 2010; Schuller 2017; Young 2005). Nas colônias, o envolvimento dos homens brancos colonizadores com as mulheres dos povos colonizados e escravizados, de modo esporádico ou em regimes de ilegitimidade (prostituição, estupro e concubinato), perfazia uma das faces da dominação colonial, conferindo à trama erótica a marca de um acentuado grau de hierarquia e da violência material e simbólica, com impactos que se estenderam aos processos de constituição das subjetividades de colonizadores/as e colonizados/as, senhores/as e escravos/as (Collins 2009; Fanon 2008; Gonzalez 1982b, 1988a; Mama 1997; Stoler 1995; Stolke 2006; Young 2005).

Nesse sentido, a modernidade representou uma reordenação da "mecânica do poder" – para utilizar uma expressão empregada por Michel Foucault (1988, 14) – em torno de gênero e raça e de sua relação com a afetividade e a sexualidade, resultando em novos códigos e imaginários a regular e mediar noções sobre o que e quem é desejável ou interditado/a, e em que contexto.

Outras mudanças referentes às vivências afetivo-sexuais são identificadas como características da pós-modernidade ou modernidade tardia, sobretudo em contextos urbanos. As tendências, relacionadas ao processo avançado de individualização e à "emancipação feminina" (Bozon 2004; Giddens 1993) vão no sentido de uma maior separação entre sexualidade e ordem tradicional de procriação, do enfraquecimento do casamento como instituição e da valorização crescente dos interesses e experiências pessoais, com o concomitante declínio da relevância das orientações normativas sobre os comportamentos individuais. Os relacionamentos contemporâneos ensejariam, assim, laços mais frouxos e frágeis que no passado (Bauman 2004), e a esfera da intimidade teria sido remodelada em direção à valorização dos "relacionamentos puros" e "amores confluentes" – aqueles que se mantêm com base na satisfação e interesse pessoal de cada integrante do casal, e nos quais se pressupõe a equidade entre as trocas emocionais do par (Giddens 1993).

Recentemente, vêm ganhando espaço entre certos segmentos sociais as modalidades de envolvimento abertamente não monogâmicas – trisal, poliamor, relacionamento aberto (Pilão e Goldenberg 2012) –; o uso de aplicativos de paquera (Hobbs; Owen e Gerber 2017); e deslocamentos que resultam da atuação dos movimentos LGBTQI (Butler 2004), que contribuem para difundir

---

[6] Sobre a origem comum das concepções modernas de diferença sexual e de raça, diz Robert C. Young: "A raça era definida por meio do critério da civilização, tendo no topo o homem branco europeu ocidental cultivado e os demais em seguida, numa escala hierárquica, quer numa sucessão de seres vivos, do molusco a Deus, quer no modelo posterior, numa escala evolutiva de desenvolvimento de um estado feminino infantil (selvageria) até um pleno estado adulto, masculino e europeu. Em outras palavras, a raça era definida em termos de diferença cultural, particularmente diferença de gênero – cuidadosamente graduada e classificada" (Young 2005, 114-115).

e conferir legitimidade a identidades, práticas e performances – afetivo-sexuais, inclusive – que tendem a ser invisibilizadas e marginalizadas.

Em contraponto à emergência de um repertório de envolvimentos afetivo-sexuais mais plural e de padrões idealmente igualitários, a persistência da divisão sexual do trabalho – com a delegação dos trabalhos de cuidados (invisibilizados, não pagos ou mal remunerados) às mulheres –, da violência homotransfóbica, da violência doméstica, do assédio sexual e do estupro revela a manutenção e, por vezes, o recrudescimento das assimetrias e hierarquias sociais que têm por base o gênero (Almeida, T. 2014). Ao mesmo tempo, outros tipos de hierarquias e desigualdades – sociais, econômicas, culturais e étnico-raciais – constituem e dão sentido aos interesses e experiências amorosos e eróticos. As crescentes ondas de deslocamento populacional (migrações), de fundamentalismo religioso e conservadorismo político, por exemplo, exacerbam os processos de formulação de identidades e alteridades fundadas em gênero, raça e religião, fortalecendo discursos que concebem o gênero como diferença e assimetria, e também a heteronormatividade, além de reavivar pressupostos sexuais referidos à ideia de raça – tão peculiares ao imaginário racista.

Em suma, os sujeitos atualmente dispõem de um maior repertório de possibilidades, e passaram a constituir trajetórias afetivo-sexuais mais diversificadas e individualizadas, que se delineiam pela busca da realização pessoal e da felicidade na esfera da intimidade, e na valorização do prazer sexual (Giddens 1993). Por outro lado, suas vivências são também moldadas por regimes de poder/discursos (Butler 2004) e marcadas pelas formas de constrição e violência que deles decorrem, os quais impactam sobre a maneira como suas experiências são compreendidas e constituídas.

Assim como a noção de gênero, mas de maneira distinta, a de raça desempenha um papel importante como fator de impulso às mudanças decorridas no âmbito aqui considerado.

Desde a modernidade, raça passou a operar como um "dos principais conceitos que organizam os grandes sistemas classificatórios da diferença que operam em sociedades humanas" (Hall 2013). A humanidade passou a ser sistematicamente dividida em grupos populacionais articulados de acordo com características fenotípicas destacadas como relevantes – cor da pele, textura do cabelo, formato dos olhos, entre outras – tomadas como indicativas de diferenças mais profundas relacionadas à inteligência, ao temperamento, à potência física e à sexualidade (Hall 1997, 2013; Omi 2001). Ainda que não constitua um fato genético ou biológico, raça, como conceito ou categoria social, mobiliza ideias quanto a diferenças que, a partir de representações (Hall 1997), da linguagem e das práticas institucionais (Nobles 2000), são transformadas em "fatores da cultura humana e da regulação da conduta" na medida em que orientaram a compreensão do mundo e, assim, as interações humanas (Hall 1997, 2013).

Embora já existissem ideias sobre raça desde pelo menos o século XVI, foi no transcurso da segunda metade do século XIX que as ciências biológicas e as ciências sociais cunharam efetivamente o conceito moderno de raça. Elas consolidaram então as perspectivas explicativas e representacionais que emba-sam a supremacia branca ao justificar e naturalizar o domínio europeu, que ia se estendendo sobre outros povos por meio da empreitada colonial. Com base em noções evolucionistas, filósofos e cientistas da época propuseram sistemas classificatórios que hierarquizavam coletivos populacionais entendidos como grupos raciais (Hall 1997; Omi e Winant 1994; Zuberi 2001).

Na sua versão moderna, o conceito de raça esteve desde o início atrelado ao racismo, ao pautar a organização sistemática da distribuição de poder entre os grupos raciais, ao configurar um regime de poder exercido sobre grupos não brancos por grupos brancos e ao forjar estruturas de acesso diferenciado a recursos e direitos (Gonzalez 1988a; Nelson 2008; Zuberi 2001). O imaginário racista moderno atribuiu aos/às africanos/as de tez mais escura, e depois aos/às negros/as, um status incompleto de humanidade, formulado a partir da asso-ciação a animais e de sua rotulação como "selvagens" e "primitivos/as" (Fanon 2008; McClintock 2010; Wynter 2003; Young 2005).

A história do Brasil confunde-se com a história moderna da raça e do racismo. A relação entre conquistadores europeus com os/as indígenas, a escravização de africanos/as, a Abolição em 1888, os esforços de moderniza-ção promovidos pelas elites no início do século XX, a conquista das ações afir-mativas para o acesso de estudantes negros/as ao ensino superior em meados do século XXI – todos esses são marcos de uma trajetória longa que congrega diversas transformações nos significados e conteúdos atribuídos a raça. Como uma constante, mantêm-se os padrões de acentuadas desigualdades raciais que se ancoram no racismo antinegro e na "supremacia branca" (Fernandes 1972; Twine 1998).

No esquema brasileiro de classificação e hierarquia racial, a dicotomia simbó-lica entre brancos/as (polo positivo) e negros/as (polo negativo) é complemen-tada por uma escala de valores e representações que norteia a leitura do "gra-diente" de cores e outros atributos fenotípicos da população brasileira, segundo a qual "o indivíduo ou grupo [é] mais reconhecido e aceito socialmente na medida em que se aproxima do tipo branco, e desvalorizado e socialmente repelido à medida que se aproxima do negro" (Moura 1988, 62). Há um esfacelamento da linha de cor ou das fronteiras raciais, que se soma ao aspecto em alguma medida contextual de atribuição de classificação, e que convive com a hierarquização dos/as não-brancos/as de acordo com o tom da pele, textura do cabelo, e da avaliação de proximidade dos demais traços fenotípicos do que se convencionou serem características típicas dos grupos populacionais brancos e negros (Dixon e Telles 2017; Figueiredo 2015; Gonzalez 1988b; Telles e PERLA 2014).

Apesar da noção generalizada de que as uniões inter-raciais são bem-aceitas e prevalentes, estudos demográficos sobre as relações raciais publicados a partir da década de 1980 tornaram visível que a nupcialidade da população brasileira tende à endogamia racial; que as mulheres negras, sobretudo as de tez escura (pretas), casam-se menos e mais tarde que as demais; que a maior parte das uniões inter-raciais ocorrem entre homens negros e mulheres brancas (Berquó

1987; Petruccelli 2001; Silva, N. 1987). Tais pesquisas puseram a descoberto a existência de dinâmicas racializadas de seleção de cônjuge e sua cumplicidade com as lógicas de gênero.

No decorrer das interações consideradas neste estudo, interpelam-se dois conjuntos de ideias e representações que se referem tanto a gênero quanto a raça e que atuam no âmbito afetivo-sexual. De maneira esquemática, nomeei o modelo hegemônico de "discurso da democracia racial"; o "discurso antirracista", por sua vez, identifica um conjunto de referências alternativas, contra-hegemônicas. Cada tipo de discurso pauta de maneira diferente a compreensão dos sujeitos sobre si, sobre os/as outros/as, sobre a natureza do sexo e do afeto, e sobre as possibilidades de experiência no âmbito do erotismo e da vivência amorosa. Mobilizados e também reelaborados no curso das interações sociais, o discurso da democracia racial e o discurso antirracista acionam significados particulares e estabelecem posições relativas pré-determinadas entre aqueles/as que interagem.

## O discurso da democracia racial

Como em outros países latino-americanos, em sua versão hegemônica, a narrativa brasileira sobre raça enxerga o sexo inter-racial e o seu produto, a miscigenação, como um testemunho autoevidente da ausência de discriminação e de conflitos de cunho racial. O racismo seria incompatível com os vínculos heterossexuais de afeto e/ou eróticos entre pessoas de grupos raciais distintos. Se há muitas pessoas miscigenadas, teria de haver também muitos casais inter-raciais. O sexo ou o relacionamento inter-raciais são lidos como uma prova de que o Brasil é uma "democracia racial erótica" (Goldstein 1999). O pressuposto é: o sexo ou a união afetiva iguala cada integrante do par quanto ao status racial, ou ainda, as relações inter-raciais só são possíveis em contextos sociais nos quais as divisões e a hierarquização racial estão ausentes ou enfraquecidas.

Nesse arranjo, "democracia" marca um contraponto em relação ao modelo de relações raciais das sociedades em que o racismo e a segregação racial foram legalmente instituídos, nas quais as categorias raciais são bem delimitadas e dispõem de regras claras de pertença – tais como os Estados Unidos e a África do Sul, em que predomina o "racismo aberto" (Gonzalez 1988a, 72). O discurso da democracia racial propaga a ideia de que a raça ou cor dos sujeitos é irrelevante para suas experiências, relações e trajetórias sociais, e defende a invisibilidade ou desimportância da raça/cor – ou *colorblindness* (Paschel 2016).

A ideia de identidade nacional brasileira ampara-se na noção de ampla miscigenação e na figura do/a mestiço/a (Viveros Vigoya 2000; Wade 2009), favorecidas enquanto maneira de produzir homogeneidade populacional e diluição gradual das populações indígenas e negras, rumo ao embranquecimento (Nascimento, A. 1978; Pinho, O. 2004). As narrativas de mestiçagem e homogeneização da população nacional (Andrews 2014; Bento 2009; Schwarcz 1993) e de escravidão "branda" (Nascimento, A. 1978) servem de alicerce para promover a imagem de um "país miscigenado", no qual não poderia haver racismo porque todos/as, mesmo os/as brancos/as, dispõem de sangue indígena ou negro.

A igualdade sustentada por esse tipo de discurso é "formalista" (Gonzalez 1988b), e esvai-se em casos de conflito e desobediência/transgressão aos códigos raciais mais ou menos silenciados: pessoas negras que alcançam cargos ou adotam atitudes consideradas incompatíveis com posições de subalternidade, pobreza e subserviência, que trespassam as fronteiras invisíveis dos grupos raciais, ou que reivindicam igualdade simbólica nas interações com os/as brancos/as. Nem sempre o motivo da disputa é abertamente revelado, tendo em vista a predominância do "racismo disfarçado" ou "por denegação" (Gonzalez 1988a, 72). O discurso da democracia racial é, portanto, conservador "dos privilégios [dos/as brancos/as] e da discriminação [racial]" (Moura 1988, 54) porque baseado em mecanismos de atribuição e preservação dos lugares simbólicos associados a negros/as (inferior) e brancos/as (superior) (Gonzalez 1988b), seja no âmbito estrutural, seja nas interações face a face.

Como discurso hegemônico, não é incomum que também pessoas negras o internalizem e reproduzam em alguma medida (Bicudo [1945] 2010; Moura 1988; Twine 1998). "Para o grupo não brancos/as, prescreve-se uma atitude de "acomodação" frente ao racismo: "ser superior" à agressão racista e não retrucar é o comportamento considerado adequado. Em primeiro lugar, há uma resistência em desagradar os/as brancos/as. Em segundo lugar, confrontar os/as brancos/as ofensores/as é encarado como falta de educação, como se o enfrentamento conferisse lastro ao estereótipo dos/as negros/as agressivos/as (Barbosa 1983; Bicudo [1945] 2010; Cavalleiro 2004; Nascimento, B. 2006). Em terceiro lugar, aquele/a que denuncia o racismo pode ser acusado, ele/a mesmo/a, de racismo, por "criar" uma separação racial e um problema racial que, na verdade, "não existem".

Nesse esquema simbólico-valorativo, são centrais a hipersexualização do corpo negro e a noção de diferença sexual pautada pelo ideal heteronormativo e pela dupla moralidade sexual. A manutenção de relações sexuais heterossexuais entre negros/as e brancos/as é vista como mecanismo histórico de atenuação das tensões e esfacelamento das barreiras raciais (Giacomini 1994; Pacheco 2006). Em particular, a atração sexual dos homens brancos por mulheres negras e o par composto por mulher negra (principalmente, "mulata") e homem branco, quando conformado e transitando segundo os parâmetros da moralidade sexual – ou seja, em vínculos informais –, são valorizados como prova da inexistência de racismo (Gonzalez 1984; Nascimento A. 1978; Twine 1998). Enquanto a figura da mulher branca é valorizada como ideal de beleza e parceira legítima, a pele negra é associada a erotismo, com rejeição aos tons de pele mais escuros e traços marcados de afrodescendência.

Há ainda a "ideologia do branqueamento" (Andrews 2014; Gonzalez 1988a) ou do embranquecimento, que propaga o mito da superioridade branca nas esferas intelectual, cultural, moral e estética (Andrews 2014; Dávila 2006; Gonzalez 1988a). Entre os segmentos negros, ela promove a valorização simbólica da branquitude e o desprezo pela negritude e traços fenotípicos que a identificam, e resulta na busca por se aproximar das camadas brancas, afastando-se dos/as demais negros/as (Bicudo [1945] 2010; Moura 1988). Na esfera afetivo--sexual, a ideologia do branqueamento se traduz na valorização do par branco e concomitante desprestígio do par negro, e no intuito de se unir a pessoas brancas para assim branquear a prole[7] (Gonzalez 1988a).

Casa-grande & senzala (Freyre [1933] 1995) não só representa exemplarmente o repertório do discurso da democracia racial como teve um papel fundamental em cristalizar e difundir o modelo narrativo em questão[8].

Duas personagens contemporâneas ilustram as formas como mulheres negras que se encaixam no discurso da democracia racial. A primeira delas é Adelaide, idealizada pelo humorista Rodrigo Sant'Anna. Adelaide protagonizava um quadro do programa humorístico Zorra Total, exibido pela Rede Globo de televisão entre 1999 e 2015, e depois reformulado. Com próteses para aumentar a largura do nariz, maquiagem para avolumar a boca, escurecer a pele e parecer faltar os dentes centrais, peruca de cabelos ondulados (de aspecto embaraçado e sujo) e roupa colorida, o ator encarnava uma mulher pobre de tez escura que vagava pelo metrô pedindo esmolas. Seu marido, Jurandir, era negro como ela e estava sempre bêbado.

A outra personagem é a mulata Globeleza, que aparece em vinhetas da Rede Globo na época do carnaval. Entre 1991 e 2016, a Globeleza dançava sensualmente ao som dos sambas-enredo, sempre só, tendo o corpo coberto apenas por pintura ou efeitos especiais. Ilustrava assim o papel clássico da mulata sedutora desprovida de laços sociais, exposta e disponível (Giacomini 1994), que ganha proeminência no período do carnaval – ou seja, é exaltada em uma situação extraordinária – para sair completamente de cena quando a vida retorna ao normal (Gonzalez 1984). Desde 2017, a Globeleza aparece vestida e dança em meio a um grupo de pessoas que performa diversas culturas carnavalescas nacionais.

## O discurso antirracista

Uma miríade de contranarrativas ao discurso racial hegemônico tem sido produzida por grupos negros organizados no decorrer da história brasileira (Bernardino-Costa 2018; Moura 1988), reivindicando à população negra igualdade e justiça social, em termos simbólicos e materiais, tendo em vista o

---

[7] Clóvis Moura afirma que a adesão ao ideal de embranquecimento consiste numa estratégia para tentar "escapar da inferiorização que a sua cor expressa nesse tipo de sociedade. Nessa fuga simbólica, eles[/as, os/as negros/as,] desejam compensar-se da discriminação social e racial de que são vítimas" (Moura 1988, 63).

[8] Para uma análise da obra em questão tendo em vista a caracterização dos elementos constituintes da nação brasileira – indígenas, negros/as e brancos/as – por gênero, ver Erotismo à brasileira, de Bocayuva (2001).

combate ao racismo. Em um dos capítulos mais recente dessa história, desde o final da década de 1990, os movimentos negros lograram alcançar mudanças substantivas no âmbito das políticas públicas – sobretudo, com a implementação das ações afirmativas para o acesso ao ensino superior – e ampliar a disseminação de formulações simbólicas alternativas sobre raça e negritude, que têm favorecido a identificação de um contingente maior de brasileiros/as como negros/as e a valorização estética de traços associados à negritude (Caldwell 2007; Paschel 2016; Pereira, A. 2019; Rodrigues 2020; Telles 2004). Em contraponto ao desejo pelo par branco, o ativismo – e, sobretudo, as ativistas e intelectuais negras – têm enfatizado a necessidade de se politizar o amor (Flauzina 2015) e de se construir representações positivas sobre o vínculo entre pessoas negras, combatendo assim a desvalorização estética das mulheres negras e as imagens que as retratam como hipersexualizadas.

Como contranarrativa ao discurso da democracia racial, o discurso antirracista opera em dois sentidos. Em primeiro lugar, denuncia a suposta amenidade das relações raciais brasileiras e a alegada ausência de racismo e de barreiras raciais como um "mito" (Gonzalez 1984, 1988b; Moura 1988; Nascimento, B. 2006; Nascimento, A. 1978), isto é, como uma "ideologia" que falseia a percepção da real extensão do racismo e das desigualdades raciais na sociedade brasileira. O segundo é a reivindicação da igualdade entre negros/as e brancos/as como parte da luta contra a discriminação racial, contra as desigualdades raciais e pela justiça social (Caldwell 2007; Paschel 2016; Pereira, A. 2019; Rodrigues 2020).

Parcela significativa dos esforços de intelectuais negros/as e movimentos negros e de mulheres negras atuantes desde a década de 1980 (Moura 1988) tem sido empregada para mitigar os efeitos da ideologia do embranquecimento, sobretudo a tentativa dos/as negros/as de "branquear" para fugir da categoria racial estigmatizada (Andrews 2014; Moura 1988). Promove-se uma valorização da identidade, da cultura e da estética negra pelo recurso à elaboração de um imaginário social alternativo, no qual a negritude é positivamente significada (Figueiredo 2015; Gomes 2011; Pereira, A. 2019), e procura-se impulsionar um sentimento e uma identidade de grupo tendo em vista primordialmente a vivência comum da discriminação racial (Figueiredo 2015; Moura 1988).

Ao contrário do discurso da democracia racial, o discurso antirracista atribui aos relacionamentos inter-raciais uma conotação negativa. Em primeiro lugar, a união com pessoas brancas – mais recentemente, rotulada de modo pejorativo como "palmitagem" – é lida como um sintoma do desejo de embranquecer, isto é, da internalização do racismo (Gonzalez 1988a; Nascimento, B. 2006; Osuji 2016), em particular da noção de superioridade da estética branca e do projeto de embranquecimento familiar. Em segundo lugar, a tentativa de conquista da mulher negra pelo homem branco é vista como uma reedição da cena colonial do estupro das escravizadas pelos senhores brancos, perpetuada através do tempo pelas representações das mulheres negras como hipersexualizadas. Nesse sentido, essa configuração de par constituiria em um tipo de exploração sexual das mulheres negras, tendo em vista a sua matriz histórica colonial e as hierarquias raciais e de gênero[9] (Carneiro 2003a). Em terceiro lugar, o discurso antirracista propõe que é o interesse do homem negro pela mulher branca, atendendo aos princípios da supremacia branca e também à sua posição relativa mais favorável quanto a gênero, que resulta na "solidão da mulher negra" (Barros, M. 2013; Pacheco 2013; Souza, C. 2008).

A promoção da imagem dignificada do casal negro emerge como um contraponto aos estereótipos sobre a sexualidade negra e às implicações problemáticas dos relacionamentos inter-raciais. Em sua versão mais recente, as propostas de politização dos afetos (Flauzina, 2015) e a valorização do envolvimento afetivo-sexual entre negros/as promove a ideia de "amor afrocentrado" (Borges 2014). Com efeito, a prioridade do "amor" como o móvel de aproximação do par reage à ideia de separação entre sexo e afeto, tão cara à moralidade sexual racializada.

Alcançando a esfera da intimidade, a narrativa ativista conclama à análise dos efeitos do racismo para as subjetividades, para a constituição e experiência da sexualidade e dos afetos, e convida negros e negras a desafiar formas tradicionais de ver, desejar e amar o/a seu/sua outro/a-semelhante. As narrativas que podem ser associadas ao discurso antirracista apresentam, contudo, oscilações relacionadas a gênero, tanto no que diz respeito ao grau de respaldo ou contestação ao ideal heteronormativo quanto ao papel e posição da mulher no casal heterossexual – se como uma igual junto ao par masculino ou se como subordinada ao homem negro e desempenhando os papéis tradicionais de gênero.

Em oposição ao discurso da democracia racial, massificado, o discurso antirracista está relativamente restrito aos nichos de militância e intelectualidade negra, mas tem sido divulgado em circuitos alternativos da Internet (blogs, Youtube) e das redes sociais (grupos e páginas do Facebook, Instagram etc.). Uma representação do par modelar do discurso antirracista foi veiculada recentemente pela mídia. Entre setembro de 2015 e junho de 2018, a Rede Globo exibiu episódios semanais da série televisiva *Mr. Brau*. Tendo por protagonistas o ator Lázaro Ramos – caracterizado como o músico que dá nome à série – e a atriz Taís Araújo – que atuava no papel da empresária e coreógrafa Michele, sua esposa –, o seriado retratava as tramas de um casal de artistas negros/as que havia ascendido socialmente por via da repentina fama. O par de intérpretes, casado na vida real, é reconhecido pela sua atuação no ativismo antirracista, e incorporava ao programa referências à produção cultural negra e a suas figuras icônicas – tais como o músico multi-instrumentista Fela Kuti, pioneiro do gênero musical Afrobeat. A audiência da série, alta para o dia da semana e horário de transmissão, expressava o sucesso da figura até então pouco comum na televisão brasileira: o casal negro.

---

[9] Tal argumento baseia-se também em minhas análises das produções de Virgínia Bicudo, Beatriz Nascimento e Lélia Gonzalez.

## Um modelo analítico interseccional

Este estudo se volta a explorar a interseccionalidade de gênero e raça, atentando também, ainda que secundariamente, à classe social e à sexualidade.

O conceito/paradigma de interseccionalidade, desenvolvido e promovido por intelectuais negras estadunidenses no final dos anos 1980, início dos 1990, foi criado com o intuito de dar visibilidade à complexidade do entrecruzamento de categorias de opressão (Nash 2008), e vem ganhando terreno na produção acadêmica nacional que considera a combinação de diferentes tipos de hierarquia social. É possível que a popularidade do termo decorra de um certo grafismo que lhe é peculiar: é difícil ouvi-lo e não pensar imediatamente em uma "encruzilhada". Essa foi, de fato, a intenção da autora que o cunhou: Kimberlé Crenshaw o emprega de forma metafórica, como um conceito "que busca capturar as consequências estruturais e dinâmicas da interação entre dois ou mais eixos da subordinação", e que "trata especificamente da forma pela qual o racismo, o patriarcado, a opressão de classe e outros sistemas discriminatórios criam desigualdades básicas que estruturam as posições relativas de mulheres, raças, etnias, classes e outras" (Crenshaw 2002, 177). Para a autora, o conceito permite investigar "as diversas maneiras pelas quais gênero e raça interagem para conformar as múltiplas dimensões das experiências [sociais] de mulheres negras"[10] (Crenshaw 1991, 1244, tradução minha), e evidencia que problemas enfrentados por "mulheres" afetam de modo distinto diferentes "subgrupos" raciais de mulheres, e que questões relevantes para mulheres de grupos raciais marginalizados também são questões "de gênero" (Crenshaw 2002).

No esforço de desenvolvimento de um "quadro explicativo" ou de um "paradigma" de abordagem do entrelaçamento entre gênero, raça e classe, Patricia Hill Collins (2009), por sua vez, estabelece uma distinção entre "matriz de dominação" e "interseccionalidade". Segundo Collins, as opressões baseadas em raça, classe, gênero, sexualidade e nação, combinadas, organizam uma "matriz de dominação" peculiar a uma determinada sociedade e momento histórico. Já o termo "interseccionalidade" é empregado por Collins para se referir a formas particulares de opressões combinadas, tais como "interseccionalidade de gênero e de raça" ou "interseccionalidade de sexualidade e classe".

Valendo-me dos ganhos ensejados pela ideia de interseccionalidade, emprego-a de maneira a desestabilizar os binários de gênero e raça (Nash 2008). Para tanto, proponho o uso do conceito para além do seu potencial metafórico. Collins (Collins e Bilge 2016) destaca que interseccionalidade é, antes de tudo, um "dispositivo heurístico", e não necessariamente um termo descritivo. Embora a metáfora seja, muitas vezes, útil, gênero e raça não são de fato como avenidas isoladas que se cruzam em certos pontos. Eles dispõem de histórias,

---

[10] No original: "the various ways in which race and gender interact to shape the multiple dimensions of Black women's [...] experiences".

características e conteúdos que lhes são próprios e que nem sempre podem ser abordados de maneira análoga ou em paralelismos, mas que também são, em vários pontos e de maneiras complexas, compartilhados, mutuamente referidos e mesmo indissociáveis. É nesse sentido que a autora defende que o conceito/paradigma da interseccionalidade está em constante fazer e que deve ser utilizado de muitas formas, de maneira a se adequar aos contextos e propósitos para os quais é aplicado.

Ao construir um modelo de análise interseccional, privilegio os aspectos compartilhados de gênero e raça conforme rearticulados no período moderno, enquanto sistemas de significado e regimes de representação. Ressalto, portanto, aquilo que eles compartilham entre si em seu conteúdo, linguagem e lógicas de sentido, e destaco que dispõem de um mesmo eixo articulador das noções básicas de diferença/desigualdade e hierarquia: as díades "natureza e cultura", "ativo e passivo", "superior (ou normal) e inferior" (Collins 2009). Daí, por exemplo, a possibilidade de se estabelecer referências mútuas: a recorrente feminização das terras conquistadas; a representação dos homens não brancos como emasculados ou feminizados e das mulheres não brancas como masculinizadas; a comparação dos povos não brancos às mulheres – já que ambos estariam mais próximos da natureza, em estado "selvagem" (McClintock 2010; Stoler 1995; Wade 2009; Young 2005).

Minha proposta é promover uma análise interseccional que, embora eventualmente atenta às diferenças nas experiências dos grupos sociais articulados pelas clivagens de gênero e raça, não as priorize enquanto fundamento explicativo, de maneira que meu foco nem sempre será delimitar precisa e inequivocamente o que se refere a gênero e o que se refere a raça. Como alternativa, construo um modelo analítico que identifica três fatores são cruciais para as dinâmicas sociais analisadas, "costurando" a articulação entre gênero e raça: a estética, a sexualidade e a moralidade sexual. Cada um deles é central para a construção da teia de significados hegemônicos relacionados tanto a gênero quanto a raça, e é ainda estruturante dos modos como a afetividade e a sexualidade são configuradas, compreendidas e experimentadas.

*Estética*

No imaginário ocidental moderno, um dos argumentos que alicerça a construção de raça como categoria hierárquica e de diferença fundamental entre seres humanos diz respeito a valorações estéticas. Formuladas inicialmente pelos filósofos e teóricos do racismo científico no século XIX, as escalas de beleza foram concebidas a partir de representações de diferenças físicas e estabeleciam comparações entre corpos africanos, cujos rostos eram retratados à semelhança de macacos, e europeus, cujas feições eram ilustradas por esculturas gregas (Young 2005). A hipervisibilidade recém-conferida aos/às negros/as recaía sobretudo sobre o corpo das mulheres "primitivas". A exemplo de

Saartjie Baartman[11], a Vênus Hotentote, o corpo negro feminino foi dissecado, examinado e exposto em nome da investigação e da comprovação da "natureza inferior" e "anacrônica" tanto do corpo das mulheres quanto da anatomia dos povos "primitivos". Aparência e fisionomia foram tratadas como evidências de qualidades temperamentais – tais como racionalidade, de um lado, e apetite sexual "primitivo", de outro (McClintock 2010).

Por aqui, além da herança das representações do corpo feminino negro como hipersexualizado, a influência dos teóricos e cientistas europeus fez-se sentir fortemente no arcabouço dos esforços eugênicos deflagrados no início do século XX. Rearticulando princípios das teorias do racismo científico em projetos nacionais de "melhoria" da população, os intelectuais e políticos brasileiros encontraram na mestiçagem um dos caminhos para modernizar a nação, guiados por miragens de um povo brasileiro de fenótipo claro e racialmente homogêneo a ser alcançado no decorrer das gerações (Andrews 2014; Bento 2009; Dávila 2006; Jarrín 2017; Schwarcz 1993). "Modernizar" era também um projeto de "embelezar" a sociedade, livrando o país de seus elementos mais "feios" – isto é, de tez mais escura, e também dos/as doentes. As preocupações nesse sentido direcionavam-se sobretudo à beleza feminina, já que as mulheres eram vistas como a matriz da futura nação (Jarrín 2017).

No Brasil contemporâneo, a avaliação estética segue lógicas de gênero que também se fazem presentes em outras sociedades, e existe uma expectativa de que as mulheres, em particular, atendam a um padrão restrito em termos de estética corporal e aparência geral, com especial apreciação da juventude e da magreza (Deliosky 2008; Wolf 2002; Zanello 2018). Além disso, os critérios de julgamento e os juízos estéticos são definidos tendo em vista raça e classe, amiúde codificados em expressões aparentemente neutras. Assim, um lugar frequentado por "gente bonita" faz menção a um espaço social de circulação de pessoas das camadas médias e altas e de tez clara, ao mesmo tempo em que a feiura é atribuída genericamente a pessoas "pretas e pobres". "Boa aparência", termo comumente empregado para descrever requisitos para vagas de trabalho[12], designa, de forma implícita, a preferência por candidatos/as brancos/as

---

[11] Saartjie Baartman foi uma mulher do povo khoisan, que vive no território da atual África do Sul. Baartman foi levada à Europa no século XIX e exibida como atração em eventos de aberrações, devido ao formato avolumado de suas nádegas, sob o nome de "Vênus Hotentote". Embora em vida tenha se negado a se deixar examinar por cientistas, depois de sua morte, seu corpo foi dissecado por George Cuvier, que dele se valeu para chegar à conclusão de que o povo "hotentote" estaria mais próximo dos grandes primatas do que dos humanos em geral. O exame da genitália de Baartman, que dispunha de lábios internos avolumados, serviu de argumento para que os cientistas da época retratassem os/as africanos/as como mamíferos primitivos dotados de órgãos sexuais e desejo sexual maiores do que os dos homens e mulheres brancos/as.

[12] O uso da expressão em anúncios de emprego foi oficialmente proibido em 1995, mas ela continua sendo utilizada em situações cotidianas (Jarrín 2017).

ou de tez clara e de aparência e comportamento identificados com códigos das classes médias (Caldwell 2007; Carneiro 2003b; Gonzalez 1984; Gordon 2013; Jarrín 2017).

De forma geral, predomina o ideal de beleza branco, amplamente difundido por veículos midiáticos, pelo mercado da moda e pela indústria cosmética. Os mais celebrados ícones de beleza são pessoas loiras, tal como a modelo Gisele Bündchen. Na televisão, que dispõe de influência substancial sobre a vida cotidiana dos/as brasileiros/as, os/as negros/as estão sub-representados/as e, quando presentes, são retratados/as de maneira depreciativa: em condições de subserviência, pobreza e encarnando o arquétipo da feiura[13] (Hordge-Freeman 2015; Pinho, P. 2009; Twine 1998).

Em consonância com uma dinâmica de classificação/discriminação racial baseada em "marcas" mais do que em origem, característica da sociedade brasileira (Nogueira, O. 2007), os traços fisionômicos associados à ascendência africana são lidos como negativos, e aqueles remetidos à brancura, valorizados. Há uma atenção acentuada à tonalidade da pele e textura dos cabelos, com preferência pela tez branca e pelos tons de pele morena mais claros, pelos cabelos lisos ou, no máximo, ondulados. Nariz "largo", pele escura, cabelos cacheados a crespos e lábios "grossos" são considerados feios, e, ocasionalmente, associados à animalidade (Edmonds 2007a, 2007b; Gonzalez 1984; Gordon 2013; Jarrín 2017; Twine 1998). Certos sinais referidos à negritude são, por vezes, enaltecidos, como se vê na preferência nacional pela "bunda" grande. Entretanto, o atributo é lido em termos de "cultura nacional" mais do que identificado como sinal de ascendência africana (Edmonds 2007a), e relacionado ao erotismo mais do que à beleza.

Sobretudo para as mulheres, ser vista como "bonita" ou "feia" tem impactos multidimensionais – daí a justificativa para o empenho de proporções às vezes enormes de tempo e dinheiro à procura do visual ideal (Zanello 2018). Como atributo de performance da feminilidade ou dispositivo de leitura de raça e classe, a beleza ou sua ausência influenciam as oportunidades de trabalho, a possibilidade de inclusão ou de marginalidade no ambiente escolar e em espaços de sociabilidade e lazer, o tipo de afeto e cuidado recebido no ambiente familiar e a maior ou menor oportunidade de encontrar parceiros/as afetivo--sexuais. Atribuída a determinados sujeitos e negada a outros, ela funciona como um critério de humanidade e de valor social e, portanto, opera como pilar da identidade pessoal e das percepções de si (Figueroa 2013 e Moore 2013; Hordge-Freeman 2015; Jarrín 2017).

---

[13] Diz Sueli Carneiro: "Quando falamos em romper com o mito da rainha do lar, da musa idolatrada dos poetas, de que mulheres estamos falando? As mulheres negras fazem parte de um contingente de mulheres que não são rainhas de nada, que são retratadas como antimusas da sociedade brasileira, porque o modelo estético de mulher é a mulher branca" (Carneiro 2003a, 2).

*Sexualidade*

Outro pilar de sustentação das noções de diferença sexual e de diferença racial é a sexualidade. Assim como as características estéticas, a sexualidade dos grupos sociais passou a ser retratada a partir do período moderno de maneira a designar o lugar atribuído a cada um deles numa escala entre a animalidade ou primitividade e a humanidade plena.

No século XVIII, o corpo feminino foi tomado como patologicamente "saturado de sexualidade", tendo em vista a imagem da "mulher nervosa" e "histérica", por um lado, e a da "mãe", por outro. A sexualidade feminina passou a ser concebida e regulada tendo em vista o ideal heteronormativo, a capacidade reprodutiva e os objetivos considerados estratégicos para a nação (Foucault 1988). No século XIX, à racionalidade atribuída aos homens brancos burgueses e europeus contrapunha-se a representação das mulheres brancas e dos/as não europeus/eias, e estes/as eram retratados como dotados/as de certo pendor às paixões, isto é, como supostamente incapazes de resistir aos impulsos naturais. Na metrópole, as clivagens entre mulheres eram estabelecidas entre aquelas da classe média, vistas como recatadas e civilizadas, e as mulheres da classe trabalhadora, tomadas como promíscuas e "selvagens", em comparações que se amparavam em metáforas raciais e em referências à sexualidade das mulheres não brancas das colônias (Stoler 1995). Ao mesmo tempo, a capacidade (masculina) de conter impulsos animalescos e de manter a diferenciação sexual entre homens e mulheres era vista não apenas como sinal de superioridade racial, mas também como a própria fonte da supremacia branca (Schuller 2017).

Dentro desse quadro de referências, prosperou a noção de que os/as negros/as disporiam de uma sexualidade exacerbada. Na formulação da ideia sobre diferenças raciais, o imaginário forjado a partir do racismo científico do século XIX atribuiu aos/às negros/as "uma sexualidade atrativa, mas perigosa, uma fertilidade aparentemente abundante e ilimitada, embora ameaçadora"[14] (Young 2005, 118), e que se opunha à superioridade intelectual da raça branca[15].

Na formação racial brasileira, sexualidade e raça estão intimamente conectadas (Goldstein 1999), a ponto de que, como indicou Roger Bastide (1961), a pergunta "raça" sempre enseje a resposta "sexo" (Bastide 1961; Goldstein 1999). Nas narrativas sobre a formação da nação brasileira, a hipersexualização das

---

[14] Analisando a produção científica sobre raça do século XIX, Young afirma: "Encerrado dentro das produções científicas sobre raça, um pressuposto central (e fantasia paranoica) foi incessantemente repetido: o incontrolável vigor sexual das raças não brancas e sua ilimitada fertilidade" (Young 2005, 220).

[15] Sobre a maneira como a sexualidade negra é representada, diz Frantz Fanon: "Diante do negro, com efeito, tudo se passa no plano genital. [...] Eles têm a potência sexual. Pensem bem, com a liberdade que têm em plena selva! Parece que dormem em qualquer lugar e a qualquer momento. Eles são genitais. Têm tantos filhos que não os contam mais. [...] Pois o negro tem uma potência sexual alucinante" (Fanon 2008, 138).

mulheres negras adquire importância substancial, pois é sobre sua figura que recai o papel de "mediadora" entre culturas e raças (Giacomini 1994). A imagem do corpo feminino que "exerce" um apelo sexual romantiza as práticas sexuais sádicas e exploratórias sistemáticas dos homens brancos em relação às mulheres não brancas. Longe de ser exclusiva da sociedade brasileira, ela aparece frequentemente na caracterização das relações ensejadas pela escravidão, pelo colonialismo, ou mesmo em situações de desigualdade racial em sociedades contemporâneas (Carneiro 2003a; Hernton 1973; Young 2005). Na versão nacional, porque atrativas para o português "viril" (portanto, ativo), a mulher negra, "passiva", e a mulher "mulata", "superexcitada", conclamam ao sexo inter-racial que "produz", pela miscigenação, o povo brasileiro[16]. As mulheres brancas, por sua vez, em comparação com as negras, são retratadas como "aguadas" (Moutinho 2004), porém frágeis e domésticas, belas e castas, atributos adequados para o desempenho do papel de "procriadoras", reprodutoras da família nuclear branca (Bocayuva 2001).

No período mais recente, a sexualidade brasileira organiza-se como uma "ordem social profundamente patriarcal" (Parker 1991, 14), sendo o prestígio e o poder masculinos fundados no controle da conduta sexual feminina (Heilborn; Cabral e Bozon 2006). Nesse esquema, gênero tradicionalmente define a interpretação das práticas sexuais, e as categorias de macho e fêmea, tomados como oposições naturais, embasam o universo dos significados sexuais (Parker 1991). Masculinidade, segundo tal ótica, define-se como atividade, e pelas noções de força, poder e violência; feminilidade, por sua vez, está atrelada à passividade, imperfeição, inferioridade e impureza. As relações entre "machos" e "fêmeas", nesse sentido, são estruturadas em termos de sexo e poder (Parker 1991). Há também distinções marcantes nas maneiras como homens e mulheres enxergam a sexualidade: enquanto as mulheres tenderiam a subordinar a experiência sexual à afetividade, adotando uma "perspectiva relacional", os homens estariam inclinados a uma postura "instrumental", atribuindo à sexualidade um valor por si mesma, cultivando a disposição ao sexo e valorizando um número elevado de parceiros/as (Heilborn; Cabral e Bozon 2006).

Imiscuída ao imaginário nacional contemporâneo sobre sexualidade, reaparece a bem conhecida imagem da sexualidade negra exacerbada (Moutinho 2004). Como desdobramento, homens negros e mulheres negras são considerados/as sexualmente desviantes, vistos/as como incapazes de performar os papéis modelares de gênero, e logo, de se organizar em núcleos familiares "estruturados" (Giacomini 2006; Pacheco 2006). Além disso, as mulheres negras

---

[16] Tal narrativa encontra-se articulada de maneira pioneira e exemplar na obra *Casa-grande & senzala* (Freyre [1933] 1995), e visões semelhantes, porém com variações, são veiculadas na produção de outros autores clássicos das relações raciais brasileiras. Ver, quanto ao tema, as análises apresentadas por Gonzalez (1984), Helena Bocayuva (2001), Moutinho (2004) e por Sônia Giacomini (2006).

são frequentemente associadas à hipersexualidade e à prostituição (Moutinho 2004; Nascimento, B. 2006; Osuji 2013a; Twine 1998; Williams 2013).

Tais imagens articulam-se e ganham legibilidade dentro dos "protocolos ambivalentes de fantasia e desejo" (Young 2005, 198), isto é, provocam sentimentos e despertam atitudes ambivalentes (Hall 1997; Wade 2009; Young 2005): se a noção de erotismo "ardente" e sexualidade exótica provoca curiosidade e atrai, ela ao mesmo tempo demarca o status de inferioridade atribuído à negritude (Viveros Vigoya 2000), e enseja temor e repulsa.

As tendências promovidas pela "modernização dos costumes" caminham na direção de uma relativização das regras e papéis tradicionais de gênero – inclusive no que diz respeito à imposição de orientações sexuais e identidades de gênero normativas –; de uma redução das lacunas de gênero, com a adoção de perspectivas semelhantes por homens e mulheres – valorização do prazer sexual e flexibilização da norma da fidelidade, por exemplo –; e da revisão de noção de desigualdade radical entre ambos, com a difusão de um ideário mais igualitário. As transformações convivem, contudo, com as perenes pressões sociais – expressas, inclusive, como violência física (Almeida, T. 2014) – derivadas dos códigos culturais heteronormativos, e persiste uma concepção diferencial e hierárquica da sexualidade masculina e feminina: os homens são vistos como ativos e dotados de um desejo sexual incontrolável; as mulheres, como sexualmente contidas, cabendo-lhes a tarefa de administrar o desejo (Bozon e Heilborn 2006; Heilborn; Cabral e Bozon 2006).

A investigação das maneiras como as transformações e permanências referidas se conjugam às noções tradicionais de raça e sexualidade, se as incorporam ou as subvertem, está ainda por ser feita. A questão vem à tona em diversas passagens dos capítulos que serão apresentados.

## Moralidade sexual

O termo "moralidade sexual" refere-se aos códigos socioculturais que, ancorados em concepções particulares de gênero e raça, regem as vivências afetivo--sexuais dos sujeitos. Estabelecida a representação da "diferença", a moralidade define o que se deve fazer frente ao/à "diferente". Quais vínculos são possíveis e quais devem ser evitados? A moralidade sexual congrega normativas sobre quem deveria idealmente se relacionar com quem, em que circunstâncias e como[17], assim como define os significados da obediência às regras e de sua transgressão. Com o avanço da modernidade e, sobretudo, do individualismo,

---

[17] Conforme afirma Henrietta Moore (2008), concepções sobre a natureza humana – premissas ontológicas –, próprias a cada cultura, dão origem a discursos e códigos morais, que permitem aos indivíduos avaliar e julgar o próprio comportamento e o comportamento alheio.

as regras sociais vão perdendo seu caráter absoluto e são cada vez mais relativizadas, tomadas em um sentido prescritivo ao invés de impositivo (Bozon 2004). Mesmo assim, como códigos de conduta, elas ainda proporcionam aos sujeitos noções de certo e errado, de bom e ruim, de adequado ou inadequado. Transgredi-los enseja também maior ou menor reação da sociedade mais ampla. Nesse sentido, eles continuam a estruturar escolhas e comportamentos.

Uma "moralidade sexual dualística" (Parker 1991, 59) é identificada nas narrativas fundantes da nação brasileira, a reger as relações e comportamentos no espaço da família patriarcal. Ela assegurava ao homem branco patriarca uma liberdade sexual absoluta, tendo em vista a suposição de sua superioridade física e moral. Com a esposa branca, o vínculo matrimonial assegurava a reprodução da linhagem legítima e a transmissão do patrimônio; com as amantes e concubinas negras e indígenas, ele construía um "harém", através do qual dava vazão ao seu "notável" apetite sexual. Diferenciadas quanto aos papéis que desempenhavam frente ao patriarca, mulheres negras e brancas igualavam-se no que diz respeito à submissão ao controle sexual restrito exercido por ele (Freyre [1933] 1995).

Dúvidas plausíveis são levantadas quanto à veracidade ou quanto ao real alcance dessa configuração familiar na história do país (Corrêa 1981; Parker 1991). Além disso, trata-se de uma narrativa que exclui quase por completo os homens negros. Mas nem por isso ela deixa de fundamentar, como um mito de origem dotado de premissas ontológicas e correspondentes regras de conduta, a moralidade sexual brasileira contemporânea.

Para as figuras do "macho" e do "pai", que se somam para formar o ideal de homem moderno, a honra é definida em relação ao seu papel social identificado como "ativo" e "dominador": pela capacidade de exercer controle sexual sobre as mulheres a ele relacionadas, pela exibição de apetite sexual proeminente e pelo afastamento daquilo que é tido como do âmbito do mundo feminino[18]. As condutas das mulheres são reguladas tendo em vista a definição do feminino como oposição ao masculino: como passivo, submisso e inferior. O comportamento sexual feminino é avaliado segundo as normativas de valorização da virgindade antes do matrimônio – símbolo de castidade, pureza e inocência –, do exercício sexual dentro do vínculo conjugal – ou ao menos dentro de relações "sérias" – e do recato – por exemplo, elas devem simular ingenuidade em matéria de sexualidade, mesmo quando já iniciadas na prática sexual. A percepção de obediência ou infração a tais códigos de conduta determinam a categoria à

---

[18] Richard Parker afirma que "[j]untos, o machão e o pai fornecem um retrato ou, pelo menos, um ideal de homem moderno dificilmente distinguível do patriarca tradicional. Eles incorporam um conjunto de valores profundamente enraizados, que continuam a funcionar mesmo hoje na estruturação do mundo do gênero na vida brasileira – uma série de valores na qual o simbolismo da sexualidade, violência e poder estão claramente ligadas na configuração cultural da masculinidade" (Parker 1991, 75).

qual a mulher é associada: se "virgem" (ou "mulher correta"), "mãe" ou "puta" ("piranha" ou "rodada") (Heilborn; Cabral e Bozon 2006; Parker 1991). Embora as transformações modernizantes ensejem importantes mudanças no estilo de vida do/a brasileiro/a – como o declínio da importância do casamento, a redução do número de filhos/as e a maior proporção de arranjos familiares não nucleares –, a moralidade sexual permanece orientada pela diferenciação baseada no gênero e nos imperativos heteronormativos (Bozon e Heilborn 2006; Heilborn; Cabral e Bozon 2006; Maia 2007).

Nesse esquema de classificação, as interpretações da honra sexual obedecem a clivagens raciais, tecidas com certa complexidade. Porque retratadas como hipersexualizadas ou prostitutas, as mulheres negras são mais facilmente associadas à lassidão moral. Essa associação, contudo, deve ser sempre qualificada e é contextual: por exemplo, ela tende a emergir quando elas se envolvem com homens mais claros (Caulfield 1996).

Conectada à distinção entre a mulher "respeitável" e a "puta" está a separação entre "o mundo dos prazeres" e a "conjugalidade" (Moutinho 2004, 355), que se complica conforme avança a tendência de declínio da importância do casamento e aumenta a possibilidade de se constituir arranjos plurais para a vivência do vínculo afetivo (Bozon 2004; Durham 1999). Em meio às mudanças recentes na conjugalidade e no seu significado, o casamento (legal ou, crescentemente, a união estável) ainda se diferencia de outros regimes de envolvimento afetivo-sexual por sua capacidade de firmar alianças entre grupos e legitimar laços de parentesco, estabelecer circuitos de reciprocidade matrimonial e linhagens de transmissão patrimonial, e de reproduzir, portanto, bens simbólicos e materiais. Essa característica faz o vínculo pelo casamento mais sensível aos tabus e interditos, às fronteiras e divisões sociais (Moutinho 2004, 342).

No Brasil, como em outras sociedades fundadas pela empreitada colonial[19], a cisão entre relacionamentos legítimos/legitimados e ilegítimos se inscreve em um enredo tecido entre as tramas da regulamentação dos contatos entre homens brancos e mulheres não brancas. Segundo os ditames "etiqueta racial" brasileira (Bastide e Fernandes [1955] 2008), os envolvimentos de homens (sobretudo brancos) com mulheres negras dispõem de um caráter predominantemente sexual, e são, por isso, pontuais ou vividos em regime de concubinato. O casamento, por sua vez, é considerado tabu (Bastide 1961; Bastide e Fernandes [1955] 2008; Gonzalez 1994) e desencorajado, em maior ou menor grau, em todos os segmentos sociais[20] (Twine 1998).

---

[19] Ver, sobre a questão, *Race and the Education of Desire*, de Ann Laura Stoler (1995); *Desejo colonial*, de Young (2005); e *The Mulatta Concubine*, de Lisa Ze Winters (2016).
[20] Zelinda Barros (2003) indica que o sistema de representações que associam "negro/a" a "negativo/inferior" e "branco/a" a "positivo/superior" também é relevante para a seleção do/a cônjuge. A autora alerta, entretanto, que este sistema não opera sozinho, e que fatores contextuais são também levados em questão.

Resta ainda investigar se, como e em que medida as mudanças na sociedade brasileira contemporânea transformaram a moralidade sexual vigente quanto a esses tradicionais códigos raciais e de gênero. Também estas questões despontam nos próximos capítulos.

## Considerações metodológicas

Por algumas razões, optei por conduzir a pesquisa exclusivamente junto a mulheres negras, com exceção das observações realizadas em espaços abertos ao público em geral. Em primeiro lugar, a escolha se justifica pelo intento de recuperar a perspectiva das mulheres negras sobre as relações raciais e de gênero no Brasil. Como destacam autoras como Beatriz Nascimento (2006) e bell hooks (1996), as mulheres negras são geralmente olhadas, analisadas e representadas – pelos/as cientistas sociais como pela indústria cultural pela indústria cultural; é raro, no entanto, que suas opiniões, experiências, modos de ver e de sentir ocupem um lugar central nas análises e representações do mundo social. Este é, portanto, um exercício de reflexão constituído a partir do "olhar oposicional" (hooks 1996) das mulheres negras. Em segundo lugar, embora ciente de que a abordagem comparativa poderia pôr em evidência as diferenças nas trajetórias afetivo-sexuais de mulheres negras em relação às dos homens negros e mulheres brancas, e, principalmente, às dos homens brancos, admiti que conduzir a pesquisa junto a cada um desses grupos seria inviável do ponto de vista do tempo e de recursos, impossibilitando o desenvolvimento de uma exploração mais refinada dos resultados da pesquisa. A possibilidade de tratar com maior profundidade questões complexas é, portanto, a terceira justificativa para o recorte adotado. Atendo-me ao segmento das mulheres negras, pude considerar um grupo minimamente diversificado de participantes, contemplar alguma variabilidade em termos de atitudes e leituras da realidade e ainda acompanhar o desenrolar de certas dinâmicas ao longo de suas trajetórias. Evitei, assim, tratá-las como um bloco monolítico, ainda que atenta a repetições e padrões.

Para coletar os dados, lancei mão sobretudo de entrevistas, com o intuito de recuperar acontecimentos e apreender sentidos e interpretações atribuídos às práticas e vivências, às tensões e aos conflitos (Quivy e van Campenhoudt 1995) relatados pelos sujeitos, e também para explorar o espectro de representações e pontos de vista sobre o tema investigado (Gaskell 2002). Construí o roteiro tendo em vista o intuito de recuperar as trajetórias ou "carreiras sexuais/amorosas" (Heilborn 1999, 41) das entrevistadas, bem como apreender os valores e representações que sustentavam suas atitudes quanto a afetividade, sexualidade, gênero e raça. Preparado o roteiro, submeti-o a um teste piloto em agosto de 2016, o qual me permitiu realizar alguns ajustes pontuais. Ao adotar um modelo não diretivo de entrevistas, pude, ainda, contemplar tópicos que, não abordados inicialmente no roteiro, emergiram de forma espontânea na fala das entrevistadas (Veloso 2006).

Realizei e gravei entrevistas com 14 mulheres negras (pretas e pardas[21], segundo auto e heteroclassificação). Na escolha das entrevistadas, levei em conta critérios que influenciam a seletividade de pares no âmbito afetivo-sexual, e construí uma "amostra" dotada de algum grau de variabilidade. O perfil das entrevistadas abrange um espectro diverso quanto a idade (23 a 56 anos), estado civil (solteira, união estável, casada), classe social[22] (baixa, média ou alta) e orientação sexual (homossexuais, bissexuais e heterossexuais). Elas atuavam em variadas ocupações: assistente educacional, assistente social, comunicadoras, dona de casa, estudantes, funcionárias públicas (nos setores da segurança pública, da administração pública e de políticas públicas), trabalhadoras domésticas/diaristas, vendedora ambulante. Embora residissem em diferentes Regiões Administrativas do DF no momento da pesquisa, metade das entrevistadas era oriunda de outros estados brasileiros, e algumas passaram a maior parte de sua vida em outras regiões ou cidades do país. Por isso, o enfoque mais estrito no DF, planejado inicialmente para a pesquisa, esfacelou-se, e admiti os trânsitos das entrevistadas por diferentes "formações raciais" (Omi e Winant 1994) regionais como parte da dinâmica de migração que caracteriza a vida social da capital do país.

Em 2012, como parte de meu trabalho de campo para a pesquisa de mestrado, entrevistei Berenice. Esta seria a última entrevista conduzida para a dissertação. Naquela altura, avaliei que seria interessante experimentar deixar que a entrevistada falasse livremente sobre suas vivências afetivo-sexuais sem focar inicialmente no tema, que era, então, o meu interesse principal. Sua entrevista não foi utilizada em minha dissertação; porém, foi um dos fatores que me levou a decidir pesquisar a questão que aqui exploro, e serviu de base para o desenvolvimento da metodologia, em geral, e do roteiro de entrevista, em específico, para este estudo. Como a entrevista de Berenice transcorreu de modo bastante semelhante ao das entrevistas que realizei no doutorado, optei por incluí-la aqui.

Já como parte do trabalho de campo para o doutorado, a primeira leva de entrevistas foi realizada entre setembro de 2016 e junho de 2017. Ao analisar o material coletado, verifiquei a necessidade de incluir um número maior de entrevistadas de classes mais baixas. Por isso, realizei uma segunda rodada de entrevistas entre junho e setembro de 2018.

---

[21] As categorias "parda" e "preta", empregadas pelo IBGE para classificação da população brasileira, correspondem à identificação das pessoas negras de tez clara e de tez escura. Ao indicar o tom da pele das participantes da pesquisa (clara ou escura), quando houve discordância com a autoclassificação, priorizei minhas próprias impressões, tomando--as como ponto de referência fixo.

[22] Definida a partir do local de residência, renda familiar, ocupação e escolaridade. Quanto ao local de residência, consultei os dados referentes à renda domiciliar média por Grupos de Regiões Administrativas (CODEPLAN 2017). Quanto à renda, utilizei o critério de classificação da renda familiar auferida em termos do salário mínimo, como faz o IBGE (Oliveira, U. 2017).

A fim de garantir que as entrevistadas falassem mais livremente sobre um tema sensível, preferi adotar medidas conservadoras para resguardar o sigilo de sua identidade: alterei os nomes, seus e de seus/suas parceiros/as, e omiti os lugares de origem e de trânsito das entrevistadas, ou os substituí por outro mais ou menos equivalente (se cidade, quanto à região do país; se espaço de sociabilidade, quanto ao público frequentado), mantendo a referência real apenas quando ela estava relacionada a um achado de pesquisa. De modo geral, sempre que considerei haver margem para que a identidade da entrevistada fosse revelada, modifiquei a informação que poderia facilitar a dedução.

Outras técnicas de pesquisa foram empregadas para a coleta de dados sobre o fenômeno pesquisado, de maneira secundária e complementar[23]: a observação direta, um pequeno *survey* e também relatos de episódios que se passaram comigo, que eu presenciei ou que foram relatados por pessoas do meu conhecimento em conversas informais.

A observação direta destinou-se a apreender um tipo particular de dinâmica afetivo-sexual: a dinâmica de flerte e abordagem. Por isso, foram feitas em contextos de encontros e investidas afetivo-sexuais, com vistas a apreciar a "realização dramática" (Goffman 2013) dos sujeitos envolvidos, em seu desenvolvimento espontâneo. Ao recorrer à observação direta, baseei-me na compreensão de que a referida técnica permite capturar os comportamentos em si mesmos e no momento em que se produzem, sem mediações, bem como sua relação com contextos e os cenários em que têm lugar (Quivy e van Campenhoudt 1995, 206). Assim, a observação destinou-se à apreensão dos pressupostos e expectativas relacionados a gênero e raça que embasavam as interações face a face aqui consideradas. Outra justificativa para o emprego da técnica foi a possibilidade de incluir dados coletados em primeira mão sobre o comportamento dos homens, que, mesmo estando ausentes do recorte estabelecido para a pesquisa, participam todavia do fenômeno social investigado. Com os propósitos mencionados, selecionei dois tipos de lugares e eventos nos quais raça dispunha de um significado central: a festa Batekoo e espaços de samba do DF.

Tendo em vista a importância dos espaços virtuais propiciados pelas tecnologias da informação e da comunicação para a sociabilidade contemporânea (Hine e Campanella 2015), e especialmente para a afetividade e a sexualidade (Smith; Attwood e Mcnair 2018), incluí ainda como espaço de observação o grupo de Facebook "Afrodengo", voltado a propiciar encontros entre pessoas negras. A Internet torna-se, cada vez mais, um fenômeno "permeado, incorporado e cotidiano" (Hine e Campanella 2015), de maneira que as estratégias empregadas para pesquisa nesse ambiente, ainda que demandem alguma criatividade e domínio técnico por parte do/a pesquisador/a, não diferem essencialmente daquelas utilizadas na observação face a face (Hine e Campanella 2015).

---

[23] Sobre as possibilidades e vantagens da triangulação – ou uso de diferentes abordagens metodológicas – e sobre o seu status de estratégia válida de pesquisa, ver Flick (2004).

A técnica de entrevista não me permitiria contemplar parte significativa dos comportamentos pelos quais eu me interessava no momento em que ocorriam; as observações em contextos presenciais apenas raramente me deixaram flagrar discussões coletivas que mobilizassem premissas pertinentes ao discurso antirracista. Como alternativa, pelo acompanhamento do grupo no Facebook eu pude conhecer em nível mais aprofundado a cultura (no sentido de discurso e práticas) ativista no que se refere ao âmbito da afetividade e da sexualidade, bem como acompanhar debates e disputas coletivas quanto à legitimidade de argumentos que, relativos a gênero e raça, foram mobilizados nas dinâmicas de abordagem e flerte. Atentando-me para as contiguidades e diferenças entre os ambientes online e offline (Hine e Campanella 2015), a observação do Afro-dengo me permitiu capturar discursos e comportamentos que se desenvolviam e se rearticulavam em um meio mais disperso e geral, porque centrado em conexões ao invés de localidades (Hine 2000), mas que tinham também desdobramentos no contexto local do DF.

Por sua vez, o uso do *survey* foi bastante pontual e obedeceu a um propósito específico. Parte significativa das entrevistadas relatou não utilizar os aplicativos de paquera, uma modalidade crescentemente utilizada para se encontrar parceiros/as. Para apreender melhor as dinâmicas neles travadas, realizei um pequeno *survey* online sobre o assunto, em dezembro de 2016, com quatro mulheres negras que integravam as minhas redes sociais, embora nem todas eu conhecesse pessoalmente. Estas, a quem designo no decorrer do trabalho como "respondentes", me ajudaram a compreender o que mulheres negras procuram e o que encontram nestes espaços. Suas identidades também foram mantidas em sigilo.

A incorporação de relatos de episódios que se passaram comigo e que eu presenciei antes do início da pesquisa, ou que me foram recontados por pessoas conhecidas, inspira-se em um modo de se pensar a realidade social que está presente na obra de diversos/as intelectuais negros/as. Destaco como exemplo a obra do proeminente sociólogo e historiador estadunidense W. E. B. Du Bois, que inicia sua mais célebre publicação, *The Souls of Black Folk* (Du Bois 2015), discorrendo sobre suas experiências objetivas e subjetivas enquanto homem negro. Du Bois relata como se percebeu negro e realizou o significado social da negritude quando, ainda jovem, foi rejeitado por uma menina branca que tirou para dançar, e também divaga sobre os desafios que serão enfrentados pelo filho negro recém-nascido. As reflexões sobre situações vividas conduzem o autor a uma interpretação mais ampla sobre as relações raciais e sobre o racismo na sociedade estadunidense. Agregando à reflexão sobre esses episódios dados coletados por métodos de pesquisa mais tradicionais, Du Bois formulou conceitos como "dupla consciência" e "véu", até hoje ainda bastante utilizado por cientistas sociais (sobretudo, anglófonos/as e negros/as).

Fanon (2008), bell hooks (1989; 2001) e Beatriz Nascimento (2006) são outros/as autores/as cuja obra ilustra o emprego de vivências pessoais para se pensar a realidade social mais ampla. Exemplos dos mais diretamente relevantes para este trabalho encontram-se na produção de Gonzalez. Para mencionar apenas uma passagem de sua obra, resgato aquela em que a autora tratou da relação com a família do marido, branco, para apontar as resistências ao casamento formal entre mulher negra e homem branco (Gonzalez 1994).

Também essa maneira de coletar dados de pesquisa eu emprego aqui. Certos relatos de episódios que se passaram comigo, que eu presenciei ou que me foram recontados por pessoas conhecidas foram integrados como achados de pesquisa e como reveladores de faces do fenômeno social investigado, seja como dado empírico, seja como parte do imaginário social que o constitui. Recorri a outras duas conhecidas, identificadas sob os nomes fictícios de Suzana e Leonor, como "colaboradoras", para testar, de certa forma, algumas das minhas impressões e achados, e também para aprofundar meus conhecimentos sobre cenários e dinâmicas que elas dominavam melhor do que eu. Ambas eram moradoras do DF no momento em que conversamos e foram informadas sobre a sua participação nesta pesquisa, no que consentiram, e instruídas quanto à preservação do sigilo quanto a sua identidade. Com Suzana, conversei informalmente sobre dinâmicas de abordagem e flerte em sambas do DF e na festa Batekoo. Já Leonor dispunha de certa proeminência em cenários LGBTs e de ativismo negro e integrava grupos online onde mobilizava discussões sobre temas que incluíam a afetividade e a sexualidade de mulheres negras. Consultei-a sobre dinâmicas que eu fui identificando nas vivências de mulheres negras lésbicas, e também quanto a outras que havia encontrado apenas para mulheres negras em vivências heteroafetivas, para confirmar se estavam de fato ausentes ou se tinham pouca relevância nas trajetórias homoafetivas.

### Pesquisadora negra em campo

Nas ciências sociais brasileiras, há um pacto de silêncio no que se refere à questão de como a classificação racial do/a pesquisador/a influencia a pesquisa de campo[24]. Em geral, pesquisadores/as brancos/as não se percebem e não são percebidos/as como racializados/as, ou seja, são tomados/as como racialmente "neutros/as" – o que está longe de ser verdade[25] –, e, por isso, não abordam o tópico. Pesquisadores/as negros/as, como eu, somos uma minoria, e nem sempre nos dedicamos a trabalhos que exijam a inserção em campo. Quando de fato tratamos de trabalhar com entrevistas, observações, etnografias e afins, quase sempre evitamos tocar no assunto em nosso trabalho final, temendo

---

[24] Para uma discussão inicial sobre o significado metodológico da raça, ver o livro *Racing Research, Researching Race*, organizado por France W. Twine e Jonathan W. Warren (2000).

[25] Quanto à questão, ver, por exemplo, os argumentos de Warren (2000) sobre como o contexto simbólico que exalta a branquitude tem efeitos para a inserção em campo de pesquisadores/as brancos/as e sobre as implicações desse fato para suas pesquisas sobre raça no Brasil.

agravar as já tão frequentes acusações de falta de objetividade que interpelam nosso trabalho[26]. Como resultado, persiste um entendimento tácito de que apenas acadêmicos/as brancos/as podem legitimamente estudar raça e racismo, e de que a única posição adequada para os/as negros/as nessa relação é a de objeto de estudo (Gonzalez 1984).

Atualmente, os persistentes esforços dos movimentos negros favorecem a inserção de um maior número de estudantes negros/as nas universidades brasileiras em relação à que se observava no final do século XX – embora em percentual ainda escandalosamente menor do que o que seria de se esperar em uma sociedade racialmente justa e igualitária. Essa presença relativamente maior, ainda que insuficiente e marginal, nos indica que é tempo de superarmos silêncios, não apenas para deixar de privar jovens pesquisadores/as negros/as de ferramentas valiosas para a condução de suas pesquisas, como também para contribuir para o avanço dos debates sobre metodologia e objetividade nas ciências sociais[27]. Com tais propósitos, partilho brevemente algo de minhas experiências no decorrer da pesquisa de campo para esta pesquisa.

Começo por discorrer sobre a forma como sou racialmente classificada e a minha inserção na pesquisa. Embora mesmo entre pessoas negras falar sobre raça e racismo possa gerar constrangimentos, também é verdade que, entre interlocutores/as negros/as, em vários momentos partimos do princípio de que estamos "do mesmo lado", que podemos falar mais livremente sobre assuntos que nossa socialização e experiências prévias nos ensinaram a calar frente aos/às brancos/as. Nesse sentido, ser uma pesquisadora negra posicionou-me como uma *insider*, o que não apenas facilitou o contato com as entrevistadas negras como ainda permitiu que elas estivessem mais à vontade para abordar questões cruciais para a pesquisa do que possivelmente estariam com um/a pesquisador/a branco/a.

Um exemplo de como a classificação racial do/a pesquisador/a pode influenciar a pesquisa de campo – e, portanto, os resultados de um estudo – emerge quando comparo este aspecto da minha inserção em campo à relatada por Moutinho (2004) no decorrer de sua pesquisa, a qual cito amplamente nos próximos capítulos. Deixo para explicitar minhas divergências em relação à

---

[26] Refiro-me aqui a argumentos sobre neutralidade e produção científica segundo uma abordagem "objetivista", que defende e legitima os grupos dotados de poder (ou seja, brancos, masculinos, heterossexuais e de classes superiores) como produtores de conhecimento livre de valores, como o normal, natural, apolítico ou politicamente desinteressado, enquanto retrata pesquisadores/as dos/as grupos "minoritários" como incapazes de produzir conhecimento "objetivo", isto é, que não seja politicamente interessado e subjetivamente enviesado (Harding 1995, 2015). Na mesma direção, Michael Hanchard (2000) aponta que pesquisadores/as negros/as, inclusive no Brasil, são frequentemente acusados/as de estarem "próximos/as demais" de seu objeto de estudo, o que tornaria suas pesquisas enviesadas e, portanto, não adequadas aos padrões científicos.

[27] Baseio-me, para tanto, na noção de "objetividade forte" (*strong objectivity*) defendida por Sandra Harding (1995, 2015).

produção da autora em outros momentos; aqui, estou menos preocupada em tecer um juízo de valor do que em apontar para um "fato social" que precisa ser considerado ao se pensar a inserção do/a pesquisador/a em campo. Moutinho menciona uma dificuldade para conseguir entrevistar mulheres negras, o que só faz informalmente, embora não aborde possíveis motivos para tal resistência. A meu ver, dentre outros fatores plausíveis de serem considerados, é possível que as hesitações das potenciais entrevistadas decorram da suspeita com que, muitas vezes, nós negros/as vemos pessoas brancas, devotando desconfianças ainda mais acentuada em relação a pesquisadores/as[28]. Como desdobramento, os resultados de pesquisa apresentados pela autora estão, segundo meu entendimento, muito mais próximos das experiências dos homens negros do que das vivências de mulheres negras. Não se trata de dizer que os resultados de sua pesquisa são por isso inválidos, e sim que seriam mais precisos (e objetivos) se essa característica fosse abertamente admitida.

Não se deve, no entanto, considerar que a proximidade entre pesquisadora negra e sujeitos negros/as participantes da pesquisa esteja dada de antemão, que seja constante, ou ainda que seja a única ou principal dinâmica configurada por raça a atuar durante a pesquisa de campo. Para mim, a inserção em campo é sempre trespassada por grande entusiasmo, mas também por algumas tensões: a conversa com desconhecidos/as; a inserção em um ambiente com que não se está familiarizado/a, ou para o qual se lança um novo olhar; a insegurança em relação ao que se alcançará ou deixará de alcançar. Ser uma pesquisadora negra de pele clara resultou em alguns desafios de natureza específica. Uma delas é a relação com pessoas negras de tez mais escura, que oscila entre momentos de identificação, aproximação e cumplicidade, e outros de desconfiança e afastamento. Como mostrou Virgínia Bicudo ([1945] 2010), essa atitude ambígua é própria mesmo das relações estabelecidas entre pessoas negras de tez clara e mais escura, e decorre do relativo sucesso da ideologia do embranquecimento, segundo a qual pessoas negras deveriam se distanciar da negritude e, quando possível, negá-la – ainda que submetidas às dinâmicas de discriminação racial.

Como mulher negra, tive que lidar com situações configuradas pelo racismo e pelo machismo. Por exemplo, quando mencionava o tema de minha pesquisa a interlocutores homens, negros e brancos, alguns deles pressupunham que eu estava à procura de um envolvimento. Nesses momentos, meu status de pesquisadora era desconsiderado e se sobressaía o apelo sexual atribuído ao corpo das mulheres negras – o que também acontece, por vezes, com pesquisadores negros (Hanchard 2000). Aliás, me parece que ser vista como sexualmente disponível ou como prostituta é, afinal, um problema com o qual outras pesquisadoras negras se depararam[29], independentemente de seu tema de pesquisa.

---

[28] Sobre a questão no contexto estadunidense, ver o texto *Racial Ideologies, Racial Methodologies, and Racial Fields* (Twine 2000).

[29] Ver, por exemplo, os relatos de Twine (2000) e de Chinyere Osuji (2016).

Outro foco de tensão, um tanto menos esperado, foi a expressão de convicções oriundas do imaginário formulado pela supremacia branca por parte de pessoas negras. É para mim sempre doloroso deparar-me com a expressão de tais crenças, tanto porque elas são uma agressão do/a participante da pesquisa a si mesmo/a, quanto porque também dizem respeito ao/à próprio/a pesquisador/a – no caso, a mim. Aliás, esse mesmo desconforto é mencionado por pesquisadoras negras estadunidenses que desenvolveram pesquisa de campo no Brasil e que eu cito no presente trabalho, tais como Twine (1998, 2000) e Elizabeth Hordge-Freeman (2015).

As percepções de proximidade e distância entre pesquisadores/as e sujeitos/as de pesquisa negros/as não devem ser presumidas, e são negociadas caso a caso, a cada momento (Hanchard, 2000; Twine, 2000). São, ainda, mediadas por outros aspectos identitários, tais como classe – considerada em termos de renda e nível educacional. Ao desenvolver uma pesquisa com mulheres negras, tive que lidar com o fato de que a maioria da população negra brasileira é pobre e dispõe de baixo nível educacional. O status de estudioso/a confere ao/à pesquisador/a um prestígio que dificilmente pode ser eliminado na relação constituída para a pesquisa, ainda que o/a acadêmico/a advenha de um contexto empobrecido e de família com baixo nível educacional. Nesse sentido, por exemplo, deparei-me com o evidente sentimento de diferença por parte de uma das entrevistadas porque visitei sua casa usando sapatos fechados e cabelos crespos não alisados – o que quase não se via pelas redondezas. Por outro lado, vali-me de um trânsito entre classes que é muito natural em minha vida pessoal, tendo em vista minha origem familiar, para utilizar linguagem e modos mais próximos daqueles adotados pelas entrevistadas de classe mais baixa, sem infantilizá-las ou subestimar sua capacidade de compreensão. Com efeito, muitos/as pesquisadores/as negros/as advêm de famílias pobres e/ou com baixo nível escolaridade, e esta característica pode ser utilizada para favorecer a nossa inserção no campo.

Todas as questões mencionadas me geraram algum nível de angústia durante o período de realização da pesquisa e também da escrita do trabalho, e me permitiram compreender por que alguns/mas colegas negros/as deliberada e legitimamente se afastam da temática racial em sua trajetória acadêmica, de modo a não ter que lidar com tais aflições, além de todas os demais impactos objetivos e subjetivos que o racismo institucional nos suscita em nossa inserção acadêmica. O desgaste emocional não deve ser subestimado, e procurei lidar com ele desabafando com amigos/as e, por breves momentos, me desligando tanto quanto possível de qualquer debate relacionado a raça e racismo. Porém, confesso que considero essas ansiedades também produtivas. Frente a tais desafios, gosto de indagar: o que essas dificuldades e emoções revelam sobre as relações raciais no Brasil e, particularmente, sobre o meu objeto de pesquisa? Assim, as desconfianças das entrevistadas de tez escura me reforçaram a necessidade de estar atenta para distinções de tons de pele entre pessoas negras dentro do fenômeno estudado, e o mesmo pode ser dito quanto às diferenças de classe;

também as abordagens masculinas simultaneamente racistas e machistas, bem como as expressões de racismo interiorizado, foram adicionados ao *corpus* da pesquisa e contribuíram para que eu elucidasse as questões que me propus a investigar. Para mim, esse foi simultaneamente um exercício de cura emocional e um instrumento de produção científica.

Assim, é imprescindível conceber o processo de pesquisa tendo em vista que tanto os/as pesquisadores/as – negros/as e brancos/as, homens e mulheres – quanto os/as participantes são sujeitos sócio-históricos e que, como tal, interagem a partir de posições relativas, dentro de um contexto particular. Ao admitir que esta é uma marca incontornável da inserção de todos/as os/as cientistas sociais no trabalho de investigação, podemos derivar achados significativos das situações de afinidade e de aflições, e converter em ponto forte de nossos trabalhos aqueles mesmos elementos que a ótica racista apontou serem nossas "fraquezas intrínsecas".

# CAPÍTULO 2

# Tornar-se negra

Era uma noite, uma vez, minha mãe nasceu no seio de um pântano. Em um sertão de lama. Mulheres como minha mãe trazem a sina das que desembestam mundo adentro escanchadas em seus cavalos, amazonas, defendendo-se não se sabe bem de quê, só se sabe que do amor. Só se sabe que do que o amor as fez sofrer. Só se sabe que do que o amor as fez traídas. São amazonas a cavalo vindo fazer marca no tijucopapo, lá onde é tudo lamaçal. As mulheres de tijucopapo: ferradura. As mulheres de Tijucopapo: é como fica tão pouco de tudo, e é como fica tão tudo a ponto de ser herança. As mulheres de Tijucopapo: sou eu com minha sina de lama, eu que saí, bicho da lama, tapuru, onde a praia encontra a lama.

(Felinto, 1992, 56)

Tenía siete años apenas,
¡Qué siete años!
¡No llegaba a cinco siquiera!
De pronto unas voces en la calle
me gritaron ¡Negra!

¡Negra! ¡Negra! ¡Negra! ¡Negra! ¡Negra! ¡Negra! ¡Negra!

"¿Soy acaso negra?"- me dije
¡SÍ!

"¿Qué cosa es ser negra?"
¡Negra!

Y yo no sabía la triste verdad que aquello escondía.
¡Negra!

Y me sentí negra,
¡Negra!

**Como citar este capítulo:**
Pereira, Bruna Cristina Jaquetto. *Dengos e zangas das mulheres-moringa: Vivências afetivo-sexuais de mulheres negras.* Pp. 41-71. Pittsburgh, Estados Unidos: Latin America Research Commons. DOI: https://10.25154/book6. Licença: CC BY-NC 4.0

Como ellos decían
¡Negra!

Y retrocedí
¡Negra!

Como ellos querían
¡Negra!

Y odie mis cabellos y mis labios gruesos
y mire apenada mi carne tostada [...]."

(Cruz, V. [1978] 2015)

A família, a escola e a rua constituem importantes instâncias de socialização dos sujeitos, nas quais eles recebem referências iniciais sobre quem são, além de orientações sobre significados culturais compartilhados e sobre os códigos de conduta, inclusive no que tange à vida amorosa e à sexualidade. Gênero e raça, formativos da identidade individual e grupal, são dois dos aspectos da vida social que são aí ensinados e incorporados.

O núcleo familiar organiza-se essencialmente com base nas relações de gênero, com cortes geracionais (Durham 1999; Goldani 1993), e consiste em uma instância primordial, ainda que não exclusiva, de transmissão das elaborações culturais sobre diferenças e hierarquias fundamentais entre homens e mulheres. Por meio de exemplos, instruções e práticas continuadas, os familiares socializam as crianças e jovens quanto a valores, papéis, atribuições e normas de interação baseados no gênero (Bozon 2004; Traverso-Yépez e Pinheiro 2005). Como tal, o núcleo familiar constitui um dos "marcos organizadores da vida amorosa" (Bozon e Heilborn 2006, 155-156), pois exerce um papel de destaque no ensino de modelos ou padrões culturais tomados como possíveis e pertinentes para o exercício da sexualidade e da reprodução biológica e social de sujeitos e grupos. Mais do que uma instância de doutrinação e aconselhamento, a família é atuante e tem certo nível de controle e capacidade de estruturação das experiências afetivo-sexuais dos/as filhos/as (Bozon 2004), e particularmente das filhas, tendo em vista a vigilância familiar acentuada sobre o exercício da sexualidade feminina (Durham 1999; Fonseca 2000).

Já raça emerge no contexto familiar de maneira um tanto diferente. As famílias brasileiras em geral evitam falar sobre raça ou racismo, e o assunto figura mesmo como um tabu para elas (Cavalleiro 2013; Chagas 2014; Hordge-Freeman 2015; Twine 1998). Mesmo assim, a família constitui um importante espaço de socialização quanto a raça. O tratamento diferenciado a membros da família de acordo com sua raça/cor, notas e comportamentos relativos à aparência de alguém, a manipulação do cabelo crespo, projetos familiares de embranquecimento e orientações sobre comportamentos adequados a pessoas negras influenciam a formação da autoimagem e transmitem não apenas significados e valores associados a raça como ainda noções sobre as distintas posições ocupadas pelos sujeitos racializados, de acordo com seus traços fisionômicos (Alves 2010; Hordge-Freeman 2015; Oliveira, L. 2016; Pereira, B. 2016; Santos, R. 2009; Schucman 2018; Schucman; Mandelbaum e Fachim 2017).

Também o ambiente escolar constitui uma importante instância de socialização quanto à sexualidade e à identidade de gênero. No convívio com educadores/as e colegas, as concepções sobre masculino e feminino orientam as práticas institucionais rotineiras que direcionam e disciplinam sentimentos e investimentos sociais, assim como processos cognitivos e motores de meninos e de meninas. Assim, a escola reforça aprendizados iniciados na família quanto às fronteiras entre masculino e feminino, ao imperativo do desejo heterossexual e à posição social que as crianças ocupam nas hierarquias sociais de gênero (Louro 2000; Perosa 2006; Vianna, C. e Finco 2009).

Sobretudo para as meninas, que muitas vezes têm a sua circulação cerceada, frequentar a escola significa um alargamento da vida social. Portanto, esse é muitas vezes o ambiente em que as crianças negras passam pelas primeiras experiências de racismo no espaço público (Gomes 2002), já que desde a pré-escola as instituições de ensino tratam de forma diferenciada estudantes negros/as e brancos/as. São frequentes os episódios em que professores/as e demais funcionários/as, além dos pares, engajam-se em comportamentos que explicitamente ofendem, inferiorizam ou excluem crianças e adolescentes negros/as. Os livros didáticos e a bibliografia de apoio alternam-se entre a representação estereotipada e a ausência de menções à população negra e à África. A isso, soma-se o emprego de linguagem não verbal – comportamentos e disposições – que transmitem e reforçam valores discriminatórios. Se resultam em uma autoimagem negativa para crianças e adolescentes negros/as, as lógicas e dinâmicas racistas que perpassam o ambiente escolar também facultam às crianças brancas a interiorização de sentimentos de superioridade (Cavalleiro 2004, 2013; Munanga 2005; Silva, P. 2015).

O acesso de mulheres negras de classe baixa à educação formal é marcado por percalços e interrupções (Almeida, G. 2009), que, de fato, pautaram o acesso de entrevistadas das camadas empobrecidas à instituição escolar. Quando esse é o caso, a impossibilidade de acesso ou descontinuidade da frequência à escola aumenta a importância de outros espaços e meios onde se dá a socialização para transmitir modelos e hierarquias pertinentes a gênero e raça. A família, a mídia e as interações com colegas da vizinhança e em outros lugares de sociabilidade – por exemplo, nas igrejas (Cavalleiro 2013, 157) ou as ruas – são alguns deles.

Neste capítulo, analiso as experiências das entrevistadas transcorridas durante a infância e a adolescência, no âmbito da família e também nos ambientes da escola e da rua. As participantes da pesquisa discorreram sobre esse momento de suas vidas como uma etapa inicial e importante da construção da sua autoimagem e da formulação das suas primeiras impressões sobre como deveriam se portar no âmbito afetivo-sexual e sobre quem deveriam e poderiam desejar. As vivências então travadas foram mencionadas como significativas em si mesmas, mas também como ponto focal em relação ao qual as vivências, aprendizados e transformações posteriores foram pensadas e interpretadas.

## "Coração, desejo e sina"[30]: socialização na família

O lar de origem das entrevistadas, como um complexo de interações que caracterizam a primeira instância e a etapa inaugural de sua socialização, mostrou-se dotado de significativa relevância para as suas trajetórias afetivo-sexuais. Quando indagadas sobre suas primeiras experiências desse tipo, elas caracterizaram espontaneamente situações e episódios decorridos no contexto de suas famílias. Foi aí que elas adquiriram entendimentos iniciais sobre quem eram e sobre como se posicionavam diante das outras pessoas, assim como sobre as configurações possíveis e valores considerados adequados para a vivência erótica e amorosa.

A seguir, abordo algumas das dinâmicas familiares que demonstraram ter exercido influência significativa no desenrolar das trajetórias das entrevistadas. Conquanto a família constitua o espaço privilegiado da análise, faço algumas breves incursões por experiências travadas em outros espaços. Ao tomar a família como um nódulo, um lugar de convergência de interações, de fronteiras frouxas e flexíveis, permito-me navegar por algumas relações que, ainda que relacionadas ao lar, o extrapolam.

### Negritude, beleza e feiura

Aos 33 anos, Jurema, de classe alta, é uma mulher bonita. Sua figura está muito próxima daquela evocada de forma genérica pelos ideais de "mulher brasileira" projetado em fantasias eugênicas de embranquecimento populacional (Andrews 2014; Bento 2009; Dávila 2006; Jarrín 2017; Schwarcz 1993): ela tem a pele morena de tom claro e longos cabelos castanhos que, alisados, ainda deixam ver que não chegam a ter uma textura crespa; nariz um tanto largo, boca grande e olhos escuros levemente puxados, um dos traços que revelam alguma ascendência indígena; o corpo curvilíneo. Há 10 anos, é provável que Jurema não se reconhecesse como negra; no momento da entrevista, ela não só o fez como ainda disse ter orgulho de vir de uma família "toda negra".

Os primeiros comentários que ouviu sobre sua fisionomia e os julgamentos que teceu sobre a própria figura na fase inicial de sua vida foram, contudo, muito negativos. Após a separação de seus pais, Jurema passou a morar na casa da avó paterna, que reconheceu como a principal responsável por sua criação.

---

[30] Trecho da música "Sina", de Djavan (1982).

As referências estéticas que recebeu da avó sobre si foram as piores possíveis. Jurema ouvia que era "muito feia", e cresceu se achando "mais feia do que todo mundo", já que conferia muita importância à palavra da avó.

Berenice foi outra das entrevistadas para quem os comentários familiares fundamentaram impressões sobre a própria aparência.

Desde o nascimento do bebê e no decorrer das mudanças fisionômicas que ocorrem durante a infância, as partes do corpo das crianças negras são detalhadamente analisadas pelas famílias – principalmente, pelas mulheres das famílias – e por pessoas de convivência próxima, como vizinhos/a. "Desde a infância, todas as partes do corpo negro são escrutinadas: a cor da pele, a textura e a cor dos cabelos, a cor dos olhos, a cor das orelhas, a cor das unhas, o tamanho do pênis, o formato e a cor das nádegas são todos medidos face à normatividade branca e tratados em conformidade"[31] (Hordge-Freeman 2015, 230, tradução minha). Nem sempre as observações desdobram-se em comentários que vinculam explicitamente um parecer sobre a aparência das crianças à forma como elas são racialmente classificadas – embora isso também aconteça. As impressões dos adultos da casa de origem são efetivamente transmitidas a meninos e meninas por meio de tratamento diferencial e, como mostro aqui, pelas notas indiretas que informam as meninas sobre a associação entre negritude e feiura.

Ao falar sobre sua infância, Berenice indicou que, por vezes, essa associação é tão intensa que a referência à negritude é usada para intensificar a desvalorização estética mesmo de mulheres brancas. Ela disse sempre ter se achado "horrorosa". Quando perguntei se isso teria a ver com a sua raça/cor, ela respondeu que sim, que ouvira muitas vezes as pessoas associarem negritude a feiura. Lembrou-se então que seu pai, negro, chamava sua mãe, branca, de "negra feia".

Quando entrevistei Berenice, ela tinha 56 anos, mas parecia muito mais jovem. A meu ver, ela é uma mulher muito bonita. Ainda que tenha falado desinibidamente sobre racismo e discriminação racial, e que não tenha revelado nenhuma insatisfação particular em relação à própria cor ou outros atributos físicos ligados à negritude, Berenice vivia em pé de guerra com a própria aparência, a qual parecia um tanto fixada em tentar "consertar". É significativo que ela tenha encontrado neste episódio de menção explícita à associação entre negritude e feiura a explicação para a imagem negativa que faz de si. É possível ainda que a entrevistada tenha ficado intimidada em confessar eventuais mágoas com características físicas associadas à negritude. Porém, o mais importante aqui é observar que a sua fala conecta a internalização da ideia de que "negros/as são feios/as" com um desgosto com a sua aparência em geral, um sentimento de insatisfação imprecisa e generalizada para consigo mesma.

---

[31] No original: "From infancy, every part of the black body is scrutinized: skin color, hair texture and color, eye color, ear color, nail color, penis size, and the shape and color of buttocks are all measured against white normativity and treated accordingly".

Na fala de Jurema, a associação entre negritude e feiura emergiu de modo um tanto distinto. Se as declarações negativas da avó, conforme contadas pela entrevistada, diziam respeito à sua aparência de modo genérico, suas insatisfações recentes com o próprio corpo eram mais pontuais. Jurema me disse que gostava de seus olhos, que tinham o mesmo formato dos da mãe, mas não lamentou que não fossem claros como os do pai – o que ela definiu como um "defeito de fábrica". Entre risos nervosos, afirmou não gostar do nariz e da boca, "grandes demais". Seu nariz e boca são os traços que mais fortemente caracterizam em sua aparência uma ascendência africana. Para ela, a associação entre estética e raça opera em um sentido contrário daquele apontado na entrevista de Berenice: se esta interiorizou comentários racializados como noções gerais de beleza/feiura, Jurema, por sua vez, decodificou os comentários genéricos e os incorporou como um conteúdo racial.

Como experiência decorrida em um espaço articulado por relações emotivas de grande importância, a associação entre "branco-beleza" e "negro-feiura", própria do discurso da democracia racial, inscreveu-se profundamente na subjetividade das entrevistadas, alcançando camadas afetivas e instigando sentimentos complexos em relação à branquitude e à negritude. O discurso antirracista, embora tenha se demonstrado capaz de transformar algumas das visões pejorativas que as entrevistadas foram tecendo sobre si em momentos posteriores de suas vidas, convivia com ideais estéticos embranquecedores que não foram completa ou facilmente subvertidos ou substituídos, quer no âmbito subjetivo, quer no âmbito das relações sociais mais amplas. Assim, ao falar sobre suas preferências quanto à própria fisionomia, Jurema não mencionou raça; porém, os traços físicos de sua predileção ou que lhe desagradam apareceram dispostos em uma escala de distância em relação ao que se entende como predicados tipicamente negros, e a proximidade daqueles associados à brancura.

Os relatos de Jurema e Berenice sobre os comentários familiares quanto à sua aparência foram fornecidos em contextualização às suas primeiras experiências afetivas, ou seja, como parte de um quadro de informações que elas consideraram fundamentais para a compreensão das vivências que tiveram posteriormente. Com isso, as entrevistadas indicaram que é no ambiente familiar que se inicia o processo de internalização do "mito da beleza", que faz com que a identidade e a autoestima das mulheres dependam da aprovação externa de sua aparência e comportamento (Wolf 2002).

A menção contínua à aparência das entrevistadas as ensinou sobre os padrões de beleza feminina, sobre a importância de se estar provida de atributos físicos considerados desejáveis, e. ainda, que a sua proximidade ou distância dos padrões de beleza são constitutivos de seu valor como pessoa (Wolf 2002). As interações no lar de origem constituem as primeiras circunstâncias em que ser considerada bonita ou feia tem consequências em termos de vantagens de ordem afetiva, econômica e material (Gordon 2013; Hordge-Freeman 2015). Em segundo lugar, as referências familiares à aparência informaram às mulheres que estar alinhada com o ideal de beleza é fundamental para que consigam atrair um homem como parceiro (Heilborn, 2006a) – o olhar desejante do homem é o que a legitima como mulher (Zanello 2018). Elas aprendem que conseguir e manter o par amoroso para viver uma relação nos moldes do amor romântico e heteronormativo é um objetivo pessoal importante, e que a beleza é um meio para atingir tal fim. Em terceiro lugar, os comentários familiares sobre a aparência situavam as entrevistadas dentro da escala que vai da beleza à feiura, informando-as sobre a sua pertença racial.

A transmissão de noções racializadas de beleza feminina nem sempre se realizou por meio de comentários. Para Antônia, esta foi uma lição drástica, vivida como prática realizada no corpo. Quando criança, contra a vontade da entrevistada, a mãe cortou-lhe os cabelos "joãozinho", pois eram "muito cheios", "muito cabelo", e a genitora "não tinha tempo", "não dava conta". A mãe de Antônia, de feições indígenas e cabelos lisos, reproduzia a ladainha sobre a "lida" com o cabelo cacheado ou crespo (Cruz, D. 2019; Gomes 2008), considerado difícil e trabalhoso. Também o volume do cabelo cacheado ou crespo era tratado como um problema, pois visto como anormal.

À época da entrevista, Antônia contava 52 anos e estava alocada na classe baixa. De tez clara, usava os cabelos alisados, e os trazia bastante danificados por conta do uso da química. Quando começaram a cair, havia alguns anos, ela recorreu às tranças, que inicialmente havia dito ter adotado por conta do orgulho de suas "raízes negras". Seus elogios excessivos aos meus cabelos, um meio termo entre cacheados e crespos, ilustravam uma certa obsessão em notar e classificar na escala racial qualquer textura que não fosse a lisa.

Quando se referindo aos/às irmãos/as, de cabelos mais crespos e de pele mais escura que a dela, Antônia animava-se. Ao se referir à mãe, porém, os cabelos eram o mote de mágoas e lamentações misturadas a expressões de admiração. Ela expressava grande frustração por não ter herdado os cabelos lisos da mãe. Por isso, ela diz, passou a alisar os cabelos quando um pouco mais velha. A relação que a mãe estabeleceu com os cabelos da filha espelha em certa medida a relação de Antônia com a própria negritude: ora anunciada e exaltada, ora depreciada e quase escondida. Para a entrevistada, o corte resultou em uma tristeza imediata e depois no alisamento que lhe danificou os cabelos – "uma besteira". Ademais, o penteado a distanciava dos padrões estéticos femininos, pois ela teria ficado "parecendo um menino". Cabelo curto "feio" porque "de menino" ou cabelo comprido "trabalhoso" e com volume "demais". Entre referências a gênero e raciais, ambiguamente manipuladas no seu ambiente familiar de origem, Antônia vivia sua negritude como uma impossibilidade de se adequar aos padrões ideais da estética feminina e, portanto, como um eterno desconforto.

As entrevistas de Jurema, Berenice e Antônia indicam que as mulheres negras são, ao mesmo tempo, ensinadas sobre a importância de estar provida de beleza e sobre o seu distanciamento dos padrões estéticos normativos da feminilidade. Desde a infância, elas são socializadas como desviantes, insuficientes e inferiores, e informadas sobre as suas chances reduzidas de alcançar aquilo que são instruídas a almejar. A partir de observações da parentela quanto ao seu semblante, as entrevistadas constituíram suas primeiras noções sobre serem indesejáveis ou desejáveis aos olhos masculinos. Assim, pareceres, atitudes e práticas articulados por ideias quanto a "beleza" e "feiura" construíram suas percepções quanto a estética feminina, identidade racial, dignidade pessoal e atratividade.

## Raça, pertencimento e legitimidade

Glória, de classe média, é fruto de uma união inter-racial. Sua mãe é negra, de família "toda negra" e pobre, e o pai, branco, de uma família que "sempre teve mais grana" e que é dona de um negócio bem-sucedido na região do DF. Ela é a primeira filha do casal: sua mãe engravidou aos 18 anos, época em que namoravam. Quando recebeu a notícia da gravidez, a família do pai insistiu – a princípio, sem sucesso – para que ele terminasse a relação.

A concepção de Glória pôs em movimento complexas dinâmicas do ideal de embranquecimento, ideias sobre a constituição da teia de alianças e parentesco e noções quanto ao direito a usufruir do patrimônio de família. No caso de Glória, disputas e negociações que versavam sobre sua fisionomia resultaram na constelação de fatores que davam forma à imagem que Glória fazia de si aos 24 anos, quando a entrevistei.

A moralidade sexual vigente na sociedade brasileira, tal como em outras sociedades latino-americanas, teve origem em um passado de dominação colonial, quando foram forjados diferentes padrões de contato sexual e relacionamento afetivo, cada qual adequado a noções específicas de raça, honra e status social (Parker 1991; Stolke 2006; Wade 2009). As noções e valores que orientam percepções sobre aliança e parentesco foram atualizadas ao longo da história e, recentemente, são influenciadas pelo repertório moderno que transforma a esfera da intimidade. As mudanças neste âmbito combinam-se com traços que se mostram duradouros, vinculados a gênero e raça. Por ora, é suficiente ressaltar uma diferenciação entre casamento e uniões informais e um tabu quanto ao matrimônio entre mulheres negras e homens brancos (Wade 2009) – principalmente quando ela é pobre, e ele, de classe média ou alta.

Ter um "caso", um namoro ou o regime de "concubinato" é razoavelmente tolerado, pois visto como vínculo de natureza informal, aventuras sexuais masculinas de caráter frouxo e temporário que não obrigam a família estendida e que, portanto, não comprometem o seu status social ou a transmissão de valores e propriedade. Um casamento (Gonzalez 1994; Oliveira, C. e Barreto 2003) ou uma gravidez, contudo, introduzem um grau a mais de proximidade da mulher em relação à família branca, visto que laços matrimoniais e consanguíneos são tomados como vinculantes e duráveis, e, como tal, capazes de afetar a honra da rede familiar e de impactar legalmente a distribuição patrimonial.

A mãe de Glória, negra de pele escura e pobre, era vista pela família do namorado como alguém que aspirava a um lugar que não lhe pertencia legitimamente, e a pressão pela quebra do vínculo quando receberam a notícia da gravidez procurava interromper uma aliança considerada como uma ameaça ao status social e racial da família branca. Com Glória, no entanto, mais clara que a mãe e unida à família paterna por laços consanguíneos, outro tipo de relação se estabeleceu.

A fisionomia da pequena Glória atendia razoavelmente às expectativas de embranquecimento nutridas pela família de seu pai, e isso se traduziu em oportunidades que, conquanto limitadas, lhe permitiram algum grau de negociação quanto ao seu pertencimento na rede familiar e quanto à posição que ocuparia nela. Ao contrário de sua mãe, ela não foi automaticamente rejeitada pela família paterna. Porém, antes que Glória colhesse os benefícios (potenciais e relativos) de partilhar da melhor situação financeira da família do pai, a entrevistada e sua mãe precisaram enfrentar algumas escolhas drásticas, referentes à pressão para que Glória aderisse a lógicas pertinentes ao ideal de embranquecimento.

Quando Glória nasceu, uma tia paterna expressou insistentemente a vontade de adotá-la, mesmo que a mãe de Glória não demonstrasse qualquer interesse em renunciar à guarda da filha. Em conjunto com a "falta de condições" e a juventude da mãe, a persistência da família do pai justificava-se pela "boa aparência" da criança: a parentela a definia como "muito bonita" e "parecida com o Pedrinho".

Há aqui uma ilustração de como a relação entre estética feminina e feminilidade negra é complexa e estende-se para além de uma equivalência linear entre negritude e feiura. Minha experiência pessoal, a de pessoas conhecidas e também pesquisas anteriores demonstram que, assim como na família de Glória, na teia de relações familiares, as percepções de semelhança/diferença são negociadas e percebidas em termos de clareamento/escurecimento em relação à cor dos pais (Costa, S. 2009; Hordge-Freeman 2015; Pereira, B. 2016; Schucman 2018). As referências à fisionomia de Glória, mesmo quando não eram explicitamente raciais, nunca deixavam de sê-lo. As expressões "bonita" e "parecida com o Pedrinho" selavam o veredito familiar sobre a aceitabilidade da fisionomia de Glória quanto aos traços racializados. Assim, os termos utilizados ao mesmo tempo para expressar ideias sobre semelhança e diferença e avaliações estéticas operavam também como códigos para se falar sobre raça, sem que ela precisasse ser mencionada.

Sob o meu olhar, Glória não é branca e não está dotada de passabilidade[32]. Sua pele, se não alcança os tons mais escuros, também não é clara o suficiente

---

[32] "Passabilidade" é um termo empregado tanto no contexto estadunidense quanto no brasileiro para se referir à possibilidade de uma pessoa negra de pele clara "passar-se" por branca (1991). No Brasil, onde as categorias raciais tipicamente são mais fluídas e apresentam regras de pertença menos rígidas do que nos Estados Unidos, o termo "passabilidade" diz respeito ainda à possibilidade de que pessoas que não têm a pele muito branca ou cabelos lisos sejam, mesmo assim, lidas como brancas.

para garantir que seja considerada branca ou mesmo racialmente ambígua, e seus cabelos estão entre a textura cacheada e crespa. Mas Glória é mais clara do que a mãe e, a não ser pelos cabelos, não dispõe em seu semblante de traços tradicionalmente associados à negritude mais intensamente marcados. O fenótipo de Glória acessa aqueles ditames da ideologia do branqueamento segundo os quais as mulheres não brancas consideradas "bonitas" são aquelas que dispõem de um fenótipo mais próximo da "beleza branca perfeita" (Pinho, P. 2006, 277) – ou, para ser mais exata, mais distante da "feiura negra". Sua "beleza" desencadeou tentativas reiteradas de afastamento simbólico e concreto em relação à mãe por parte da família branca do pai.

A família paterna de Glória assegurava à sua mãe que a criança teria acesso a um patamar material privilegiado – ou ao menos melhor do aquele que a família materna poderia lhe oferecer –, com a condição de que os vínculos com a genitora fossem cindidos. A proposta baseava-se na aceitação do embranquecimento de Glória em termos como ascensão social e do cultivo de um *self* "branco". A bibliografia que versa sobre o tema tipicamente refere-se aos esforços individuais de pessoas negras por apagarem traços associados à negritude, substituindo-o por traços associados ao fenótipo branco (Golash-Boza 2010) ou do embranquecimento como um projeto familiar de grupos não (muito) brancos (Bento 2009; Costa, S. 2009; Hordge-Freeman 2015). O evento mencionado, no entanto, indica que a demanda pelo embranquecimento pode partir do grupo branco, com pressões exercidas a partir de condições materiais e simbólicas que lhes são mais favoráveis, e às quais pessoas negras podem resistir – ainda que a rejeição resulte em desvantagens materiais significativas. Afinal, a família paterna de Glória fracassou em seus esforços.

Os pais de Glória ficariam ainda juntos por alguns anos e criariam a filha em conjunto. Quando a entrevistada era adolescente, seus pais se separaram. A escolha entre a família negra e a pobreza ou a família branca e a segurança material foi então posta novamente à mesa, e o pai garantiu que Glória teria uma vida confortável, mas apenas se optasse por viver com ele. Um episódio de violência física do pai contra Glória levou a entrevistada a se afastar dele permanentemente. Abstendo-se de escolher entre o pai e a mãe, Glória optou por ficar com a avó materna e cresceu junto à família negra e pobre em uma região de periferia do DF. A escolha da entrevistada levou-a a deparar-se com grandes desafios de ordem material no decorrer de sua vida.

Essa configuração das coisas, no entanto, não impediu que Glória usufruísse de alguns benefícios de ordem simbólica resultantes das complexas dinâmicas familiares baseadas em gênero e raça. Os comentários positivos da parentela sobre a sua fisionomia foram cruciais para que ela desenvolvesse uma impressão positiva da própria imagem desde a infância. Na pesquisa, o seu caso constituiu uma exceção: ela foi uma das poucas entrevistadas negras que demonstraram ter nutrido continuamente uma boa relação com a própria aparência ao longo da vida. Seu relato é, no entanto, exemplar de como uma certa ambivalência perpassa as relações raciais brasileiras, caracterizando também processos de racialização e racismo. Ele aponta que a leitura da aparência física de mulheres negras e a decorrente apreciação de si vão além de associação entre negritude e feiura, aplicada a cada pessoa individualmente, com consequências apenas para o âmbito simbólico. Antes, a entrevista de Glória indica como a avaliação estética positiva de seu semblante nesse momento inicial de sua vida, compartilhada pela parentela e por ela incorporada, está mediada por noções racializadas quanto à moralidade sexual, estética e noções de parentesco, proximidade e distância[33]. Indica, ainda, como o aspecto simbólico está entrelaçado ao acesso a bens e recursos materiais.

## Transmissões intergeracionais

Luiza e Teresa afirmaram ter aprendido com as suas respectivas mães, negras, a adotar uma determinada relação com a própria aparência, quanto a gostos e rituais de embelezamento e consumo. As duas entrevistadas têm um perfil similar: as duas dispõe de tez clara e cresceram em famílias negras que experimentaram ascensão social para a classe média, em capitais de outros estados brasileiros localizadas, respectivamente, nas regiões Sudeste e Nordeste. No momento da pesquisa, Luiza contava 33 anos; Teresa, 32. Ambas apresentam um tom de pele entre o médio e o escuro, embora os cabelos de Teresa tenham uma textura mais crespa que os de Luiza, que tendem ao encaracolado. No momento da entrevista, as duas estavam alocadas na classe alta.

As trajetórias de Luiza e Teresa divergem, entretanto, no que diz respeito à sua relação com a própria aparência. A relação de suas mães com o consumo para o embelezamento e com o "arrumar-se" vai em sentidos opostos. A mãe de Luiza adotava um estilo de vida em que o salário relativamente elevado que recebia custeava o estilo de vida – roupas, perfumes e *hobbies* – associado às classes médias e altas, lhe permitindo comprar "roupas bonitas, perfumes" e outros artefatos para embelezamento.

De pele escura, a genitora já havia ela mesma experimentado as agruras da associação entre negritude e feiura. A aproximação do movimento negro quando Luiza tinha por volta de 10 anos constituiu um marco importante para a relação de sua mãe com a própria aparência, por ensejar tanto um vocabulário com o qual expressar "esse sofrimento" quanto por lhe proporcionar acesso a uma política de representação positiva de pessoas negras. Luiza disse que sua mãe ouvira muitas vezes, ainda criança, que era "a mais preta" e, por isso, "a mais feia". Quando se aproximou do movimento negro, os livros sobre o Nazismo nas estantes de sua casa foram sendo substituídos por outros, que versavam sobre raça e negritude. A entrevistada entende que o ativismo forneceu

---

[33] *The Color of Love*, de Elizabeth Hordge-Freeman (2015), dedica-se primordialmente a analisar o colorismo em famílias negras brasileiras.

a sua mãe outra forma de "lidar com esse sofrimento". As transformações afeta-ram também Luiza, que passou a ter acesso a um novo vocabulário.

De fato, a entrevistada afirmou que não se identificava com as atividades das quais a mãe passou a tomar parte, mas a circulação de homens e mulheres negros/as por sua casa constituiu uma ruptura com a monocromia que domi-nava o microcosmo pelo qual Luiza circulava, e que, como outros ambientes da classe média e alta da sociedade brasileira, poderia ser descrito como "o mundo dos brancos"[34]. Luiza cresceu aderindo ao mesmo estilo de vida da mãe, e me disse que, na adolescência, era uma "patricinha". O consumo de produtos que simbolizam a distinção social, em conjunto com práticas de controle de atributos relacionados à negritude, eram relevantes para a impressão que ela ia construindo sobre a própria imagem. Tudo isso contribuía para uma visão positiva de sua aparência, criando um hiato entre a forma como a entrevistada era vista pelos outros e o que pensava sobre o seu semblante. Luiza se achava bonita (com os cabelos alisados), mas ressalta que as outras pessoas não a con-sideravam como tal.

Também para Teresa, a possibilidade de ser e sentir-se bonita esteve asso-ciada ao consumo dos adereços certos e ao emprego de técnicas de manipu-lação da aparência que lhe permitiriam arrumar-se de acordo com padrões de beleza feminino forjados em meio a dinâmicas simultaneamente capitalistas, de gênero e de raça.

Diferentemente do que foi narrado por Luiza, cujo núcleo familiar parece ter vivido uma situação financeira mais estável, a família de Teresa experimentou alguma instabilidade em sua inserção na classe média durante o período em que a sua mãe se viu desempregada[35]. Talvez por isso, ou quem sabe por conta de experiências prévias, traços de sua personalidade, ou por uma conjugação destes ou de outros fatores, a mãe de Teresa adotava um estilo de vida mais espartano, em que os gastos com "vaidades" eram rotulados como supérfluos. A filha, contudo, discordava da mãe e, numa análise retrospectiva, expressou o entendimento de que a vaidade é necessária para a produção da beleza, e que é algo a ser ensinado de mãe para filha. Essa sua opinião emergiu quando perguntei sobre um ponto de virada em sua trajetória, a partir do qual a sua relação com a própria aparência foi modificada para melhor. Ela me explicou que esta foi uma transformação que se deu não de forma repentina, e sim como um processo de aprendizado, quando mais velha, junto a amigas.

---

[34] A expressão faz alusão ao título do livro *O negro no mundo dos brancos*, de Florestan Fernandes (1972), indicando o "imperialismo da branquitude" (Fernandes 1972, 15). Ao longo do texto, emprego o termo para referir-me primordialmente às experiências das mulheres negras em espaços de classe média e alta, em que a presença negra, pouco frequente, é vista como excepcional e anormal.

[35] Segundo Ângela Figueiredo (2002b; 2004), a instabilidade é uma característica da inserção das pessoas negras na classe média.

Assim como Luiza, Teresa contrariou a ideia hegemônica de que a beleza feminina é um atributo do qual se nasce investida ou destituída, e que é determinada pelos atributos raciais presentes na fisionomia das mulheres. Na visão de ambas, ser bela é algo que se constrói pela aquisição de artigos e produtos específicos e pela adoção das práticas de embelezamento adequadas. Pelo recurso à possibilidade de consumo e à indústria cosmética, de vestuário e de demais produtos femininos, elas introduziram uma fissura em relação às visões hegemônicas e racistas sobre raça e aparência[36].

Transmitir às filhas os valores e rituais que dizem respeito a estas "vaidades" é – ou, para Teresa, deveria ser – uma das funções inerentes ao papel da mãe negra. As entrevistas de Luiza e Teresa indicaram que as filhas negras herdam de suas mães negras o modelo de relação com o próprio corpo e com a forma de manipular o próprio semblante. Assim, elas são também mediadoras da visão que as mulheres negras constroem sobre sua própria aparência.

Além de noções sobre aparência e corpo, as entrevistadas receberam no lar de origem as suas primeiras lições sobre sexualidade e sobre moralidade sexual. Uma das figuras acionadas nesse sentido pelas suas famílias foi a da "mãe solteira"[37]. Por um lado, em consonância com estudos que indicam que o prestígio e o poder masculinos fundam-se no controle da moralidade e da conduta sexual das mulheres (Heilborn; Cabral e Bozon 2006; Parker 1991), ela apareceu como uma ferramenta de controle da sexualidade feminina tendo em vista a proteção da honra familiar. Por outro, ela emergiu em meio a instruções sobre como evitar o agravamento de uma situação de vulnerabilidade social já estabelecida. De toda forma, a figura da "mãe solteira" foi mobilizada de modo a fomentar nas mulheres o medo das consequências da prática sexual. A prescrição de controle exacerbado da própria sexualidade e de abstinência sexual substituiu orientações quanto ao emprego de métodos contraceptivos ou a visões mais progressistas quanto aos direitos sexuais e reprodutivos das mulheres.

A imagem da "mãe solteira" conjura noções sobre aliança e parentesco, sobre moralidade sexual, e também sobre a sexualidade das mulheres – sobretudo, das mulheres negras e pobres. Na literatura acadêmica, tais noções traduzem-se

---

[36] Embora não seja esse o argumento das entrevistadas, é importante mencionar que a indústria cosmética e o mercado de cirurgias plásticas dispõem de uma relação de cumplicidade com as estéticas e lógicas do embranquecimento. Ver, quanto à questão, *Afro-Aesthetics in Brazil*, de Patrícia Pinho (2006), e também *The Biopolitics of Beauty*, de Alvaro Jarrín (2017).

[37] Utilizo o termo entre aspas para ressaltar que a vinculação da maternidade a um estado civil não está dada a princípio, e que é articulada pelo conjunto de valores referentes à moralidade sexual, tendo em vista concepções relativas à natureza dos grupos sociais. Não existe, por exemplo, o conceito de "pai solteiro" – ao menos no mesmo sentido. Oyèrónkẹ́ Oyèwúmi (2002) destaca que é um fato cultural particular ao ocidente moderno a leitura da maternidade não apenas como relação de descendência, mas também como relação sexual da mulher/mãe com um homem.

em distintas vertentes bibliográficas e modelos explicativos, das quais duas são aqui de particular interesse.

Na vertente "modernizante", como "monoparentalidade", a figura da "mãe solteira" é lida como emancipadora, e vem sendo abordada no escopo das discussões sobre as transformações nas relações de gênero no Brasil, a partir das mobilizações feministas e das tecnologias contraceptivas e reprodutivas, quando são retratadas como parte das mudanças relacionadas à modernidade tardia. A reestruturação das configurações familiares, com laços matrimoniais mais frouxos e redução da importância do núcleo familiar tradicional, são vistas em geral como positivas, pois caminham na direção da redução das desigualdades de gênero e da superação de formas tradicionais que as fomentam. Segundo tal perspectiva, os comportamentos "modernos" teriam origem nas classes médias – brancas –, de onde se disseminariam para as camadas empobrecidas – e enegrecidas –, que as absorvem de maneira lenta e com resistência. Pressupõe-se que a mudança social se processa "de cima para baixo" (Itaboraí 2015).

Em sintonia com o modelo "de cima para baixo" da perspectiva "modernizante", para a vertente "anômica", a "mãe solteira" é uma das consequências da (presumida) incapacidade dos "de baixo" para constituir, incorporar ou performar os padrões – "tradicionais" ou "modernos", a depender de quem escreve – normativos de aliança, parentesco, gênero e sexualidade. Seus argumentos partilham de pressupostos implícitos quanto a raça e classe, natureza e cultura. Vistos como segmentos que se orientam única ou majoritariamente por "urgências" de impulsos sexuais, que não seriam suficientemente mediadas pela cultura, as camadas populares – e a população negra, em particular – são tomadas como incapazes de performar os papéis tradicionais de gênero, pelo qual viveriam em permanente estado de desorganização familiar (Corrêa 1981; Giacomini 2006). Compreendida como resultado de configurações históricas, culturais ou econômicas (Giacomini 2006), tal incapacidade, sobretudo quando se expressa na condição da "mãe solteira", é tomada ora como causa e justificativa, ora como consequência da vulnerabilidade social do grupo em questão.

Assim, a figura da "mãe solteira" faz parte de uma política de representação de pessoas negras e pobres que perpassa também a produção acadêmica, e que evoca a associação das mulheres negras à pobreza e à marginalidade social; à incapacidade de controle dos impulsos sexuais, ou da vivência da sexualidade de maneira considerada correta e regrada; e à incapacidade de desempenhar os papéis modelares de gênero, inclusive no que tange à maternidade. Tais ideias e representações foram constitutivas das interações familiares narradas pelas entrevistadas e mostraram-se relevantes para o seu autoconceito, bem como para a maneira como tomaram decisões, teceram preferências e interpretaram as suas trajetórias afetivo-sexuais.

Um forte controle familiar, de cunho patriarcal, foi exercido sobre o comportamento de Jurema durante sua infância e adolescência. Ela creditou a exacerbada vigilância a que esteve submetida e a proibição de circular desacompanhada pelo espaço público à composição majoritariamente masculina da família paterna, por quem foi criada. Ao mesmo tempo, a principal responsável por sua socialização foi a avó, que era também a pessoa incumbida mais diretamente de controlá-la. Na opinião de Jurema, a avó lhe impôs um modo de vida que havia internalizado a partir da experiência de ter sido criada em uma família com muitos homens que a controlavam, somada ao casamento com um homem muito mais velho.

Essa era a justificativa para que a avó lhe impusesse um código de vestimenta sóbrio, que, ela entendia, lhe impedia de ser e se sentir bonita e de se considerar digna de receber atenção masculina durante o período em que frequentou a escola. Aos 17 anos, Jurema teve a oportunidade de estudar em outra cidade e passou a desfazer-se, aos poucos, do controle exercido pela família. Superar a internalização de valores e comportamentos aprendidos, contudo, mostrou-se um processo lento, e ela lutava para livrar-se das consequências da socialização a que foi submetida. Jurema me disse que foram somente alguns envolvimentos mais tardios que lhe permitiram usufruir de maneira mais solta a experiência da própria sexualidade. Falando sobre suas primeiras práticas sexuais, a entrevistada descreveu-se como uma pessoa "travada".

Jurema sofreu grande resistência por parte da família quando expressou o desejo de mudar-se para a capital do estado onde vivia e cursar o ensino superior. Com a ajuda da tia e sob a supervisão dela, a entrevistada por fim concretizou seu propósito e projeto. Neste período, as visitas da irmã do pai eram regulares, e Jurema não tinha autorização para receber ninguém no pequeno apartamento em que morava só. Mais do que a prática de vigilância, a efetividade do controle da sexualidade de Jurema dava-se pelo acionamento da figura da "mãe solteira", que foi mobilizada pela parentela para tentar barrar os avanços da entrevistada nos estudos e sua mudança para outra cidade. O pai, sobretudo, lhe incutiu "muito medo" de engravidar, dizendo que seu "diploma ia ser um filho".

Para o pai de Jurema, as ambições da filha eram incompatíveis com aquilo que uma mulher negra e jovem de origem pobre poderia almejar. Ele estava convencido de que o destino da garota resumia-se a três possibilidades: conseguir um emprego mal remunerado na cidade de interior em que viviam; casar-se com um homem também pobre e dedicar-se à criação dos/as filhos/as; ou fugir dessas possibilidades e iludir-se na busca por uma oportunidade de estudar – o que, sendo ela "jovem e idiota", a levaria a tornar-se uma "mãe solteira". Em certo ponto da entrevista, Jurema me disse que queria desesperadamente se livrar "daquela vida de miséria", termos que usou para descrever sua infância e adolescência. Ela ousava sonhar para além dos horizontes estreitos em que o pai lhe confinava, e tratou de vislumbrar e construir um futuro diferente para si.

A seu ver, uma gravidez não planejada e fora dos vínculos matrimoniais poria a perder todas as conquistas que alcançara até então, assim como os laços propiciados pela sua principal rede de afeto e sociabilidade: a familiar. Sem conhecimentos sobre como poderia ter relações sexuais evitando a gravidez, em uma sociedade em que o aborto é, salvo raras exceções, ilegal e majoritariamente condenado do ponto de vista moral, e na qual o cuidado infantil é sobretudo exercido de modo privado pela mãe, Jurema repreendeu a própria curiosidade e o próprio desejo. Seus relacionamentos, ela disse, paravam "no beijo".

A trajetória de Jurema é semelhante à de outras jovens oriundas de classes populares que ascendem socialmente e que, em relação a outras mulheres de mesma faixa etária, postergam a iniciação da vida sexual (Bozon e Heilborn 2006, 167). De fato, no caso em questão, o adiamento se deu em virtude da priorização de projetos pessoais relacionados a estudo e trabalho e ao controle familiar estrito (Bozon e Heilborn 2006, 173), exercido, entre outros fatores, pelos efeitos generativos da figura da "mãe solteira" para a subjetividade de Jurema.

A figura da "mãe solteira" funciona para Jurema como uma "imagem controladora". Na formulação original do conceito, Patricia Hill Collins (2009) trata de imagens que integram a ideologia de grupos dominantes e que, ao construir e veicular retratos estereotipados de mulheres negras, justificam e reproduzem situações que são exploratórias e opressivas para elas. Em minha leitura, a autora propõe que as imagens são "controladoras" porque, aplicadas às mulheres negras, elas definem quais são os comportamentos que tais mulheres devem idealmente adotar; porque fixam os papéis (subordinados) e lugares (subalternos) que podem ocupar; e porque lhes atribuem características físicas e morais que, na medida em que aludem também a qualidades consideradas inferiores e socialmente indesejáveis, tentam tornar legítimo e deixar intocado o seu acesso desigual a direitos e a bens simbólicos e materiais.

A partir da entrevista de Jurema, proponho que o controle exercido por tais imagens se dá também pelos efeitos das imagens controladoras para a subjetividade das mulheres negras. No caso, a figura da "mãe solteira" pairava sobre a cabeça da entrevistada como uma assombração, e ganhava existência – se não concreta, ao menos como construção simbólica – na medida em que orientava suas atitudes quanto a si mesma e quanto aos/às outros/as, e que definia a forma como ela enxergava, como vivia e como se relacionava com a sua própria afetividade e sexualidade.

O mesmo fantasma atordoou a trajetória de Conceição (38 anos, classe média), mas em uma situação distinta, em que as ideias foram interpeladas por experiências concretas. Para ela, a condição de "mãe solteira" constituiu uma experiência vivida de sua mãe, e foi um elemento importante dentro do quadro de instruções que a genitora propiciou à filha. As orientações maternas influenciaram a maneira como a entrevistada enxergava os homens, sua postura diante de seus sentimentos tanto quanto frente aos relacionamentos afetivos, e ainda conformaram o que ela entendia ser a forma mais conveniente de vivê-los.

Conceição tem a tez escura, embora não tanto que a aproxime dos tons mais extremos do contínuo de cores da sociedade brasileira. Ela usava os cabelos alisados e contava 38 anos ao tempo da entrevista. No início de nossa conversa, me disse que era casada há 13 anos, mas que não usava aliança e que dispensa formalidades. Quanto a isso, embora tenha ascendido socialmente

– ela tem curso superior completo, residia em uma região do DF com forte concentração de pessoas de renda elevada e dispunha de uma renda familiar alta –, a entrevistada continuava a aderir a valores historicamente associados às "classes populares" e negras, e que também vão ganhando espaço entre as classes médias e altas a partir de um ideário de modernização das relações afetivas (Itaboraí 2015). Quando lhe questionei sobre suas primeiras experiências afetivo-sexuais, Conceição destacou a fragilidade dos laços conjugais, relatando que sua mãe havia deixado companheiros e que criava os/as filhos/as sozinha.

Reparando na experiência da mãe, também uma mulher negra, Conceição dispensava uma visão fantasiosa dos relacionamentos, associada a um ideal romântico da afetividade. Em sua fala, os homens são vistos como potenciais fontes de problemas, e não como solução: no mínimo, não se poderia contar com eles porque o abandono era uma prática recorrente; nos casos mais extremos, porque agressivos, eles eram mesmo entendidos como obstáculos para que uma mulher pudesse "viver na santa paz". Não se tratava de dispensar completamente os envolvimentos afetivos com homens, mas de não tomar a sua presença como certa ou como intrinsecamente positiva. A escolha seguia uma lógica que apareceu também em outras entrevistas: frente a parceiros de perfil que considerava indesejável, a mãe de Jurema optou por ficar só e por criar o/a filho/a por conta própria.

Para Conceição, o padrão familiar repetiu-se como fato, e a entrevistada tornou-se mãe aos 16 anos, quando foi deixada pelo parceiro com quem se relacionava. A transmissão intergeracional, aqui, ocorreu não apenas quanto a valores e concepções de mundo passados de mãe para filha, mas também como continuidade da exposição das mulheres da família a condições materiais desfavoráveis, ao abandono afetivo e material por parte do parceiro, à insuficiência de informações sobre sexo e de acesso a recursos contraceptivos, e à delegação do cuidado dos/as filhos/as à mulher. O abandono por parte do pai da criança foi considerado por ela como um resultado do caráter da pessoa em questão, mas também como um problema derivado da forma como a sociedade se organiza. No decorrer da entrevista, Conceição afirmou que a situação se relacionava ainda ao fato de que ela é uma mulher negra, pelo qual os seus parceiros vislumbrariam os vínculos que teciam com ela como laços provisórios e precários – o que também contribuiria para a maior vulnerabilidade desse grupo de mulheres.

As experiências relatadas reforçavam para a entrevistada a noção de amor e de relacionamento que já lhe tinha sido transmitida pela mãe. As vivências e percepções da genitora confirmam-se em sua própria trajetória, e tiveram por consequências obstáculos significativos a entravar o caminho para os seus projetos pessoais. Conceição pendia para o ceticismo, afastando-se de visões mais românticas e romantizadas sobre os relacionamentos afetivos. Amar e/ou relacionar-se sexualmente eram atividades que ensejavam perigos para mulheres negras e pobres como ela.

Mas não nos deixemos enganar pelas plausíveis desconfianças de Conceição. Ela contrapunha-se ao modelo de envolvimento afetivo-sexual e de criação de filhos/as que, ancorado em hierarquias de gênero e raça, prejudicava a concretização de suas aspirações. Isso não significa que tenha renunciado ao desejo ou à possibilidade de viver novos vínculos ou relações, mais igualitárias e satisfatórias. De fato, alguns anos depois, ela se envolveria em um relacionamento duradouro.

## "O mundo é um moinho"[38]:
### escola, rua e os significados da feminilidade negra

Para além da família, os espaços da escola e da rua (vizinhança e demais locais de sociabilidade) mostraram-se relevantes para as trajetórias afetivo-sexuais das entrevistadas. Para algumas delas, o acesso a certos lugares públicos mostrou-se bastante controlado, e suas interações nestes espaços, deveras restritas: Jurema, por exemplo, esteve regularmente confinada à casa familiar, e só saía desacompanhada para ir à escola. Outras vezes, experiências marcantes sobrepuseram-se aos relatos de recreação infantil como categorias explicativas primordiais de suas trajetórias. Esse foi o caso de Conceição, que se tornou mãe quando ainda muito jovem, e de Teresa, que sofreu violência sexual. Solange (40 anos, de tez clara) e Elza (50 anos, de tez escura), ambas de classe baixa, ilustram o time das que, constrangidas pela pobreza e pela insuficiência de políticas públicas, tiveram um percurso educacional errático. Assim, o modo como as entrevistadas acessaram tais espaços e mesmo a possibilidade de acessá-los divergiu significativamente.

De toda forma, na escola e na rua, as interações contribuem para socializar as meninas negras de acordo com compreensões baseadas em noções de diferença e hierarquia com base em gênero e raça. Em seu cotidiano nesses lugares, as entrevistadas aprenderam alguns dos sentidos adicionais do ser "mulher negra", incluindo significados culturais alusivos à sexualidade e às relações afetivas. Ao mesmo tempo, foi na escola e na rua que as entrevistadas tiveram suas primeiras vivências de caráter afetivo-sexual, que participaram da consolidação de sua identidade de gênero e racial.

Na escola e na rua, as crianças passam a maior parte do tempo em contato com seus/suas pares. Mediadas ou não por adultos/as, as interações entre garotos e garotas reproduzem modelos de relações de gênero e de raça que vão sendo gradualmente incorporados. Jogos e brincadeiras, que são algumas das dinâmicas que pautam o seu convívio, são parte das primeiras experiências eróticas infanto-juvenis, ao mesmo tempo em que ensaiam e simulam situações

---

[38] Título e verso de uma canção de Cartola (1976).

que serão vividas integralmente no futuro. Essas atividades recreativas constituem importantes mecanismos da socialização infantil, pois indicam para a criança o lugar que ela ocupa em relação ao grupo, isto é, como membro da comunidade que integra, bem como lhes fornece modelos e caminhos de atuação, sentimento e corporalidade (Cavalleiro 2004, 2013; Ribeiro, J. 2006; Vianna, C. e Finco 2009). É ainda na escola, na vizinhança ou em lugares de sociabilidade que a maior parte das pessoas encontra o/a seu/sua primeiro/a parceiro/a (Bozon e Heilborn 2006, 181).

Nas páginas que se seguem, analiso as vivências afetivo-sexuais das entrevistadas nos espaços em questão. Inicio por um tema que se estende para muito além desse âmbito, mas que, sem dúvida o impacta e constitui: a supremacia branca.

## Sublime branquitude: o fazer da supremacia branca

As experiências das entrevistadas no espaço público confluíram com os resultados de pesquisas anteriores. As descrições de várias delas sobre sua infância e adolescência, que emergiram em suas narrativas ainda no esforço de contextualização de suas primeiras vivências afetivo-sexuais, enfatizaram episódios sistemáticos de racismo que tiveram impactos profundos para o desenvolvimento de sua autoimagem e sentido de posição relativa no grupo, e que foram pedagógicas no sentido de configurar impressões sobre quem deveriam desejar e com quem deveriam ou poderiam se relacionar. O detalhamento das muitas formas de discriminação vivenciadas na escola e na rua foge ao recorte do presente trabalho; por isso, me atenho a prover um breve apanhado das situações mencionadas pelas participantes da pesquisa, que bastará tanto para discutir suas consequências para as trajetórias afetivo-sexuais das entrevistadas quanto para contextualizar as análises que desenvolverei em momentos posteriores.

Na escola, diretoras que impediam alunos/as negros/as de sair na comissão de frente de desfiles, professores que perseguiam e tratavam de maneira diferenciada e perversa as entrevistadas, discursos e imagens que retratavam pessoas negras como inferiores e sem agência; na rua, como também no colégio, colegas que riam delas, cantavam músicas racistas, as humilhavam com ofensas raciais, ridicularizavam partes de seu corpo e as excluíam – todas essas situações foram cimentando para as entrevistadas o seu autoconceito, sua percepção quanto às pessoas brancas e uma noção de sua posição em relação a estas. Embora mulheres de todos os tons de pele e perfis socioeconômicos tenham recontado situações dessa natureza, elas estiveram mais presentes ou foram mais marcantes nas falas de mulheres de tez escura ou das entrevistadas que, transitando por espaços de classe média e alta, viam-se cercadas majoritária ou exclusivamente por pessoas brancas.

Esse quadro de violência resultou em um saldo negativo para a subjetividade das entrevistadas, inclusive no âmbito da sexualidade e da afetividade (Carneiro 2003b). Aquelas que circulavam pelas camadas médias e altas relataram ter desenvolvido sentimentos generalizados de inadequação, uma vez que constantemente tratadas como se estivessem "fora de lugar"[39]. Além disso, para as entrevistadas em geral, vivenciar tais situações resultou em sentimentos de exclusão e culpa, e em verdadeiras batalhas com a própria aparência. Uma delas acreditou durante algum tempo, durante sua infância, que ela e sua família negra eram escravos/as; outra chorava todos os dias na hora do recreio, escondida no banheiro. Houve aquelas que, para mitigar o racismo e fugir do sofrimento, esforçavam-se obsessivamente para serem as melhores alunas, e as que desejavam intensamente mudar de cor[40].

Na escola e na rua, as entrevistadas receberam amargas lições sobre a supremacia branca, cujos ensinamentos mediaram a internalização de ideias e sentimentos em relação à branquitude e à negritude. De um lado, elas foram compreendendo progressivamente que "ser negra" é uma condição associada a sujeira, servidão, maldade, feiura e ignorância (Bicudo [1945] 2010; Gonzalez 1986; Santos, R. 2009), e que significava ocupar uma posição de inferioridade que deveriam se esforçar por compensar – como mostrarei no próximo capítulo. De outro, elas assimilaram a noção de que a branquitude, como símbolo do bom, do normal, de inteligência, honestidade e beleza (Alves 2010; Damasceno 2013; Parker 1991), carregava em si algo de sublime. As entrevistadas aprenderam assim a almejar o reconhecimento e a proximidade das pessoas brancas, ao mesmo tempo em que foram incorporando a noção de que estavam distantes e eram diferentes delas. Por outro lado, os/as brancos/as passaram a ser vistos/as também com desconfiança e como uma ameaça, como uma fonte potencial ou concreta de sofrimento[41].

---

[39] A questão é tratada de modo central na obra *Tornar-se negro* (Souza, N. 1983), e é também abordada por Ângela Figueiredo (2002b; 2004).

[40] Frantz Fanon já havia identificado o recurso entre pessoas negras na Martinica, que, frente ao racismo, sonhavam "com uma salvação que consiste em branquear magicamente" (Fanon 2008, 55). Sobre o desenvolvimento de desejos de branqueamento por pessoas negras que vivenciam situações racistas, ver, novamente, *Tornar-se negro* (Souza, N. 1983), e ainda os escritos de Rosa Maria Rodrigues dos Santos e de Lia Maria Perez B. Baraúna em *Psicologia social do racismo* (Carone e Bento 2009).

[41] Luciana Alves também identificou em sua pesquisa de mestrado uma associação de pessoas brancas à posição de opressoras, entre brancos/as e negros/as. Por isso, indica a autora, a presença de brancos/as é lida como potencial ameaça pelos/as negros/as (Alves 2010). Também bell hooks (1997) refere-se ao sentimento de terror que pessoas negras associam às brancas.

## "A quadrilha do escárnio"[42]: rejeição e solidão afetiva

As festas juninas que se espalham pelo Brasil agregam celebrações atentas às peculiaridades de cada região, mas reúnem, tipicamente, brincadeiras, comidas e quadrilhas. Em sua versão tradicional, as quadrilhas são dançadas por casais vestidos de coloridos trajes caipiras, os quais encenam diversas etapas de uma conturbada celebração matrimonial. Nas escolas, vizinhanças e clubes, o ensaio e a apresentação da quadrilha fazem parte do calendário anual de atividades. Este é um momento lúdico adorado por muitas crianças, e também por inúmeros/as adultos/as. Não é incomum, entretanto, que meninas negras passem a ver com apreensão, senão com um certo pavor, a chegada do mês de junho.

O período de preparação e ensaio e também a performance da dança constituem um importante momento de socialização das crianças quanto aos padrões de moralidade sexual e de estética feminina peculiares à sociedade brasileira[43]. Em primeiro lugar, o arranjo atribui grande importância à experiência do amor romântico e ao seu evento celebratório por excelência, a cerimônia de casamento. Em segundo lugar, ele valoriza um modelo heterossexual de relacionamentos, já que os pares são constituídos por um menino e uma menina. Em terceiro lugar, ele promove um padrão desejável de feminilidade, pois a posição da noiva é dotada de grande prestígio e confere status àquela que é escolhida para ocupá-la. Ser eleita a "noivinha" é um desejo expresso ou secreto de muitas garotas.

No que se refere à primeira relação estável – assim como para as posteriores –, "as mulheres negras não constituem parceiras preferenciais", e tanto jovens brancos como negros tendem a estabelecer o primeiro relacionamento com mulheres brancas (Knauth et al. 2006, 275). Talvez pelo amplo engajamento comunitário nas festas juninas, para mulheres negras, a quadrilha tornou-se um evento emblemático para tratar do desprezo e rejeição que sofrem em seus primeiros passos no âmbito da afetividade. O evento foi mencionado na entrevista de Luiza, que a utilizou como uma metáfora para expressar a solidão que vivia na escola, frente ao afastamento das outras crianças, e também para exprimir o fato de se sentir enjeitada pelos meninos nos jogos afetivos, mencionando a famigerada festa junina.

---

[42] O termo repete a expressão utilizada Maíra Azevedo, em post no Facebook em 21 junho de 2018, em que a jornalista e ativista aborda suas experiências em festas juninas e quadrilhas.

[43] A disposição em pares e a simulação de um festejo de casamento fazem da quadrilha um jogo, no sentido utilizado por Mead (Mead e Morris 1967). O jogo constitui uma parte importante do processo de socialização, no qual a criança adquire uma percepção de si mesma em relação ao grupo, ou seja, como membro da comunidade ao qual pertence. Também no que diz respeito ao gênero, os jogos e brincadeiras em grupo socializam e também "deixam aflorar as representações dos componentes sígnicos que expressam masculinidades e feminilidades" (Ribeiro, J. 2006, 159).

Meninas negras raramente são escolhidas por professores/as e colegas para ocupar o papel de noiva. Além disso, os meninos hesitam em tomá-las como par de baile ou mesmo fogem da sua companhia. Não é incomum que as professoras ou outros/as adultos/as responsáveis pela organização do grupo tenham que insistir com alguns garotos para que dancem com meninas negras, e que aqueles que as tenham como parceiras sejam alvo dos gracejos e gozações advindos de seus/suas colegas. Nos casos mais extremos, a família dos garotos opõe-se a que eles tenham um par negro[44], quando intervém por meio de reclamações à escola ou mesmo de ofensas racistas proferidas diretamente às garotas. Por vezes, devido à falta de parceiros, elas são convocadas a desempenhar papéis masculinos na dança. Assim, as festas juninas se convertem para muitas meninas negras em um momento de humilhação ritualizada, em que elas são desprezadas no celebrado jogo afetivo, em que são tratadas como inadequadas para desempenharem papéis modelares de gênero, e no qual a sua rejeição afetiva e "desconformidade" em relação à feminilidade normativa são exibidas publicamente.

Nina (23 anos, pele escura e de classe média) também fez alusão à quadrilha, ressaltando que, na escola, as professoras precisavam pedir a algum menino que dançasse com ela, o que ela classificou como "humilhante", como "fonte de constrangimento".

Mais do que situações vividas apenas durante um evento ou período do ano, a rejeição afetiva atravessa experiências cotidianas e comuns, como por exemplo as brincadeiras. De caráter erótico – tal como "salada mista" – ou aparentemente inócuas, tradicionais ou inventadas, as brincadeiras oferecem possibilidades para que sejam exercitadas e criadas formas lúdicas de lidar com o próprio corpo e com outros corpos, em geral, com referência a "uma visão de mundo marcada por gênero" (Ribeiro, J. 2006, 159).

Para Luiza, por um lado, as "brincadeiras eróticas" com crianças da vizinhança – como o brincar de dar beijos – lhe propiciavam oportunidades de experimentação erótico-afetiva, o exercício sensorial a partir de toques corporais e mesmo experiências que desafiavam as normativas hétero-patriarcais que a socialização ia lhe instigando. Por outro, as "brincadeiras afetivas" consolidavam o sentimento de rejeição e inadequação que a entrevistada experimentava cotidianamente na instituição escolar, pois ela afirma que sempre era "deixada de lado". Assim, nem sempre Luiza era excluída pelos pares. Em

---

[44] Refiro-me aqui à matéria de Joana Suarez veiculada pelo jornal *O Tempo*, em 19 de julho de 2012. Segundo Denise Cristina Aragão, professora de uma escola particular em Minas Gerais, dias depois da apresentação de uma quadrilha em que uma menina negra de quatro anos dançou, como "noiva", com um par branco, a avó do menino invadiu a sala em que as crianças estavam para, aos berros, reclamar que tinham colocado "aquela negra horrorosa" para dançar com seu neto. As demais situações foram narradas por uma ou mais entrevistadas.

alguns momentos, as outras crianças interagiam com ela com tranquilidade, e a menina participava do grupo normalmente. Entretanto, a experiência de ser segregada pelas outras crianças repetia-se, e ia consolidando em si o "sentimento de ser rejeitada".

Para garotas negras e brancas, as representações midiáticas e cobranças familiares repetem-se na prescrição da vivência amorosa como uma experiência fundamental para a vida de uma mulher. A expectativa por travar as primeiras interações erótico-afetivas e, com efeito, um relacionamento, acentuam-se com a entrada na adolescência, quando a "capacidade de estabelecer uma relação estável com um membro do sexo oposto" constitui "a principal prova de feminilidade" (Bozon e Heilborn 2006). Nessa época, as entrevistadas relataram sentir uma maior pressão nesse sentido, a partir de um modelo romântico e heteronormativo. Aurora (29 anos, tez escura, classe média) me disse que, assistindo ao programa Malhação[45], incorporava ideias sobre os momentos pelos quais deveria ansiar, quem eles deveriam envolver e como eles deveriam ser. Para Teresa, os aprendizados também partiram da cobrança da família para que ela arrumasse um namorado.

Aquilo que não estava representado foi também formativo das compreensões e aspirações das entrevistadas. Mesmo que em um momento posterior de sua trajetória Aurora tenha passado a se relacionar exclusivamente com mulheres, e que já reconhecesse alguma atração por elas, esse interesse era apenas difusamente identificado, porque inconcebível, pouco inteligível, e associado a um tabu. A entrevistada disse que não conhecia nenhuma mulher que se relacionasse com mulheres e, por isso, pensava ser a única a desejá-las, tendo certeza de que seu interesse era algo que "não podia". Atendendo às pressões da família e da mídia, as instruções e representações que lhe estavam disponíveis, Aurora aderia subjetivamente aos padrões normalizados de iniciação afetiva e ansiava pelas mesmas experiências almejadas e valorizadas por outras mulheres de sua faixa etária. A partir das representações massificadas que lhe serviam de referência, sua trajetória sexual constituiu-se por uma bissexualidade inicial[46].

A observação das interações e relações estabelecidas por amigos/as e colegas, que passavam mais frequentemente a relatar e mesmo a travar em público alguns experimentos, tais como brincadeiras "sexuais", beijos, abraços, ficar e namor(ic)os, foi identificada como outro ponto de pressão. Mas foi principalmente a partir da comparação em relação ao que se passava com as garotas

---

[45] Série de televisão voltada para adolescentes, transmitida pela Rede Globo desde 1995.
[46] Aqui, os achados aproximam-se daqueles apontados por Daniela Knauth e outras pesquisadoras, para quem a iniciação sexual de mulheres heterossexuais e homo-bissexuais é semelhante entre si e divergente da masculina, pelo qual elas propõem que "as diferenças de gênero suplantam as diferenças de trajetória sexual na conformação do cenário em que se desenrola a sexualidade" (Knauth et al. 2006, 377). Em segundo lugar, as autoras notaram que a bissexualidade é a experiência padrão para as jovens que indicaram atração por outras mulheres.

brancas que as entrevistadas consolidaram uma maior compreensão sobre a sua posição em relação ao grupo e sobre a maneira como eram vistas enquanto potenciais parceiras afetivas. Elas reparavam, por um lado, nas divergências na forma como eram avaliadas esteticamente em relação às colegas brancas. Nesse sentido, Luiza relembrou de um episódio de quando tinha por volta de 12 anos. Ela disse que emprestou um vestido a uma menina branca que morava em seu prédio, e que ela considerava "feia". Meninos que também moravam por ali ficaram "babando" na garota, a achando linda com o vestido. Luiza, por sua vez, nunca recebia o mesmo tipo de atenção, e era considerada feia.

Por outro lado, as meninas negras percebiam que eram as avaliações distintas de meninas brancas e de si próprias que viabilizavam ou inviabilizavam experiências afetivas[47]. Nina, por exemplo, contou que era apaixonada por um garoto quando estava na sexta série. Ele, no entanto, se apaixonou pela melhor amiga da entrevistada – branca, loira e de olhos verdes. Nina ressaltou que, mesmo que não expressasse qualquer interesse afetivo, a menina loira tinha "metade da turma aos pés dela".

Sobretudo – mas não apenas – as entrevistadas negras que circulavam pelos segmentos majoritariamente brancos e abastados assistiam de canto ao desenrolar da vida afetiva de suas amigas brancas, a partir de uma posição que passei a chamar de "amiga feia da Barbie". A boneca Barbie, rica, branca, magra e loira, tem um relacionamento oficial e duradouro com o boneco Ken. Suas amigas, no entanto, aparecem em segundo plano e apenas para dar suporte às suas aventuras. A impressão que tenho é que as garotas negras muitas vezes vivem uma situação semelhante, intermediando as histórias afetivas das amigas brancas como personagens auxiliares – fazendo-lhes companhia ou servindo como mensageiras –, enquanto esperam avidamente pelo dia em que chegará a sua vez.

Jurema, por exemplo, afirma sempre ter sido "o patinho feio" de sua turma: sempre tivera muitos amigos, mas não teve um relacionamento durante o período em que frequentou as escolas. "Os meninos não se aproximavam para dar em cima" dela. Ficava, então, de "pombo-correio". A frustração, assim, pode ser aumentada pelo código que pauta relações de gênero, e que indica como comportamento adequado por parte das mulheres a passividade, também no sentido de espera pela aproximação masculina (Heilborn 2006b). As entrevistadas viviam uma angustiada espera para que se concretizasse o "roteiro" almejado, mas o convite por que ansiavam, lhes parecia, nunca chegava.

---

[47] Percebi uma certa idealização por parte das entrevistadas, que parecem acreditar que há uma experiência homogeneamente positiva das brancas no âmbito afetivo-sexual, em contraponto à sua própria. Essa mesma tendência à generalização e idealização das experiências de pessoas brancas foi identificada pela pesquisa de Luciana Alves (2010). Obviamente, o caráter de idealização não invalida as impressões das mulheres negras, que decorrem e são indicativas da posição subalterna que ocupam na sociedade brasileira.

A experiência contínua de sentir-se afetivamente desprezada interferiu na maneira como as garotas negras viam a si mesmas e se somou aos aprendizados adquiridos no ambiente familiar e na escola. Sua autoestima foi bastante impactada, com o sentimento de solidão e rejeição sendo gradualmente incorporado como algo intrínseco, e moldando suas expectativas quanto ao futuro. Nesse sentido, Nina disse que, com o tempo, além de não se sentir bonita, passou a achar que os meninos não iam querer lhe "dar um beijinho", que "não ia ter um namorado".

Para as entrevistadas que viveram com mais intensidade e frequência as dinâmicas de rejeição afetiva, a questão foi tomando uma grande proporção, e o sentimento de desejar intensamente o impossível terminou adquirindo centralidade em seu sentimento de estar no mundo. Luiza viveu sua infância angustiada por achar que "nunca ia namorar"; por isso "pedia pra lua", "pra Deus" e "pros anjos" que lhe arranjassem um amor. A menina sentia-se tão impotente frente às circunstâncias que encontrava apenas em entidades metafísicas a possibilidade de reverter a situação. Essa era, para ela, uma "questão existencial".

Daí que não foram poucos os relatos de amores platônicos: cinco das entrevistadas (Sandra, Teresa, Jurema, Luiza e Aurora) recorreram espontaneamente ao termo para descrever suas vivências afetivo-sexuais no decorrer de sua infância e adolescência – todas circulavam em espaços de classe média e alta. Outras delas também se referiram a situações de amor platônico, embora não tenham empregado a expressão.

Aquelas que viveram situações de amor platônico destinavam suas afeições sempre a garotos brancos. Algumas delas mal conviviam com outras pessoas negras, quanto mais da mesma faixa etária, e a segregação socioespacial (Telles 2004) certamente responde em partes pelo perfil daqueles que eram tomados como objeto de seu desejo. Mas algumas evidências apontam que aqui também havia um dedo da supremacia branca.

Por vezes, a atração das garotas negras por homens negros foi abertamente repreendida por outras pessoas e, a partir daí, reprimida por elas mesmas. Luiza, por exemplo, relatou que colava figurinhas de jogadores de futebol em seu diário, sempre considerando bonitos os africanos negros retintos. Quando uma amiga, branca, pegou seu diário e viu tais figurinhas, repreendeu-a dizendo que tais homens "eram feios demais". A entrevistada passou então a esconder suas preferencias, por se sentir envergonhada.

Outras vezes, foram os garotos negros que se interessaram pelas entrevistadas, sem muito sucesso. Glória comentou que, quando tinha 15 anos, um colega negro de escola de mesma idade, Luiz, demonstrou interesse por ela repedidas vezes, mas que ela achava que era "zoeira". Na época da entrevista, refletindo criticamente sobre a negritude, notava que sequer concebia naquela época a possibilidade de se relacionar com um homem negro.

Ao mesmo tempo, a atenção dos meninos brancos era hipervalorizada, ainda que compreendida como inalcançável – e talvez, por isso mesmo, mais intensamente almejada. No caso de Luiza, havia mesmo uma fixação na figura do "loiro": ela disse ter vivido muitos amores platônicos, sempre por meninos com este perfil.

Os achados da pesquisa indicam que os padrões estéticos e morais operam como mediadores das relações entre os grupos raciais, e também daquelas que se estabelecem entre pessoas negras. Há o querer "completamente obsessivo" das entrevistadas pelos garotos brancos a lhes impulsionar na direção do grupo branco. Por sua vez, escorados em padrões racializados de estética feminina e moralidade sexual, eles adotam uma noção de distância social em relação às meninas negras. Elas tentam, sem muito sucesso, subverter as barreiras delineadas pelo grupo branco a partir da reivindicação – apenas idealizada – de participação das dinâmicas de aproximação afetiva em termos igualitários quanto a raça, de acordo com expectativas fundadas nos papéis tradicionais de gênero e no que observam acontecer com as meninas brancas. No seu encantamento com a "sublime branquitude", as meninas negras desprezam garotos negros que ocasionalmente se interessam por elas, multiplicando assim os "efeitos platônicos" da supremacia branca.

Abordar a questão faz pensar ainda sobre a existência de um outro elemento motivador para que jovens negras que ascendem socialmente adiem o início de sua vida sexual (Bozon e Heilborn 2006). Para mulheres que circulam por espaços embranquecidos, a rejeição afetiva dos homens brancos – possivelmente conjugada à eterna espera pelo par branco e à rejeição ao par negro – pode prolongar por um longo tempo a espera para viver as suas primeiras experiências afetivo-sexuais[48].

### "Putas" e "gostosas": o "padrão negra brasileira"

Aurora me contou uma cena de sua infância que eu fui imaginando enquanto ela falava. Devo antes mencionar que o relato descrito a seguir emergiu quando eu lhe perguntei se os meninos que a xingavam e riam dela na escola particular que frequentava mencionavam a sua cor como razão dos insultos. Ela me disse que não, e passou então a narrar o episódio que se segue.

Imagino a pequena Aurora como uma criança de tez escura, com seus grandes e expressivos olhos pretos emoldurados pelo rosto de contorno redondo e traços harmônicos, que, sem linhas contrastantes ou inesperadas a surpreender o olhar de quem o contempla, transmite um ar de tranquilidade, curiosidade e simpatia. Na minha mente, seu pequeno corpo carregava, naquele dia, uma certa dose de tensão, além da mochila às costas. Os pais ainda trabalhavam após o fim de seu turno escolar e ela teria que aguardar no colégio até que

---

[48] Situação semelhante foi encontrada por Virgínia Bicudo ([1945] 2010). Uma das mulheres que entrevistou na década de 1940, "mulata", aguardava havia bastante tempo o marido branco, sem sucesso.

um deles estivesse disponível para buscá-la. O tédio e a impaciência da espera somavam-se ao desconforto de estar em um ambiente que lhe era, não raras vezes, hostil.

Foi então que Aurora viu-se no pátio da escola sozinha com um garoto branco de sua idade, talvez um pouco mais velho. Ela não se lembrava se tinha havido algum tipo de interação que contextualizasse o ocorrido. De todo modo, ressaltou, nenhum tipo de situação justificaria o que ele fez. Em um breve instante, ela compreenderia o motivo do seu mal-estar naquele espaço, e algo mais sobre o significado atribuído à feminilidade negra. Um menino branco de uns cinco anos, como ela, lhe xingou de "puta", e em seguida emendou "Você é uma puta e toda a sua família é puta".

Desde que fiz esta entrevista, fiquei intrigada com o fato de que, já tão cedo e a partir de um insulto que não dispunha de um cunho racial evidente, Aurora tivesse compreendido que ser chamada de "puta" estava relacionado a "ser negra". O que me surpreendeu foi menos a associação em si ou a sua intensidade – que já tinha observado em diversas outras ocasiões –, do que o fato de que, ainda em etapa tão precoce, a socialização de ambas as crianças já tivesse se mostrado tão eficiente na transmissão e incorporação dos significados sexuais atribuídos à cor negra, do status de superioridade e inferioridade associados à branquitude e à negritude, e das formas consideradas adequadas para se falar sobre raça. Embora crianças, Aurora e o menino branco que a agrediu dominavam com "fluência" (Hordge-Freeman 2015) a gramática racial brasileira, e o comentário dele pôde funcionar para definir a situação de interação entre ambos.

Para compreender o sentido do xingamento, Aurora precisou conectar formulações simbólicas que associam a cor escura à sexualidade desviante e desonrada – que ela possivelmente já havia capturado de modo difuso em outras interações e a partir da mídia – com a alusão do menino à sua linhagem familiar. Tendo em vista que a família diz respeito uma unidade-base heterossexual, é notável que a menção à ideia de sexualidade desregrada e imoral refira-se tanto aos homens como às mulheres da família da entrevistada. Devido à sobreposição entre negritude e moralidade sexual anômica, o garoto pôde falar sobre a segunda enquanto evocava implicitamente a primeira. Foi também pela existência desse jogo de significados, tão peculiar ao funcionamento do "racismo por denegação" (Gonzalez 1988a), que Aurora pôde consolidar um entendimento sobre uma das características associadas à categoria racial à qual se via relacionada. A menção à sexualidade permitiu à entrevistada decodificar pela primeira vez a origem dos insultos que recebeu e da posição marginal a que se via confinada pelos/as colegas no ambiente escolar. Aurora "tornou-se negra" quando foi tratada por "puta".

Na interação em questão, a referência à sexualidade imoral é tomada como articuladora da separação e hierarquização dos grupos sociais, um ponto de definição de fronteiras e de posições distintas e distintivas. Foram mais frequentes, no entanto, os relatos que mencionaram condições de aproximação e atração, ou seja, em que as representações sobre a sexualidade das mulheres negras orientaram as ações de outros/as em relação a elas, de uma forma particular. A maneira como as entrevistadas foram vistas e abordadas teve consequências para a imagem que elas faziam de si e como se portavam em relação aos/às outros/as.

Não foi apenas entre as crianças que a associação entre feminilidade negra e prostituição foi acionada. Crescida entre abrigos, famílias provisórias e as ruas do DF, Ivone – com 31 anos quando entrevistada, de tez clara e classe baixa – narrou cenas vividas em regiões centrais de Brasília, reconhecidas como áreas de concentração de pessoas em situação de rua, de tráfico de drogas e prostituição. O corpo feminino negro – mesmo que ainda muito jovem –, a nítida situação de vulnerabilidade e o território pelo qual a entrevistada circulava atraíam a atenção de um determinado tipo de público, incapaz de imaginar que ela desempenhava ali um papel que não o de prostituta, ou que não estivesse disposta a receber dinheiro em troca de práticas sexuais.

Em Brasília, como no restante do país, as interações afetivas oficiais e exibidas publicamente entre homens brancos e mulheres negras nas classes médias e altas é bastante mais restrita, tendo em vista que elas são consideradas impróprias para a posição de esposas. No entanto, no submundo noturno das atividades consideradas ilícitas e imorais, os homens brancos encontram o espaço adequado para a vivência do fetiche pelo corpo feminino negro. Ivone indicou que seu corpo considerado como o "padrão negra brasileira" – "sequinho", "só peito e bunda" – era alvo da erotização precoce aos olhos de homens brancos abastados e adultos. Sua fala revela ainda como aquilo que foi popularizado pelos movimentos sociais como símbolos afirmativos da cultura e da identidade negra – no caso, o *rasta* e o *black* – pode ser lido por pessoas brancas como elementos que reforçam o caráter exótico atribuído à negritude, corroborando a imagem das pessoas negras como hipersexualizadas. Na medida em que considerados como "um toque a mais" em uma imagem fetichizada, símbolos a que o grupo subalterno atribui os sentidos de autenticidade e resistência frente ao racismo são tomados como reforço daquilo mesmo que procuram negar. Retornarei à questão no próximo capítulo.

A leitura do corpo das meninas negras como um corpo sexualmente maduro e erotizado quando elas ainda são muito jovens atrai um determinado tipo de atenção masculina que, somado com a rejeição afetiva que encontram junto aos garotos de mesma faixa etária, reforçam tendências de que elas tenham como primeiro parceiro homens bem mais velhos – observadas para as mulheres brasileiras em geral (Knauth et al. 2006). Como Ivone, Nina percebia o interesse de homens brancos muito mais velhos desde sua pré-adolescência. Aos treze anos, afirmou, seu corpo já era de mulher, e ela adotava uma postura madura, o que teria despertado o interesse de homens mais velhos – algo que então sentia que a empoderava. Mais velha, Nina promoveu uma releitura da situação, e passou a entender que o interesse dos homens por ela veio por "esse olhar sexual, veio por essa sexualização do corpo da mulher, principalmente do corpo da mulher preta".

Muitas meninas adentram a puberdade e observam mudanças corporais significativas nessa mesma faixa etária. Embora deduzir precisamente a idade de uma garota possa ser, por vezes, difícil, a leitura da fisionomia de uma jovem negra não deveria ser mais confusa do que a de uma jovem branca, não fossem os atributos sexuais associados à negritude. Para os homens brancos mais velhos, a combinação da cor preta, um determinado formato de corpo – curvilíneo – e o comportamento "adulto" de Nina sobrepunham-se a outros sinais que possivelmente denuciavam a sua juventude[49].

A cor escura e a inserção na classe média motivavam uma forte rejeição por parte dos meninos por quem Nina se interessava. Ao notar os olhares de homens brancos mais velhos, ela passou a jogar o jogo, pois vislumbrou na possibilidade de performar a mulher adulta e de retribuir a atenção de homens maduros uma alternativa ao desprezo dos garotos de sua idade e à iniciação tardia da vida afetivo-sexual com parceiro. A partir de então, uma das linhas de concentração de sua trajetória afetiva constituiu-se pelas experiências com homens brancos muito mais velhos – entre 10 e 50 anos mais velhos do que ela. Nina obteve com isso um sucesso relativo, pois alcançou alguma atenção masculina e teve a possibilidade de viver experiências afetivo-sexuais, pelas quais, afinal, ansiava[50]. Porém, ela percebeu que as circunstâncias de aproximação e possibilidades de interação entre ela e estes homens eram bem delimitadas. Em sua visão, os homens a desejavam por ela ser "gostosa", já que, "quanto mais escura sua pele, mais distante você está do espectro ali para ser uma pessoa possível de um relacionamento".

A aproximação se dava a partir de interesses e expectativas divergentes entre os dois termos do casal, que, em suas motivações, eram inspirados por diferentes elementos e narrativas do quadro mais amplo da moralidade sexual vigente: como a maioria das jovens (Bozon e Heilborn 2006), ela almejava um relacionamento estável baseado no amor, o que incluía também experiências sexuais prazerosas, nos termos de uma versão atualizada do ideal de amor romântico e segundo papéis e roteiros tradicionais de gênero; ele queria viver uma determinada experiência sexual, atraído por atributos corporais fetichizados que o instigavam justamente porque distanciavam a parceira dos significados e sentidos associados aos papéis modelares de gênero, no escopo dos ideais de amor

---

[49] O achado está em sintonia com uma pesquisa conduzida recentemente em escolas nos Estados Unidos, que indica que as meninas negras de cinco a 14 anos são vistas como menos "inocentes". De fato, elas são consideradas sexualmente mais maduras e mais versadas em assuntos sexuais do que as meninas brancas da mesma idade e, por isso, são menos protegidas em relação ao abuso sexual (Epstein; Blake e Gonzzlez 2017).

[50] O caso traz algumas nuances para as explicações usuais quanto às garotas se iniciarem sexualmente com homens mais velhos. Em conjunto com a percepção feminina de que que homens mais velhos são mais confiáveis como parceiros (Bozon e Heilborn 2006), a trajetória de Nina indica que essa configuração do casal pode estar baseada em dinâmicas raciais, quando a mulher é negra.

romântico. A diferença de idade emergia como um elemento de complexidade e, somados à juventude de Nina, traduzia-se em uma exacerbação das desigualdades de poder dentro da relação, em favor dos homens (Bozon e Heilborn 2006). A capacidade dela de negociar as experiências que almejava eram muito reduzidas, e a sua frustração, iminente.

Por serem vistas como sexualmente maduras e hipersexualizadas, as meninas negras por vezes são percebidas por mulheres brancas mais velhas como rivais, como revela a fala de Berenice. A entrevistada contou que começou a trabalhar aos 14 anos em uma universidade católica. Um dos padres, "dos olhos azuis, muito branco" e conhecido por "pegar todo mundo", "as freiras todas", passou a assediá-la. Ao perceber os interesses dele, a diretora passou a desprezá-la. Como exemplo, Berenice citou o fato de que ia para casa todas as noites sozinha e a pé, pelo mesmo caminho que a diretora percorria de carro, sem que a outra lhe oferecesse carona. "Era assim, como se ela desejasse que acontecesse alguma coisa".

Para ela, a disputa e o ciúme levavam uma mulher branca adulta que deveria protegê-la de uma situação de assédio sexual a expô-la a uma situação de risco. Berenice reafirmou a sua condição de criança inocente e negou por completo qualquer atenção e interesse de natureza sexual de sua parte. Mesmo assim, ela interiorizou a noção de que o seu corpo estava dotado de uma certa agência. Por ser "bonito" – curvilíneo, ou para repetir as palavras de Ivone, "padrão negra brasileira" –, ele atraía homens brancos mais velhos, o que, para ela, independia de sua vontade ou "malícia". Ivone e Nina compartilhavam de um entendimento semelhante. Entendo que elas indicaram, em suas falas, que passaram a ser vistas como alvo do desejo sexual masculino quando ainda não compreendiam plenamente o que se passava, e que foram tendo um entendimento gradual das regras do jogo quando já estavam inseridas nele. Por outro lado, me parece que elas internalizaram ideias sobre o corpo feminino negro que, se as sujeitavam a experiências assimétricas, indesejadas e perigosas, também eram utilizadas como um recurso do qual podiam lançar mão para atrair parceiros – ainda que não exatamente nos termos em que gostariam.

Nas trajetórias ou circunstâncias em que os impactos mais significativos para a subjetividade das entrevistadas foram aqueles da hipersexualização, elas tenderam a negar a própria sexualidade, como que para controlar esse "poder" que parecia emanar de seu corpo independentemente de sua vontade, fosse para negar a responsabilidade pelo desejo manifestado por homens, o qual as colocava em risco – como ilustra a fala de Berenice –, fosse como estratégia para tentar evitar novas violências – tal qual no caso de Teresa.

Um episódio de violência sexual durante a infância constituiu o eixo estruturador da entrevista de Teresa. Quando eu lhe perguntei sobre as suas primeiras vivências afetivo-sexuais, ela prontamente remeteu-se ao episódio, e logo admitiu que o evento conformou, em grande medida, suas experiências posteriores. Ele configurou a relação que Teresa estabeleceu com o próprio corpo e com a própria sexualidade. A entrevistada me contou que, a partir do início da puberdade, tentava desesperadamente encobrir qualquer traço de sua fisionomia que pudesse evocar significados eróticos, o que aparentemente lhe demandava esforços contínuos de vigilância e controle corporal, que ela canalizava para a manipulação da própria imagem. Teresa me disse que tinha pavor de parecer uma mulher sensual, e se escondia, por isso, atrás de uma fachada de *nerd*.

O apelo a uma aparência recatada e intelectualizada contrapunha-se à figura da mulher sensual, da qual ela queria distância. Até aqui, gênero parecia se destacar como a categoria social relevante e fator de interpretação das dinâmicas abordadas. Neste ponto, minha experiência anterior de pesquisa com vítimas de violência me indicava que eu deveria seguir a entrevista com cautela, mas que poderia explorar um pouco mais a questão. Perguntei então quem foram as pessoas que a agrediram. Teresa afirmou que foram vários de seus vizinhos, que também eram seus colegas de escola, todos um pouco mais velhos que ela. Todos eram brancos, à exceção de um. A entrevistada então afirma que atribuiu a violência ao racismo.

Como outras entrevistadas, Teresa percebia uma relação entre interações referidas à sua sexualidade e à sua pertença racial, mesmo que raça ou cor não fossem diretamente mencionadas como motivadoras das dinâmicas nas quais elas se viam envolvidas pelas pessoas com quem interagiam. Essa compreensão apresentou-se tão mais nítida quanto maior e mais evidente o nível de agressividade daqueles/as que a elas se dirigiam. Como alvos de ofensas verbais que as remetiam a um lugar de desonra feminina segundo os padrões tradicionais de gênero ou de violência sexual, quando foram e se sentiram desrespeitadas e violadas, as entrevistadas adquiriram abrupta e brutalmente um nível adicional de entendimento sobre a leitura que as demais pessoas faziam de seus corpos, assim como os significados atribuídos à feminilidade negra.

# CAPÍTULO 3

## Os pares e seus enredos

Mas que nega linda
E de olho verde ainda
Olho de veneno e açúcar!
Vem nega, vem ser minha desculpa
Vem que aqui dentro ainda te cabe
Vem ser meu álibi, minha bela conduta
Vem, nega exportação, vem meu pão de açúcar!
(Monto casa procê mas ninguém pode saber, entendeu meu dendê?)
Minha torneira, minha história contundida
Minha memória confundida, meu futebol, entendeu, meu gelol?
Rebola bem meu bem-querer, sou seu improviso, seu karaokê;
Vem nega, sem eu ter que fazer nada. Vem sem ter que me mexer
Em mim tu esqueces tarefas, favelas, senzalas, nada mais vai doer.
Sinto cheiro docê, meu maculelê, vem nega, me ama, me colore
Vem ser meu folclore, vem ser minha tese sobre nego malê.
Vem, nega, vem me arrasar, depois te levo pra gente sambar."
Imaginem: Ouvi tudo isso sem calma e sem dor.
Já preso esse ex-feitor, eu disse: "seu delegado..."
E o delegado piscou.
Falei com o juiz, o juiz se insinuou e decretou pequena pena
com cela especial por ser esse branco intelectual...
Eu disse: "Seu Juiz, não adianta! Opressão, Barbaridade, Genocídio
nada disso se cura trepando com uma escura!"
Ó minha máxima lei, deixai de asneira
Não vai ser um branco mal resolvido
que vai libertar uma negra:

Esse branco ardido está fadado
porque não é com lábia de pseudo-oprimido
que vai aliviar seu passado.
Olha aqui meu senhor:

**Como citar este capítulo:**
Pereira, Bruna Cristina Jaquetto. *Dengos e zangas das mulheres-moringa: Vivências afetivo-sexuais de mulheres negras.* Pp. 73-125. Pittsburgh, Estados Unidos: Latin America Research Commons. DOI: https://10.25154/book6. Licença: CC BY-NC 4.0

Eu me lembro da senzala
e tu te lembras da Casa-Grande
e vamos juntos escrever sinceramente outra história
Digo, repito e não minto:
Vamos passar essa verdade a limpo
porque não é dançando samba
que eu te redimo ou te acredito
Vê se te afasta, não invista, não insista!
Meu nojo!
Meu engodo cultural!
Minha lavagem de lata!

Porque deixar de ser racista, meu amor,
não é comer uma mulata!

(Lucinda 2002, 184-185)

No meio de tantas perdas, de tantas trincheiras abandonadas, violo um código perigoso. Um código que prescreve o meu silêncio como um sinal de lealdade a tua dor, a nossa dor. Um acerto subentendido que, segundo melhor juízo, não deve ser rasgado sob o risco de nos perdermos um do outro, de denunciarmos as nossas misérias íntimas em público. Um ajuste que sustenta que nossas fraturas internas não devem ser enunciadas sob risco de diluição do todo.

(Flauzina 2015, 15)

De maneira geral, a bibliografia canônica sobre as relações raciais brasileiras trata das vivências afetivo-sexuais de pessoas negras de duas formas. A primeira e mais proeminente delas considera os envolvimentos entre brancos/as e negros/as, em um esforço de avaliação da natureza e da qualidade das relações sociais entre os grupos raciais[51]. A segunda vertente, um tanto mais restrita, interroga implicitamente se os/as negros/as são ou não capazes de incorporar e reproduzir os papéis tradicionais de gênero, utilizados como indicador de ajuste às normas sociais, e se logram fazê-lo de maneira plena.

No primeiro conjunto de estudos, o contato sexual e/ou as relações afetivas entre sujeitos de grupos raciais distintos são tomados como passos definitivos na superação de barreiras da integração racial. Gilberto Freyre ([1933] 1995), por exemplo, apresenta o Brasil como uma "nação feita na cama", na qual o contato sexual "democrático" entre os grupos raciais, ao promover o "amálgama" racial de negros/as, brancos/as e índios/as, "faz" o/a mestiço/a brasileiro/a

---

[51] Revisões bibliográficas sobre relações inter-raciais na produção referencial das ciências sociais brasileiras são encontradas no livro *Razão, "cor" e desejo* (Moutinho 2004), no artigo *Raça, gênero e relações afetivo-sexuais na produção bibliográfica das Ciências Sociais Brasileiras – um diálogo com o tema* (Pacheco 2006) e no livro *Intelectuais negras brasileiras*, de Ana Claudia Jaquetto Pereira (2019).

(Goldstein 1999; Hofbauer 2006; Norvell 2001). Questionários sobre atitudes raciais (Costa Pinto [1953] 1998; Ianni 1960; Turra e Venturi 1995) e estudos demográficos (Berquó 1987; Petruccelli 2001; Silva, N. 1987; Turra e Venturi 1995) partem do entendimento de que as relações de caráter íntimo entre negros/as e brancos/as, agora levando-se em conta os casamentos, indicam ausência ou grau minimizado de discriminação racial, sobretudo do grupo de maior prestígio, o branco, em relação ao grupo de status social inferior, o negro. Tais pesquisas não consideram, no entanto, a qualidade e as especificidades dos vínculos afetivo-sociais estabelecidos pelo casal inter-racial, ou as relegam a segundo plano. Alguns estudos qualitativos apresentaram alguns avanços no sentido de suprir essa lacuna (Barros, Z. 2003; Moutinho 2004; Osuji 2016).

O segundo bloco de estudos encontra em Florestan Fernandes ([1965] 2008) o seu mais célebre expoente. Ao pesquisar a vida dos/as negros/as que residiam na cidade de São Paulo na década de 1950, o autor estendeu-se em considerações sobre a natureza dos vínculos afetivos e sobre a sexualidade da coletividade pesquisada. A questão adquiriu proeminência como fator explicativo do estado de "anomia" em que Fernandes considerou viverem os "negros e mulatos": para o autor, a experiência "desregrada" – isto é, baseada apenas no instinto – do sexo impediria a construção da família "completa", "organizada" e "equilibrada". Para ele, daí resultariam dificuldades do grupo para a "absorção de novos padrões de comportamento", o que impediria uma integração mais ampla dos/as negros/as à sociedade brasileira[52]. Outros estudos opuseram-se à descrição de Fernandes, e enfatizam que o grupo negro constituía e constitui famílias nucleares ou "organizadas" (Barbosa 1983; Giacomini 2006; Oliveira, L. 2016; Slenes 2011; Teixeira 1986). De toda forma, é necessário questionar o pressuposto de que a família nuclear consiste numa forma de organização social natural e superior, a qual os/as negros/as, assim como todos os grupos sociais, deveriam almejar constituir[53].

Intelectuais negras brasileiras, por sua vez, convergem em propor que as experiências sociais de mulheres negras no âmbito da intimidade pautam-se – para utilizar o conceito de Patricia Hill Collins – por uma "matriz de dominação" (Collins 2009), ou seja, por uma economia política da afetividade e da sexualidade fortemente articulada por padrões hierárquicos configurados no processo de formação da sociedade brasileira. Para Lélia Gonzalez (1984) e Beatriz Nascimento (2006), por exemplo, as interações afetivo-sexuais entre negros/as e brancos/as e dos/as negros/as entre si seriam facilitadas e condicionadas pelas

---

[52] A imagem que resulta do estudo de Fernandes pode ser rastreada até o argumento colonial que constrói uma relação binária entre instinto e cultura, associando os/as não brancos/as à natureza e os/as brancos/as, sobretudo os homens, à civilização.

[53] Para críticas à noção da família nuclear moderna como uma configuração hegemônica a ser almejada, ver, por exemplo, o livro *Família, fofoca e honra*, de Cláudia Fonseca (2000).

hierarquias e assimetrias raciais e de gênero, plasmadas a partir do tráfico e da escravização de africanos/as, consolidadas no período colonial e recriadas através do tempo pelo acionamento de imagens estereotipadas do corpo feminino negro em situações cotidianas de interação.

Neste capítulo, desenvolvo um estudo empírico que parte das contribuições acima mencionadas e que agrega a atenção ao uso da tecnologia e à importância da espacialidade para investigar em que condições e de que maneiras se desenrolam as interações com mulheres negras em situações de flerte e abordagem e as relações afetivo-sexuais vividas com elas. Meu intuito primordial é compreender como, de acordo com os olhares das participantes da pesquisa, os sujeitos que interagem diretamente com mulheres negras situam e atribuem significado ao contato ou relacionamento tendo em vista o contexto da interação, e ainda como elas se engajam com tais atitudes de terceiros. Procuro aqui capturar sobretudo aquela dimensão de suas experiências que "acontece" para elas, ou seja, sobre a qual uma determinada mulher negra não dispõe de muito controle, bem como suas percepções e reações frente à ação deste/a outro/a. Para tanto, considero as dinâmicas relacionais travadas em três instâncias: em momentos de abordagem e flerte; em redes sociais e aplicativos de paquera; e no escopo da relação.

## Abordagem e flerte

Nesta seção, trato das interações face a face de caráter afetivo-sexual levando em conta situações de abordagem e flerte com mulheres negras. Na primeira parte, descrevo a aproximação de homens e mulheres brancos/as em relação a mulheres negras, nas circunstâncias em que raça emergiu como um fator relevante para a interação. Na segunda parte, trato das dinâmicas de aproximação e flerte travadas entre pessoas negras.

### Brancos/as e negras

*Trabalho doméstico... trabalho sexual?*

Órfã de pai e mãe, aos 15 anos, Elza (50 anos, de pele escura e classe baixa) deixou o estado em que nasceu e, com seu irmão mais velho e sua cunhada, mudou-se para o DF. Quando aqui chegou, cansada das intrigas em sua casa de origem, passou a trabalhar como empregada doméstica, única ocupação que enxergava como compatível com o baixo nível de escolaridade de que dispunha naquela época. Elza cumpria, assim, um dos papéis que as hierarquias de gênero e raça no Brasil destinam a mulheres negras (Bernardino-Costa 2015; Engel e Pereira, B. 2015): do período escravista ao contemporâneo, aproximadamente um quinto das mulheres negras adultas tem sido incumbido da limpeza e dos cuidados a pessoas, primordialmente em casas de famílias brancas das classes médias e altas (Paixão et al. 2010, 164-165; 168-170).

Como era ainda mais comum nos 30 anos que nos separam daquela época, Elza morava na casa dos/as patrões/oas. Desempenhando a função de empregada doméstica, a entrevistada viveu frequentes situações de assédio sexual. Ela me disse que, ainda jovem e inexperiente, recorria às patroas quando os patrões, sempre brancos, "davam em cima" dela. Passou então a ser acusada de mentir. Em uma ocasião, acordou com um amigo da família que a empregava dentro de seu quarto, "beijando seus pés", e só conseguiu afastá-lo quando ameaçou gritar. Elza me disse que a família estava ciente do avanço de seu convidado, mas se silenciou sobre o caso.

A presença da trabalhadora no espaço doméstico da família branca de classe média/alta é lida como disponibilidade e adequação do corpo feminino negro não só para o desempenho dos trabalhos de limpeza e de cuidados, mas também como objeto do exercício sexual dos patrões e dos homens brancos a ele relacionados[54] (Bernardino-Costa 2011; Gonzalez, 1982b, 1984; Ianni 1960; Pacheco 2013; Pinto 2015; Vieira 2014). Em sua fala, Elza argumentou que, quando jovem, o assédio sexual por parte dos homens para quem trabalhava era bastante comum. Na cena descrita, em conjunto com o silêncio das patroas, a recorrência dos atos impertinentes e a maneira como o agressor se desobrigou de obter qualquer tipo de consentimento da parte de Elza indicam uma expectativa de que a investida fosse aceita sem questionamentos, como parte das funções para as quais ela havia sido contratada.

As interações em questão ocorreram em um "cenário" (Goffman 2013) em que se atualizou a imagem da família patriarcal brasileira (Corrêa 1981; Parker 1991), e que contribuiu para que prevalecesse uma determinada ordem da interação: de um lado, o "núcleo legal" da família, composto por pai, mãe e filhos/as brancos/as; de outro, trabalhadoras negras vivendo nas dependências da família proprietária, encarnando a versão contemporânea da "mucama" (Gonzalez 1984). A casa patronal, como parte da "fachada" ou "equipamento expressivo" (Goffman 2013) que indica o tipo de relação social existente entre os atores e a posição relativa de cada um/a, favorece o afloramento de expectativas e condutas alinhadas ao discurso da democracia racial, tendo em vista pressupostos genderizados e racializados quanto à sexualidade e aos códigos de moralidade

---

[54] Pesquisas sobre o trabalho doméstico apontam ser muito comum que as empregadas (em sua maioria, negras) sofram assédio sexual por parte dos patrões (majoritariamente, brancos). Se, por vezes, as relações sexuais são consensuais (Goldstein 2003; Sheriff 2001), é importante notar que o par não circula por espaços públicos como um casal, e sua interação permanece restrita ao espaço do lar do patrão. Sobretudo, tratam-se de relações de assédio e violência sexual, transcorridas inclusive durante a infância e a adolescência das trabalhadoras, e favorecidas pelas hierarquias de gênero, raça e classe social consolidadas numa relação trabalhista assimétrica (Bernardino-Costa 2011; Gonzalez 1982b, 1984; Ianni 1960; Pacheco 2013; Pinto 2015; Vieira 2014).

sexual: o homem branco viril e a dupla moral sexual; a esposa branca passiva; a trabalhadora/amante negra ao mesmo tempo passiva e sexualmente superexcitada. A acentuada assimetria de poder entre as partes é reforçada pela alusão implícita ao período escravista. A referência a uma imagem cara ao imaginário nacional coordena a abordagem dos patrões às empregadas, permitindo que eles – e outros homens brancos seus agregados – dispensem a etapa de flerte e tentativas de sedução e avancem diretamente para a investida sexual.

Elza, contudo, interrompeu o batido roteiro, valendo-se do ideário moderno igualitário para lembrar ao agressor que sua vontade deveria ser levada em conta.

## Banquete de mulatas

Suzana é uma moça de 25 anos, negra de pele clara e pertencente à classe média, que nasceu e cresceu na região do entorno do DF e que recentemente passou a viver no Plano Piloto. Numa conversa sobre os seus lugares de sociabilidade e lazer preferidos em Brasília, revelou ser uma frequentadora assídua dos sambas da cidade, e me falou sobre aqueles de que tinha deixado de gostar – seja porque tinham se tornados lotados e elitizados, "como sempre acontece em Brasília", seja porque percorrer as longas distâncias fazendo uso do transporte público precário demandava energia e tempo de que ela nem sempre dispunha. Suzana me disse gostar muito da música e de sambar, mas que ficava incomodada por ser "exotizada" nesses espaços, principalmente por homens brancos. Para ela, a exotização desdobrava-se em dois tipos de sentimentos: em um certo "encantamento" de sua parte[55] já que, como mulher negra, estava acostumada a ser preterida pelos homens, mas também em um desconforto por ser o alvo das fantasias alheias, o que muitas vezes se desdobrava em abordagens masculinas invasivas. Suzana afirmou ser comum os caras brancos "nos verem sambando e ficarem fantasiando coisas", "que você é Globeleza, essas coisas, sabe?".

Sei bem. Ouvindo-a falar, me lembrei de uma ocasião em que, em um samba no Conic[56], na região central de Brasília, um homem branco desconhecido e bem mais velho me abordou de maneira bastante desrespeitosa. Interrompendo a minha conversa com amigas, me disse que era casado, mas que "tinha ficado louco" ao me ver dançar. Com efeito, essa é uma experiência comum para mulheres negras que frequentam espaços de samba.

Assim como a casa patronal branca, mas a partir de outro tipo de referência, os espaços de samba são cenários que evocam um determinado tipo de

---

[55] Aqui, vale recuperar o argumento de Natasha Pravaz (2003), para quem a performance do papel da "mulata" enseja um certo tipo de gratificação simbólica.

[56] O Conic, termo mais utilizado para designar o Setor de Diversões Sul, é um centro de comércio e entretenimento localizado na região central de Brasília, atualmente ocupado e frequentado por um público bastante distinto do perfil sofisticado de usuários/as originalmente idealizado pelo arquiteto Lúcio Costa (Nunes, B. 2009).

relação entre homens brancos e mulheres negras. O samba foi alçado ao status de música nacional em meio aos esforços de construção de uma identidade nacional no início do século XX – a partir da década de 1930 –, no mesmo contexto em que a mestiçagem passou a ser exaltada, e como parte dele (Santos, J. 1999; Vianna, H. 1995). É, nesse sentido, a perfeita encarnação do discurso da democracia racial[57]. A partir do ideário individualista moderno, a mulher negra que dança poderia ser vista como alguém que está se divertindo, e que samba porque isso lhe dá prazer. Porém, é a leitura direcionada pela imagem da mulata faceira, exótica, rebolativa e sexualmente disponível (Giacomini 1994) que encoraja os homens brancos a performar o papel que lhes cabe na narrativa nacional, e a abordar as mulheres negras a partir de referências abertamente sexuais que seriam consideradas inadequadas em outros lugares e com outras mulheres. A figura da mulata, de fato, funciona como um atrativo adicional para que eles frequentarem espaços de samba em busca de aventuras sexuais (Giacomini 2006; Ianni 1960; Piza 2009; Wade 2009).

O caráter assimétrico da relação entre o par mulher negra-homem branco que é tecida a partir dessa perspectiva ficou evidente quando Suzana me contou um episódio transcorrido em um samba que acontece no Setor Comercial Norte, também situado na zona central de Brasília.

Como o Conic, o Setor Comercial Norte é um dos escassos espaços que, em determinados momentos da semana, apresentam-se um pouco menos segregados quanto a raça e classe dentro do Plano Piloto. Embora a arquitetura e a distribuição das construções de Brasília sejam bastante peculiares – por exemplo, não é possível residir nos prédios ali erguidos –, a área guarda algumas semelhanças com as regiões centrais de outras cidades brasileiras: de dia, as ruas se agitam com os/as trabalhadores/as que chegam e saem dos escritórios e com o funcionamento das atividades de serviço, do comércio formal e dos/as vendedores/as ambulantes; à noite e nos finais de semana, por lá circula o público que frequenta algum bar ou restaurante de perfil mais popular, que se soma aos/às moradores/as de rua, prostitutas e seus/suas clientes e usuários/as de entorpecentes que transitam pela região. Às sextas-feiras, no final da tarde, o espaço sediava uma roda de samba que ia agregando pessoas de perfil cada vez mais diversificado.

Numa sexta-feira qualquer, Suzana saiu do trabalho direto para o samba, vestindo ainda traje social: uma saia vermelha e um blazer branco, que, imagino, lhe caíam bem no corpo esguio. Na fila do banheiro, conversava animadamente com aqueles/as que, como ela, esperavam. Um senhor branco mais velho se aproximou e, dirigindo-se a Suzana de maneira "repentina e hostil", disse-lhe que ela parecia "a dona da senzala". Perplexa e constrangida, Suzana não teve

---

[57] Como indicam os exemplos de Candeia, Clementina de Jesus e também de alguns sambas de Brasília – como a já extinta Terreirada –, o samba também pode ser reivindicado pelo discurso antirracista.

uma reação imediata. A referência à escravidão é evidente, mas a forma como tal menção atribuiu sentido à interação e definiu a situação merece ser examinada com mais detalhes.

No comentário, o evento de samba é considerado como um equivalente à senzala: um espaço de negros/as porque ali eles/as se agrupam, distanciados/as dos/as senhores/as brancos/as e sua casa-grande, mas ainda sob seu jugo. Se Suzana, de pele clara e "bem-vestida", era a escrava que mandava nos/as outros/as escravos/as, ele, branco, seria logicamente o proprietário de todos/as os/as escravos/as – inclusive dela. E é fato bem conhecido que o regime de escravidão incluía e legitimava a exploração sexual das escravas por seus proprietários (Aidoo 2018; Giacomini 1988; Stolke 2006). A intempestividade do comentário e o tom impertinente com que foi expelido reforçavam da parte do senhor branco a reivindicação de superioridade social frente a Suzana. Simultaneamente, ele a situava em lugar de vantagem em relação aos/às demais negros/as, em um misto aparentemente de enaltecimento e degradação.

Quando reencontrou a turma de amigas que lhe acompanhavam naquela noite, Suzana lhes contou, ainda atordoada, o que havia acontecido. Em grupo e amparadas pelo discurso antirracista, elas então decidiram confrontar o autor do comentário. Atônito por ser interpelado, o senhor branco inicialmente alegou que havia apenas tecido um "elogio". Depois, mudou um pouco sua versão e disse que ela tinha entendido errado, que ele a havia chamado de "chefe da fazenda". O argumento não colou: Suzana e as amigas não deixaram barato e o chamaram de "racista". Ele mostrou-se indignado por ser rotulado dessa forma e, frente à acusação, elencou o que acreditava serem provas que demonstrariam cabalmente o contrário: o homem disse que já tinha trabalhado com vítimas de trabalho escravo, que tinha amigos/as negros/as e, como último argumento em sua defesa, alegou que já tinha namorado uma mulher negra. Com tal argumento, o homem branco buscava ocultar a situação de hierarquia anteriormente referida e contextualmente recriada, valendo-se, para tanto, do pressuposto de que sexo e afeto seriam incompatíveis com discriminação racial.

Uma segunda cena moldada pelo jogo entre os termos de distância/diferença e proximidade/igualdade foi presenciada por uma amiga, Yasmin – uma mulher negra de pele clara, que contava então 31 anos e pertencia à classe alta. Numa noite de eclipse, ela se dirigiu a um píer à beira do lago Paranoá. Um grupo de jovens já se encontrava no local, com a mesma finalidade de observar o evento astronômico. O rapaz branco, as duas moças negras de pele clara e as duas garotas de pele escura que compunham a pequena congregação de amigos/as apresentavam um visual que Yasmin descreveu como "*hippie*": as garotas usavam saias rodadas; alguém levara um baralho de tarot. O grupo conversava descontraidamente.

Embora estivesse um pouco distante da turma, Yasmin ouviu o que o garoto repetia para as amigas: "É o que as pessoas dizem, que a xoxota de mulher negra tem cheiro de bacalhoada".

As amigas olharam para ele indignadas, mas em silêncio. Foi então que Yasmin interviu. Disse que aquilo era um absurdo, que não tinha saído de casa para ouvir um desconhecido falando sobre o que ele achava ser "o cheiro da sua xoxota" e que era racista supor que as genitálias das mulheres negras tinham odores específicos e ruins. As garotas do grupo também se manifestaram. Uma delas, de pele escura, falou para o rapaz: "Isso que você está dizendo me dói aqui" – enquanto direcionava os dedos da mão para o próprio coração. O rapaz insistiu, dizendo que não era ele quem afirmava isso, que era algo que ele tinha ouvido outras pessoas comentarem. A discussão continuou, e Yasmin foi incisiva: aquela ideia era inadmissível e racista. O garoto, exasperado, perguntou se elas estavam dizendo que ele era racista, o que ele obviamente não poderia ser, pois já tinha até namorado "uma menina da sua cor" – falou, apontando para uma das garotas de pele escura. Com essa última frase, implicitamente, ele se contradisse, e a sua afirmação sobre o cheiro da "xoxota" de mulheres negras foi transposta de fofoca a fato que teria sido empiricamente comprovado.

Com o seu comentário inicial, o rapaz definiu a situação e estabeleceu os parâmetros da interação ao invocar um elemento de diferenciação entre grupos raciais. A alusão à vagina, assim como ao falo, aciona usualmente a própria construção da ideia de mulher e de feminino/feminilidade, estabelecendo a noção e o sentido da dicotomia sexual e de gênero. No Brasil, o órgão sexual feminino é representado de maneira a conjurar "um sentido de inferioridade e imperfeição" (Parker 1991, 67). Contudo, no quadro aqui descrito, a menção ao odor supostamente "diferente" da genitália de mulheres negras é o que "faz" a raça e, mais especificamente, a "outra" raça[58]. Embora não sejam explicitamente mencionadas, as mulheres brancas, com seus cheiros que seriam "normais", balizam a construção das negras como uma alteridade[59].

A atribuição de odores peculiares às mulheres negras como uma característica que remete à sexualidade extrapola a situação mencionada. No imaginário brasileiro, quando retratada como sexualmente desejável, a figura da mulata é, com frequência, identificada com cheiros e sabores de comidas: manjericão, baunilha, cravo e canela são alguns dos exemplos (Corrêa 1996). Aliás, a associação simbólica entre alimentos e sexo é também bastante usual (Korsmeyer 2002), assim como aquela estabelecida entre comer e fazer sexo (Parker 1991; Wazana 2012). No caso da mulata como no episódio em questão, a referência

---

[58] A situação reproduz a noção de que os sujeitos brancos são racialmente neutros, bem como exemplifica a capacidade de nomear que, numa sociedade racista de supremacia branca, é conferida aos/às brancos/as, como parte dos "benefícios simbólicos" da branquitude (Bento 2009).

[59] As mulheres brancas entrevistadas por Laura Moutinho (2004) também se referiam aos homens negros tecendo comparações implícitas com os homens brancos. Destaco que esse olhar comparativo é uma prática de invocação e recriação da noção de diferença e inferioridade racial do grupo negro, e, portanto, de delimitação de fronteiras entre os grupos raciais.

a odores de comidas contribui para construir imagens das mulheres negras não apenas como objeto de desejo (Corrêa 1996), mas, particularmente, como artigo de consumo pelo homem branco.

Ao contrário dos cheiros e sabores imputados à mulata, o garoto referiu-se a um cheiro considerado ruim, que posiciona as mulheres negras como um grupo em uma posição hierárquica inferior à sua. Circula pelo imaginário nacional a ideia de que o órgão sexual feminino exala a bacalhau – um exemplo de como as representações da vagina estão perpassadas pelas noções de impureza, maldade e doença (Parker 1991, 68-69). Porém, a distinção feita pelo rapaz na cena descrita diferenciava os grupos raciais, e os cheiros foram atribuídos não às mulheres, mas às mulheres negras.

Como parte das elaborações simbólicas do racismo, persiste a ideia de que o corpo das pessoas negras exala um fedor característico (Azevedo 1955; Bastide e Fernandes [1955] 2008; Pinho, P. 2006; Rocha 2010; Sheriff 2001), como transparece a expressão "cc" – originalmente, "catinga de crioulo" (Gonzalez 1984; Pinho, P. 2006). Tais conexões de sentido foram articuladas como parte do repertório do racismo científico (Ramos 2003), e ganharam novas versões no escopo da filosofia médico-pedagógica da eugenia brasileira no início do século XX, quando um discurso explícito sobre a suposta inferioridade biológica dos/as negros/as foi substituído por uma linguagem que a codificava em termos de condições sociais (pobreza) e doença (Dávila 2006; Jarrín 2017; Silva, E. e Fonseca 2013). Uma referência a um odor "típico" não deixa de constituir uma alegação de diferença de base biológica, ao mesmo tempo em que desliza facilmente para um discurso patologizante. A ideia de que é a genitália das mulheres negras que possui um odor peculiar e ruim, além disso, exemplifica a maneira como "desvios" relacionados à sexualidade constituem um dos campos fundamentais para a articulação da ideia de diferença e inferioridade dos/as negros/as em relação aos/às brancos/as (Pinho, O. 2008; Collins 2009).

A noção de que a genitália das mulheres negras é "diferente" está dotada de certa perenidade dentro do imaginário nacional. Por exemplo, em meados do século XX, Raimundo Nina Rodrigues (Corrêa 2013, 139) alegava que o formato do hímen das recém-nascidas negras ou "mestiças" confundia-se facilmente com o do hímen rompido – o que contribuía para descreditar relatos de violência sexual contra mulheres e meninas não brancas. Já na década de 1950, tanto Roger Bastide e Florestan Fernandes, em São Paulo, quanto Octávio Ianni, em Florianópolis, encontraram entre homens brancos que entrevistaram suposições de que "dormir com uma negrinha virgem cura as doenças venéreas e elimina 'a urucubaca'" (Bastide e Fernandes [1955] 2008, 183), ou ainda, numa versão semelhante, a pressuposição de que o "aparelho sexual feminino" (das mulheres negras) estaria dotado de "predicados mágicos", "tais como a propriedade de curar certas doenças venéreas nos homens" (Ianni 1960, 199). Tendo em vista a relação dinâmica entre crenças e práticas, é possível imaginar os efeitos devastadores de tais convicções em termos de abuso sexual ou estupro de meninas e mulheres negras, além de sua contaminação por doenças venéreas.

Longe de se desdobrar apenas em asco da parte dos integrantes do grupo racial "superior", a concepção de que o corpo negro emana um cheiro ruim é também um elemento de atração sexual para os/as brancos/as[60] (Gonzalez 1984). Ela reforça representações do corpo negro como um "perigo insinuante"[61] (Said 1990), exótico e temerário, que desperta simultaneamente o medo e a curiosidade[62], transformando o sexo inter-racial em um ato de transgressão[63]. Afinal, a introdução da ideia de diferenças raciais no âmbito do aparato representacional transforma as inferioridades construídas em um atrativo erótico de grande apelo[64] (Pinho, O. 2012, 164). As noções quanto a um odor típico são, portanto, algumas das formulações que estruturam a ambivalência erótica em relação ao corpo negro (Wade 2009), sobre o qual se projetam ambiguidades de desejo e a repulsa, vividas entre os apelos, ora à adesão à norma(tividade), ora à contravenção. Com efeito, esse jogo de ambiguidades é central para a maneira como a sexualidade brasileira é encarada, constituída e vivida (Moutinho 2004; Parker 1991).

Na situação relatada por Yasmim, o comentário do rapaz branco ilustra uma dinâmica peculiar de regulação dos fluxos e condições de separação e de aproximação entre os grupos raciais perpassada por lógicas de gênero. A alusão à vagina das mulheres negras faz referência – e assim, reproduz – à noção de diferença e inferioridade racial do grupo negro, estabelecendo uma alteridade entre o homem branco que fala e as mulheres negras de quem e com quem ele fala. A alteridade, se constituída primordialmente com base na raça, é simultaneamente indicadora da posição que *mulheres* negras ocupam em relação aos homens brancos, e do tipo de relação possível entre eles – o sexo. Com papéis, posições relativas e condições de interação bem definidas, as amizades e mesmo o namoro entre um homem branco e uma mulher negra podem existir sem apresentar ameaças para as hierarquias raciais e de gênero e, sobretudo, ao status social do homem branco heterossexual.

---

[60] Vale aqui resgatar a anedota recontada por Lélia Gonzalez (1984), para ilustrar a situação. A autora menciona o caso de homens brancos que, iniciados sexualmente com mulheres negras, não conseguiam se excitar na noite de núpcias com as esposas brancas, precisando, para tanto, cheirar uma peça de roupa usada por uma mulher negra.

[61] Edward Said (1990) empregou a expressão para se referir à visão do Ocidente sobre o Oriente.

[62] Da mesma forma, homens negros e mulheres brancas entrevistadas por Moutinho (2004) atribuem o interesse de mulheres brancas por homens negros a uma curiosidade quanto ao sexo inter-racial – o que reforça o meu argumento.

[63] O sexo aparece como um elemento de transgressão também quanto a outras barreiras e hierarquias sociais, para além de raça. Por exemplo, Néstor Perlongher faz referência à imagem histórica da homossexualidade como transgressão das barreiras de classe, no relacionamento entre o homem adulto e rico e o rapaz pobre, tosco e viril (Perlongher 1987, 250-251).

[64] Também Néstor Perlongher (1987), com base na obra de Bataille, sugere que a interdição sexual não apenas estipula restrições, mas também "erotiza o objeto de interdição".

O estabelecimento de posições relativas entre os sujeitos que interagem só se torna possível na cena analisada porque, em um primeiro momento, sexo está ali significado como submissão de uma parte à outra, como uma metáfora para conquista e dominação (McClintock 2010; Parker 1991), e não como prática de subversão de divisões e hierarquias.

Como no caso em que o senhor branco abordou Suzana, as mulheres negras que participavam da cena relatada por Yasmim reagiram, e o faziam, novamente, contestando a hierarquia presente na definição da situação instituída pelo comentário. Respaldadas por discursos ativistas que interpelam desigualdades raciais e de gênero, elas reclamavam status de igualdade simbólica frente ao interlocutor, impondo uma demanda por "reconhecimento" (Fraser 2006; Honneth 2003) em escala micro, e recusando assim os termos propostos para a interação. Para tanto, valeram-se, inclusive, de uma reivindicação de legitimidade de seus sentimentos de humilhação, como um indicador de violação de sua dignidade pessoal. O efeito sobre o rapaz foi, contudo, limitado, e ele se mostrou mais preocupado em proteger a própria reputação, numa performance defensiva que ilustra impecavelmente um momento de "fragilidade branca"[65] à brasileira.

Na terceira etapa do desenrolar das duas situações, quando se viram rotulados como racistas, os homens brancos desfiaram elucubrações sobre a presença de pessoas negras em sua vida profissional e pessoal, destacando-as como sujeitos merecedores de sua atenção, caridade, afetos e desejos. O ponto alto de seu argumento é a alegação de que tiveram um relacionamento passado com uma mulher negra, como se o vínculo funcionasse como um álibi e desautorizasse a acusação de racismo ao provar o seu descabimento. Nesse momento, a menção inicial ao sexo, aquela empregada na abordagem às mulheres negras, é convertida em uma referência a um namoro, que incorpora a dimensão afetiva à ligação entre as partes. Aqui, embora também tomado como transgressão, o contato afetivo-sexual é significado de outra forma, a saber, como um movimento de dissolução de barreiras e hierarquias articuladas pela raça – que, portanto, inviabilizaria o racismo.

Em suma, os homens brancos valeram-se de dois recursos elaborados a partir do discurso da democracia racial, em momentos distintos das cenas narradas.

---

[65] Conceito cunhado pela socióloga estadunidense Robin DiAngelo (2011; 2018). Segundo DiAngelo, as pessoas brancas não precisam lidar com qualquer tipo de stress racial e dificilmente são questionadas quanto às suas ideias quanto a raça, entendida como um problema das pessoas não brancas. Quando interpeladas quanto a suas próprias atitudes discriminatórias, as pessoas brancas tendem a reagir de maneira defensiva, com demonstrações de emoções tais como raiva, medo e culpa, e a adotar comportamentos que incluem contra-argumentação, silêncio, retração e o abandono da situação indutora do stress racial. Trazendo para o primeiro plano o seu sentimento de mágoa e frustração, as pessoas brancas desviam o foco da discussão para a própria fragilidade, com grande simpatia por parte de outros/as colegas brancos/as. Os sentimentos das pessoas negras, alvo da discriminação, são desconsiderados, e os debates sobre racismo, relegados a segundo plano.

O primeiro deles autoriza a convivência inter-racial porque demarca fronteiras e distribui posições relativas, resguardando o seus status de superioridade perante as mulheres negras com quem interagem. Dentro dele, sexo é uma figura-chave porque remete a hierarquia; e hierarquias de gênero e raça remetem a sexo. O segundo recurso neutraliza a mesma hierarquia racial que se buscou demarcar. Aqui, o sexo aparece imiscuído a laços de afeto, e ambos adquirem o poder de dissolver divisões e assimetrias – argumento que problematizarei mais à frente. A continuidade entre os dois recursos se dá pela associação da figura da mulher negra ao sexo. É essa combinação e oscilação de significados em torno de sexo, hierarquia e transgressão que mobiliza ambiguidades e lhes permite acionar ora um sentido, ora outro.

A terceira situação a ser analisada foi vivida por mim mesma. Lá pelos idos de 2012, encontrava-me recém-solteira e em uma situação de flerte com um rapaz branco, Mateus, também pós-graduando, que cursava o doutorado em outro programa e cidade. Não estava muito interessada nele, mas também não tinha cortado o vínculo, e a situação ia se arrastando. Em uma determinada ocasião, numa dessas conversas meio frouxas de quem está se conhecendo, ele me perguntou que tipo de música eu ouvia. Eu disse que gostava de MPB e de samba. Ele então disse: "Ah! Então você é uma versão intelectualizada da Globeleza?!".

As participantes da pesquisa relataram reações variadas ao vivenciarem situações como essa. Recebi sua fala com um misto de surpresa e indignação que, no entanto, não fui capaz de expressar naquele momento, mas que me marcaram profundamente e me influenciaram na escolha do tema deste estudo. Em uma fração de segundo, me lembrei das muitas vezes em que, ainda criança, ouvira amigos brancos de meu pai – sempre homens, sempre brancos, sempre mais velhos – dizerem, em comentários que se pretendiam elogiosos, que eu e minhas irmãs seríamos "mulatas do Sargentelli"[66], ou então "mulatas tipo exportação", quando crescêssemos. A discrepância entre o modo como eles me viam e como eu me percebia não poderia ser maior. Sempre fui muito estudiosa, para não dizer uma típica *nerd*, e não entendia exatamente o que "mulata do Sargentelli" queria dizer. Ciente ou não, eu experimentava os efeitos de me ver tratada, enquanto mulher negra, como "só corpo, sem mente" (hooks 1995), já que as representações que eles atribuíam a mulheres como eu lhes apontavam o que lhes parecia ser o meu destino pessoal e profissional.

Um pouco mais velha, a figura que passou a assombrar as projeções alheias sobre meu corpo, papel social e futuro foi a da Globeleza, e aí eu já entendia

---

[66] Osvaldo Sargentelli foi um radialista, apresentador de televisão e empresário. Durante a década de 1970, abriu e gerenciou no Rio de Janeiro as boates "Sucata" e "Oba-Oba", que lotavam quase todas as noites com turistas interessados em seus "shows de mulatas". Branco, autodenominava-se um "mulatólogo" e era reconhecido como um "sargento de mulatas".

exatamente do que se tratava. Quando esse tipo de observação aparecia, eu me perguntava de onde as pessoas tiravam a ideia de que me veriam dançando nua em público – enquanto, por mais que gostasse de sambar, eu me dedicava com paixão a leituras e equações matemáticas. Mais do que tudo, achava macabro que homens tão mais velhos me imaginassem dessa forma quando eu ainda era uma criança ou uma adolescente. Desde então, aprendi a identificar um tipo de olhar masculino específico da parte de homens brancos, que revela não só interesse ou atração sexual, mas também uma certa cobiça que percebo como ameaçadora, como se eles estivessem possuídos por um ímpeto de me devorar. Um certo lampejo em seus olhos é a tradução momentânea do fato de que, nas fantasias dos homens brancos em que a dominação racial e de gênero são encenadas como banquete, eu sou o prato principal.

Voltei do *flashback* para encontrar Mateus com uma cara de quem jurava que estava me agradando com o seu "elogio". A discrepância entre suas expectativas quanto ao próprio comentário e a maneira como eu o recebia não poderia ser maior. Não esperava passar por uma situação dessas naquele momento e de forma tão explícita, protagonizada por um cientista social quase 10 anos após a implementação de ações afirmativas em universidades brasileiras, quando os discursos contra-hegemônicos dos movimentos negros, inclusive aqueles produzidos por acadêmicas negras que há muito problematizam a figura da mulata[67], ganhavam um espaço crescente. Para mim, o "elogio" era ultrajante porque me colocava numa posição subalterna, quando eu partia de um ideário moderno e feminista em que a igualdade de status entre os termos do par era a condição básica para o estabelecimento de laços afetivos e sexuais.

Em todos os três episódios, o homem branco conferiu inteligibilidade, atribui sentido à interação e definiu a posição relativa dos/as interlocutores/as pela menção a figuras e cenas icônicas, que situam homens brancos e mulheres negras dentro de um imaginário social mais amplo, mobilizando assim uma "estrutura econômico-psicológica" (Fanon 2008) particular. A serem pensadas como parte da etiqueta racial brasileira (Ianni 1960), tendo em vista a relação entre inferências sobre a natureza das coisas e grupos e os códigos de conduta, as dinâmicas de abordagem de homens brancos a mulheres negras resgatam posições relativas e assimétricas historicamente estabelecidas e as instituem e reforçam no contexto da interação.

Ao menos neste estudo, as dinâmicas indicadas não se revelaram tão recorrentes e pronunciadas – ou talvez, visíveis – em circunstâncias de abordagem de mulheres brancas a mulheres negras, sobretudo no que tange ao enquadramento da posição relativa dos atores em termos de hierarquia acentuada. Encontrei, no entanto, outras continuidades nas atitudes de mulheres brancas e aquelas adotadas pelos homens brancos em relação às mulheres negras.

---

[67] Ver, por exemplo, "Racismo e sexismo na cultura brasileira", de Gonzalez (1984).

Aurora, 29 anos, de tez escura e da classe média, relatou ter experimentado repetidas situações de rejeição e solidão até o ensino médio, que cursou em escola particular e em meio a colegas quase que exclusivamente brancos/as. A entrada na universidade marcou o início de um período de mudanças. Aurora iniciou a terapia, que a ajudou a superar a depressão; compreendeu melhor e passou a aceitar o seu interesse por mulheres; perdeu peso – a gordura era, para ela, uma grande questão –; e teve acesso a um ambiente que descreveu como novo e excitante, no qual passou a vislumbrar possibilidades que considerava até então inéditas. Usava tranças estilo *rasta* e sentia-se bonita. Considerava atrair a atenção das pessoas por um certo "exotismo".

A atração das mulheres brancas por mulheres negras não foge necessariamente da atribuição da característica de exoticidade ao corpo feminino negro, que resulta em um fetiche racializado. O cenário da universidade contribui para a leitura do corpo negro como algo extraordinário – no sentido mesmo de incomum. O acesso a novas vivências e formas de pensar e o aumento da autonomia individual favorecem o interesse pelo contato com o "diferente". Se a referência imediata à posição subalterna das mulheres negras não é explícita, a interpelação dos sujeitos negros como uma alteridade permanece como uma pré-requisito para a interação. O sexo inter-racial é positivamente compreendido como transgressão das normas sociais, e é, assim, tomado como algo desejável dentro de um ambiente que valoriza o "alternativo".

Ao contrário do par homem branco-mulher negra, o par mulher branca-mulher negra não encontra um retrato-modelo, seja na simbologia de gênero e de raça do discurso racial, seja no discurso tradicional de gênero. Destituída de um quadro de referências prévio à interação, a abordagem de mulheres brancas a mulheres negras não chega a se escorar tão fixamente em um roteiro. A estigmatização das relações lésbicas tem aqui um papel fundamental, e responde pelo apagamento das relações afetivo-sexuais entre o par, seja dos estudos acadêmicos contemporâneos sobre relações raciais, seja dos discursos de construção da nação (Curiel 2013), ocultando inclusive os envolvimentos estabelecidos com algum grau de coerção no escopo das relações entre senhoras e escravas (Aidoo 2018), e que poderiam conferir à interação entre brancas e negras um enquadramento ostensivamente baseado no modelo colonial.

A menção ao ato sexual entre uma mulher branca e uma mulher negra não tem o mesmo poder de acionar estruturas tradicionais da sociedade brasileira, embora ainda esteja amparada e ganhe inteligibilidade dentro de um imaginário racial mais amplo, em que a mulher negra está associada ao sexo. Isso não significa, obviamente, que mulheres negras lésbicas não sofram racismo, inclusive no escopo dos relacionamentos, ou que sejam menos discriminadas que mulheres negras heterossexuais. O que eu argumento é que a inexistência de uma imagem que cristalize o sexo ou o relacionamento inter-racial entre mulheres numa linguagem de poder e dominação referido à formação da nação torna dispensável, na interação entre elas, o roteiro que estrutura de maneira contundente os encontros entre homens brancos e mulheres negras.

## Negros/as e negras

### Batekoo, território negro

A Batekoo foi criada por dois produtores negros de Salvador, Maurício Sacramento e Wesley Miranda, em 2014, e faz sucesso atualmente como uma festa voltada para o público negro e LGBT de periferia, com edições que se espalham por várias capitais brasileiras. No seu site, encontra-se a seguinte descrição: "Movimento que se expressa através da dança, da música, do corpo, da pele preta, do suor, da liberdade corporal e sexual, da cultura negra, periférica e urbana, do empoderamento coletivo e representatividade preta dentro de qualquer espaço" (Batekoo [s.d.]). A divulgação de uma das edições da festa no Facebook, realizada em 13 de julho de 2018 no espaço Sub Dulcina, em Brasília, valeu-se de imagens que retratam partes de corpos negros suados e dançantes, casais homo e heterossexuais "sarrando"[68], grupos de amigos/as que se divertem ao som da música e que ostentam a "estética afro" e urbano-periférica em voga: roupas em tecido africano, turbantes, correntes, cabelos afro – "naturais" e com muito volume – ou tranças por vezes coloridas.

Eventos como a Batekoo são, por si só, significativos para as dinâmicas afetivo-sexuais de pessoas negras, pois promovem referenciais alternativos e propiciam a construção de laços fora dos esquemas característicos da supremacia branca[69].

Mesmo a localização do evento subvertia, ainda que de modo efêmero, a lógica racializada de circulação pelo Plano Piloto, lotando de corpos negros que se divertiam uma região em que eles estão normalmente submetidos aos/às brancos/as em regimes de trabalho exploratórios. Como nas peças de divulgação, na noite do evento eram as estéticas marginalizadas que, ressignificadas como positivas, dominavam o ambiente. Além das modas e tendências

---

[68] "Sarrar", aqui, significa dançar esfregando-se em outra pessoa, simulando movimentos sexuais, ao som do funk.

[69] Inspiro-me aqui nas contribuições de Beatriz Nascimento, quando a autora discorre sobre o movimento *soul*: "Eu acho que esse pessoal que está se movimentando em volta da música negra americana, em um sentido é muito positivo em termos de convívio, de identidade, de conhecer o outro, de saber o outro, de apalpar o outro, de dançar com o outro. Eu sinto que esse pessoal jovem agora se organiza nesse movimento soul, eles vão ter menos problemas que eu tive, por exemplo, eu que sempre vivi alijada da comunidade branca e convivendo com ela e alijada da comunidade negra e vivendo com ela. Quer dizer, é possível inclusive [ter] laços mais fortes entre essas pessoas, de casamento. Menino [preto] vai namorar menina preta, não vai ter necessidade de arranjar a moça branca pra casar [...]. Esse processo aí pode ser um processo na medida em que o soul é uma coisa moderna, atual, que está na televisão, no cinema, no jornal, que é de americanos. Quer dizer, que tem inclusive essa possibilidade de afirmação ao nível do que eu sou bonito, eu sou forte, de que eu tenho um corpo bom." (Nascimento *apud* Ratts 2006, 67, grifos meus).

associadas à resistência negra e LGBT, as subversões – ou, para empregar o vocabulário ativista contemporâneo, os "afrontes" – eram observadas no âmbito dos "esquemas corporais" dos/as presentes (Bourdieu 1990). Colunas eretas e uma certa desenvoltura denunciavam, por serem atípicas, os impactos corporais da subalternidade. Compleições, indumentárias e performances definidas como negras, lésbicas[70], gays e gordas eram portadas com orgulho e júbilo. Eram os corpos dos/as poucos/as brancos/as que circulavam pelo local que, enrijecidos, traduziam o desconforto de quem tinha sua presença autorizada sob condições e circulava sob olhares de suspeita. A atmosfera geral, contudo, não era de tensão, pois parecia haver um consenso mínimo entre o público quanto à proposta que animava a festa. Aquele era um território negro[71].

De uma forma ou de outra, éramos quase todos/as *outsiders* no mundo lá fora, e isso nos propiciava um sentimento de cumplicidade, uma sensação de segurança e de liberdade poucas vezes assegurada em outros momentos e espaços. Mulheres negras dançavam sozinhas ou entre si, em gestos amplos que refletiam a despreocupação em relação a intervenções masculinas invasivas. Homens negros dançavam despreocupados com ofensas homofóbicas ou abordagens objetificadoras. Um grupo de homens brancos obesos dançava à minha frente, e eles pareciam sentir-se em êxtase, sem serem incomodados por olhares horrorizados ou gozações inoportunas. Havia, é evidente, um clima de flerte no ar, e as pessoas se observavam e se paqueravam, mas muitas frequentavam o evento com o interesse primordial de dançar. Dançávamos e circulávamos com prazer e sensualidade, que ali, excepcionalmente, nos pertenciam, embalados/as pelo som do funk, do pagode baiano e da música negra americana, como sujeitos-corpos que desfrutavam de uma "temporada de tranquilidade", "em transe ou em trânsito, embalado[s] em trilhas sonoras do Atlântico negro [...]" (Ratts 2006, 66; 68).

*Flerte politizado e fronteiras grupais*

Em alinhamento com o projeto da Batekoo, sobressaíam-se entre os seus/suas frequentadores/as o veto às atitudes discriminatórias – machistas, racistas, homotransfóbica, gordofóbicas – e a expectativa de uma atitude "afirmativa". No âmbito das paqueras, esse código de comportamento traduzia-se no

---

[70] Embora tenha encontrado algumas conhecidas lésbicas na festa, estas se apresentavam em menor número do que eu esperava. Raíla de Melo Alves, a então mestranda em Estudos Latino-americanos no Programa de Pós-graduação sobre as Américas (CEPPAC - UnB) que me auxiliava com as observações, me explicou que o público lésbico comparece em maior número a eventos LGBT realizados em outros lugares do DF, tais como São Sebastião e Planaltina.

[71] Para uma discussão inovadora sobre raça e espaço, espaços negros, geografias negras e geografias feministas negras, ver *Demonic Grounds*, de Katherine McKittrick (2006).

pressuposto silencioso de que as abordagens deveriam ser "politizadas", no sentido de que deveriam estar de acordo com os debates fomentados pelos movimentos feministas, antirracistas e LGBTs. Por exemplo, as referências à "exoticidade" ou supostos atributos sexuais de mulheres negras – ou homens negros – seriam muito malvistas e imediatamente contestadas. Suspeito mesmo que qualquer abordagem de pessoas brancas a pessoas negras desconhecidas poderia gerar alguma desavença. Como em outros projetos de sociabilidade negra centrados na ideia de "resistência" – isto é, que recusam o modelo de "integração" segundo o ideário da democracia racial, tal como o movimento soul da década de 1970 –, valorizava-se a formação do par negro (Giacomini 2006). Com efeito, os casais negros de todos os tipos, homoafetivos inclusive, desfilavam ostensamente pelo espaço, encorajados pelos olhares e sorrisos de aprovação.

Em contrapartida, "palmitar" – ou seja, se relacionar com alguém branco/a –, se não era exatamente proibido, "pegava mal". A certa altura, encontrei Suzana, que havia estado presente nas duas edições anteriores da Batekoo no DF e que compartilhou comigo as suas impressões. Ela me confessou que, embora não desconsiderasse a possibilidade de se relacionar com um parceiro branco, não se sentiria à vontade para abordar ou ser receptiva à aproximação de um homem branco naquele espaço. Sobre os homens negros heterossexuais recaíam as pressões mais fortes, já que, em ambientes ativistas, são eles os apontados como "traidores" por excelência do grupo[72], por se unirem em taxas mais expressivas com mulheres brancas. Para mulheres, homossexuais ou transexuais negros/as, os constrangimentos atenuam-se, a partir do argumento de que a sujeição a mais de um "eixo de opressão" (Crenshaw 2002) aumenta a vulnerabilidade à solidão afetiva, ao reduzir a gama de parceiros/as interessados/as em um relacionamento que vá além do sexo.

Pairava no ar o problema de se definir quem era ou não negro/a, que se traduzia na dúvida sobre quem acessava e usufruía legitimamente daquele espaço, e de quem o fazia na qualidade de "impostor/a". No microcosmo da festa, manifestava-se uma versão localizada de uma situação que tem sido objeto de discussões e tensões também em outros espaços associados à militância.

Os estudos sobre as relações raciais brasileiras destacam a inexistência de uma "linha de cor" rígida no Brasil, de maneira que a classificação racial atribuída aos sujeitos depende, por exemplo, do contexto da interação, de sexo, classe social, região do país etc. (Harris 1964; Pierson 1971). Sobreposto a este sistema ambíguo, utilizado majoritariamente para descrever fisionomias, opera um sistema de classificação bipolar, que considera apenas os extremos

---

[72] Ver, por exemplo, o texto "A esperança branca" (Gonzalez 1982a) e a entrevista de Lélia Gonzalez ao MNU (Gonzalez 1991); o artigo "Gênero, raça e ascensão social" (Carneiro 1995); a dissertação de mestrado *A solidão da mulher negra* (Souza, C. 2008); e o livro *Mulher negra* (Pacheco 2013).

negro e branco (Sheriff 2001), e que vem recentemente ganhando importância na sociedade brasileira (Guimarães 2011). Em complemento aos esforços dos movimentos negros para que pessoas de fenótipos que remetem à negritude se declarem "negras" (Bairros 1996; Hanchard 1994), a implementação de políticas de ações afirmativas para negros/as vem alterando a forma como os sujeitos se autodefinem racialmente. Como resultado, observa-se um aumento da proporção de brasileiros/as que se classificam como "negros/as" com base em critérios "de origem" e "político-ideológicos" – além dos critérios "de marca" ou fenotípicos (Teixeira; Beltrão e Sugahara 2013).

Algumas características locais constituem um fator adicional de complexidade. Pouco mais da metade da população da região é oriunda de outros estados, e apenas 49% dos/as residentes são naturais do DF (CODEPLAN 2014). Isso significa que esquemas distintos de classificação racial, peculiares a diversas regiões do país, coexistem, aumentando as incertezas em torno das categorizações.

Em um lugar como a Batekoo, a preocupação com a "filiação" ao grupo como critério de legitimidade da participação resulta em uma atitude ressabiada em relação às pessoas de pele mais clara ou portadoras de fenótipos ambíguos, seja pela percepção de que o sujeito sob análise não é "realmente" negro, seja pela suspeita de que sua adesão à negritude se dá apenas quando lhe convém ou quando há alguma vantagem a ser obtida. Entre os/as ativistas, termos como "neonegros/as" e "afroconvenientes" rotulam aqueles/as que são assim identificados/as, e os debates em busca de critérios "objetivos" de pertencimento podem se tornar extenuantes. Não são, no entanto, capazes de produzir consenso sobre como identificar inequivocamente os/as "de dentro" e os/as "de fora", de maneira que aqueles/as considerados/as dúbios/as são vistos/as, às vezes numa mesma situação, ora como forasteiros/as, ora como *insiders*, e talvez com o incômodo com que se encaram os/as fronteiriços/as.

Naquela noite, as ansiedades quanto à inexistência de uma linha de cor trespassavam não apenas a dimensão da interação face a face propiciada por encontros e paqueras, mas a coletividade como um todo. Elas se traduziam nos detidos olhares de escrutínio[73] que vi serem lançados sobretudo a mulheres negras de tez clara, mas não branca, e cabelo cacheado ou crespo, e que acessavam o local a partir da evidente reivindicação de sua negritude. O mal-estar era mais intenso da parte de mulheres negras de pele escura, e podia ser percebido principalmente quando uma mulher mais clara acompanhava um homem negro de pele escura.

---

[73] Aqui, estou de acordo com Chinyere Osuji (2013b), para quem "olhares hostis" e "miradas incomodadas" (no original, *"hostile looks and uncomfortable stares"*) são algumas das formas pelas quais se pratica o "policiamento" das fronteiras de grupos raciais (no original, *racial boundary-policing*).

Neste ponto, vale retomar as percepções de Suzana. Ainda sobre a festa, ela afirmou que percebia ser mais paquerada do que mulheres negras de pele escura. Com isso, notava, na prática, a manifestação de uma tendência apontada pelos estudos demográficos sobre os padrões de nupcialidade publicados nos anos 1980, a saber: as mulheres brancas são preferidas para relacionamentos afetivos, em detrimento das mulheres negras em geral – pretas e pardas –; dentre estas, "as mulheres pretas [...] são as menos favorecidas quanto às chances de uma união" (Berquó 1987, 15; Ribeiro, C. e Silva 2009). Assim, a pigmentocracia ou colorismo – sistema de hierarquias baseado na cor, favorecendo, dentre os/as negros/as, os/as de tez mais clara (Dixon e Telles 2017; Telles e Perla 2014) – constituía um critério de escolha afetivo-sexual mesmo em um espaço criado a partir de um discurso contra-hegemônico e antirracista. Conjugada às lógicas de competição entre mulheres baseadas no gênero (Collins 2009; Zanello 2018), um dos efeitos da pigmentocracia era a exacerbação das apreensões relativas às incertezas da classificação racial de mulheres de pele clara, que, se não chegavam a ser rotuladas efetivamente como impostoras, também não eram plenamente abraçadas como participantes legítimas do grupo negro.

A vigilância do grupo negro quanto aos seus membros recaía, portanto, primordialmente sobre os homens negros – quanto ao seu comportamento relativo à seleção de parceiras – e sobre mulheres negras de pele clara – quanto à sua legitimidade para ocupar a posição de parceira no casal negro heterossexual. Naquelas circunstâncias específicas, as mulheres negras de pele escura e as pessoas LGBT estavam submetidas a um maior grau de controle coletivo de seus comportamentos dentro de seus "subgrupos", mas eram menos observadas pelo grupo em geral, devido à compreensão de que estavam em posição de maior vulnerabilidade. Uma consequência não intencional e silenciosa desse mapa de preocupações é o fortalecimento do heterossexismo (Collins 2009). A partir dele, entra em foco a imagem do casal negro heterossexual como símbolo da resistência e do orgulho negro, já que são as figuras que compõem cada termo do par, em seus relacionamentos com parceiros/as heterossexuais, que merecem a mais acintosa atenção por parte da coletividade.

*Invasões bárbaras*

No decorrer do tempo, a composição do público e o uso do espaço foram sendo visivelmente alterados. O Sub Dulcina foi escolhido para realização do evento por estar localizado ao lado da Rodoviária do Plano Piloto, facilitando o acesso ao público-alvo da Batekoo – pessoas negras moradoras das periferias. Quando cheguei, no início do evento, elas compunham a ampla maioria dos/as presentes. Grande parte das pessoas brancas que ali se encontrava estava acompanhada de pessoas negras, e me parece que cumpriam as expectativas de "politização" já mencionadas. Uma minoria delas, porém, não partilhava da mesma compreensão ou sensibilidade, e isso se traduzia na disposição dos grupos ao longo da pista de dança do Sub Dulcina, um comprido corredor de paredes grafitadas em tintas fluorescentes.

Em frente ao pequeno palco onde tocava o/a DJ, homens e mulheres negros/as disputavam o espaço com brancos/as – sobretudo, homens – que, insensíveis às reivindicações políticas dos/as organizadores/as e do público-alvo da festa, tomavam o lugar mais disputado do ambiente. A porção central do salão era usada para circulação e também concentrava pessoas negras que dançavam, algumas deslizando com facilidade e desenvoltura em elaborados passos e coreografias, aproveitando a maior disponibilidade de espaço. Mais afastadas do palco estavam aqueles/as que não dançavam, pessoas brancas que procuravam indicar sua consciência da ocupação política e politizada do lugar por negros/as, e as pessoas que se dirigiam ao bar, aos banheiros, ou que procuravam um lugar para descansar ou conversar.

O horário de chegada dos/as frequentadores/as na Batekoo marcava nitidamente um corte de classe: quem dependia de transporte público e não queria gastar muito dinheiro para entrar na festa tinha que chegar mais cedo, constrangido/a pelos horários de circulação dos ônibus e motivado/a pelo menor valor do ingresso até uma determinada hora. Quando saí, por volta das duas horas da manhã, a festa continuava animada, mas as disputas em torno do uso e do significado do espaço já se faziam mais e mais visíveis: os/as frequentadores/as negros/as mostravam-se crescentemente incomodados/as e aborrecidos/as com o fluxo de pessoas brancas, que chegavam em número cada vez maior. De fato, quando deixei o local, os/as brancos/as eram maioria na longa fila em frente à bilheteria. Eles/as chegavam em transportes próprios ou conduzidos/as por veículos identificados com o símbolo do Uber, e constituíam, portanto, um perfil diferente do público que dominava a Batekoo no início da noite.

No dia seguinte, os problemas causados pelas discrepâncias quanto a motivações para ir à festa alcançavam o palco preferencial dos conflitos contemporâneos: as redes sociais. Na página do evento no Facebook, choviam críticas dos/as frequentadores/as negro/as, que reclamavam da descaracterização da festa em relação ao seu projeto original. A produção mostrou-se em sintonia com os/as queixosos/as, e anunciou que tomaria providências para garantir que o perfil do público estivesse de acordo com os intentos da Batekoo em suas próximas edições.

O grande número de brancos/as em um evento "afirmativo" negro era, por si só, um dos motivos de protesto. A maior contrariedade orquestrava-se, porém, quanto ao seu comportamento. Os/As brancos/as "despolitizados/as" foram à Batekoo como vão a qualquer outro espaço de entretenimento e sociabilidade em Brasília, com o diferencial de que a temática e expectativa de público negro funcionavam para eles/as como um chamariz. Tendo em vista a associação entre "negros/as", musicalidade, dança e sexualidade (Giacomini 2006; Schucman 2014) – ou, de uma forma geral, a "divertimentos" –, a presença e a "temática" negras são, por vezes, compreendidas como sinônimo de festa "mais animada" e de "ambiente descolado".

A Batekoo passou a ser frequentada por um grande contingente de pessoas brancas atraídas pelos próprios estereótipos que a festa procura contestar. Por consequência, o propósito de subversão e de afirmação de ideais contra-hegemônicos que garantiam aos/às negros/as presentes a experiência corpóreo--afetiva de prazer e de um certo tipo de liberdade incomuns em seu cotidiano viu-se comprometido tão logo acentuaram-se as dinâmicas calcadas nas hierarquias de gênero e raça que predominam em outros espaços de sociabilidade da cidade.

## Xavecos afrocentrados

Espaços como o forjado pela Batekoo podem promover certas mudanças na maneira como os/as negros/as relacionam-se entre si, inclusive no âmbito afetivo-sexual. A difusão do discurso antirracista e a multiplicação de espaços de sociabilidade articulados a partir dele nas últimas décadas, se não suplantaram as dinâmicas e os códigos de conduta mais antigos, provocam algumas transformações pontuais. Algumas delas foram referenciadas na fala de Aurora, quando ela comentou como o acesso ao ambiente da universidade desdobrou--se em um interesse até então inédito por sua pessoa, um olhar de interesse que partia, no entanto, de pessoas brancas. Com os/as outros/as negros/as, a situação era diferente, pois ela notava um clima de desconfiança.

Aurora organizou suas considerações a partir de um "antes" e um "depois". "Antes", os/as negros/as se olhavam com uma certa hostilidade, remetendo a uma percepção já compartilhada por autoras negras. Para Virgínia Bicudo ([1945] 2010), por exemplo, que escreveu na década de 1940, como resultado da internalização da ideia de superioridade branca, os/as negros/as nutriam sentimentos de rivalidade e antipatia entre si, ao mesmo tempo em que se ressentiam do desapreço uns/umas pelos/as outros/as e criticavam a desunião do grupo. De maneira semelhante, Beatriz Nascimento destacava haver "entre nós [negros/as] uma atitude de defesa diante do outro negro, que toma, vez por outra, forma de agressão. É onde nossos recalques afloram mais" (Ratts 2006, 96).

Por sua vez, o discurso antirracista articula um imaginário e prescreve práticas que funcionam como uma força centrípeta. Em oposição às lógicas de supremacia branca e do embranquecimento, esse enunciado e seu repertório favorecem a valorização de si e do grupo negro como tal, contrapondo-se à desvalorização do par negro e a certo tipo de desconfiança em relação a outros/as negros/as. Na fala de Aurora, eles estruturam o "depois", o período em que, assim como na atmosfera dominante na Batekoo, as relações com o grupo negro evocavam um sentido de coletividade, de "cumplicidade", "aliança" e "resistência".

O discurso antirracista se contrapõe ainda ao apelo sexual associado à cor "morena" e "negra" como mote de abordagem e flerte. Ele propõe outras imagens, deslocando aquilo que era considerado atrativo por excelência: no par branco/a, a brancura; no par negro/a, o sexo. A estética "afro" e a negritude em si mesma passam a constituir os fatores de atração, o que se reflete nas dinâmicas de paquera e aproximação. Daí aflora um outro tipo de moralidade sexual: o favorecimento ou exclusividade de pares negros passa a ser inquirido e comentado, além de visto e utilizado como um capital. Os elogios que versam sobre a beleza e a dignidade, encontrada em todos os traços e indumentárias associados à negritude, tomam o lugar das referências à sensualidade. A escolha de um par negro é revestida de uma aura moral, entendida em termos de lealdade/traição ao grupo, como indicado no episódio que narro a seguir.

Numa noite qualquer, eu estava sentada em um dos bares da quadra comercial 408 norte, que congrega um conjunto de botecos frequentados primordialmente por estudantes da Universidade de Brasília (UnB) e público afim. Dividia uma mesa com uma amiga, Irene, também negra, quando reconheci dois amigos que passavam por nós, Tomás e Heitor, e os convidei para se sentarem conosco. Precisei insistir para que Heitor viesse também. Ele é negro e estudava em um programa de pós-graduação da UnB.

Eu tomara conhecimento sobre o que havia se passado entre ele e Irene em um passado recente e, na verdade, havia presenciado parte dos acontecimentos. Heitor e Irene tinham flertado no decorrer de alguns meses, até que ela se desinteressou por ele e deixou isso claro. O rapaz, contudo, estava obstinado a encontrar-se com ela. Sua persistência a irritava, e ela foi incisiva em sua negativa. O clima entre os dois azedou. Porém, ela não lhe queria mal e achava que poderiam ter uma relação de amizade. Afinal – ela me disse –, ele era um homem negro, e como nós, ferido pelo racismo. Não faria mal ter um pouco de paciência com "os nossos". Naquela noite, ela me falou que queria tentar desfazer o mal-estar; daí o meu convite para que Tomás e Heitor se juntassem a nós.

Ressentido pelo desinteresse de Irene, Heitor mostrou-se um tanto ressabiado de início, mas foi ficando mais desinibido com o avançar da noite. Depois de algum tempo, Irene e Tomás engataram uma conversa animada, e Heitor voltou-se para mim para tratar do assunto que eu pretendia, a princípio, evitar. Não queria me meter em sua querela. Por fim, instigada pela pesquisa, acabei cedendo. Estava interessada nos argumentos de que ele se valeria.

Heitor demandava uma satisfação, e buscava em mim a resposta que julgava não ter conseguido junto a Irene. Queria saber por que razão ela não queria se envolver com ele. Repeti o que sabia que Heitor já tinha ouvido da boca da minha amiga: ela o considerava um cara legal, mas não se sentia atraída por ele. Irene não sentia uma química entre os dois, e a persistência com que Heitor a tinha abordado havia a aborrecido e sepultado qualquer chance de um futuro envolvimento. Busquei consolá-lo: "Essas coisas acontecem" – falei. "Eu também já fiquei a fim de pessoas que não se interessaram por mim".

Foi então que ele começou a colocar as coisas em termos de um discurso antirracista. Heitor argumentou que "mulheres negras reclamam que ficam sozinhas, mas desprezam os homens negros quando eles se interessam por elas". Perguntei se ele se referia a mulheres negras no geral ou apenas a Irene, e se a politização dos nossos afetos passava por qualquer mulher negra ser constrangida a se envolver com qualquer homem negro que se interessasse por ela. Porque desconsiderar a decisão e a autonomia de uma mulher, argumentei, era machismo. Ele desconversou, e voltou a insistir que a "solidão da mulher negra" acontecia porque as mulheres negras desprezavam os homens negros, e que se envolviam com "qualquer branco" que se interessasse por elas. Por fim, já bastante irritada, eu lhe perguntei se ele queria que Irene fizesse algo que contrariava a própria vontade apenas para agradá-lo. Ele deu a entender que sim. Coloquei então um ponto final na conversa.

A postura de Heitor assemelha-se à de um outro conhecido, Marcelo. Em mais de uma ocasião, presenciei Marcelo flertando com mulheres negras. Ele utilizava dois argumentos principais para tentar convencê-las a ficar com ele. Primeiro, ele se gabava de ser "bem dotado", recorrendo ao mito do "negão", segundo o qual os homens negros estão providos de qualidades sexuais excepcionais, o que inclui o pênis de tamanho avantajado – uma imagem própria do imaginário racista (Hall 1997, 2013; Moutinho 2004; Viveros Vigoya 2000). Segundo, ele dizia que "elas só ficavam com homens brancos". Em tais situações, como parte da sua estratégia de constrangimento, ele desfiava em público as vezes que tinha visto a mulher em questão acompanhada de um homem branco. Da maneira como a questão era colocada, ela era exposta como "palmiteira", ou seja, como alguém despolitizada e como uma traidora do grupo. Sua oferta, portanto, era definida como uma oportunidade "irrecusável" de redenção.

Nos casos mencionados, os argumentos do discurso antirracista relacionados à dimensão afetivo-sexual, impulsionados sobretudo como um questionamento de mulheres negras aos homens negros frente às lógicas do embranquecimento, eram direcionados contra elas. Em um esforço manipulador e machista, eles lançam mão do ideal de "amor afrocentrado" para negar a autonomia afetiva e sexual de mulheres negras, submetendo-as à vontade masculina. Em situações como essas, o viés moralizante do discurso antirracista é mobilizado como parte da lógica patriarcal. Quando ele é empregado dessa forma, a "elevação" do grupo é vista em função da capacidade do grupo negro de reproduzir o modelo patriarcal dominante (Collins 2009; Pinto 2015). Ganha força o tropo do casal negro heterossexual e, ao fim e ao cabo, a imagem de sua versão mais completa, a "família tradicional" negra.

Fatos semelhantes foram descritos por mulheres lésbicas. Embora as cobranças não adquiram aqui tons machistas, o argumento do "amor afrocentrado" foi empregado na tentativa de coagir a mulher que era alvo dos comentários a se envolver com aquela que colocava a demanda, ou então de fazê-la se sentir culpada por não estar interessada. Assim, não apenas encontros e afetos, espaços de emancipação e prazer, emergem do discurso antirracista e códigos morais que dele derivam; a partir dele, são também articuladas práticas de fiscalização, constrangimento e chantagem.

## Paqueras em tempos de tecnologia

Nem só de interações face a face vivem os encontros e romances. A partir da segunda metade da década de 1990, vem crescendo o recurso a sites, aplicativos e redes sociais como mediadores de paquera, sexo casual ou procura de parceiro/a para relacionamento, o que vem transformando intensamente o cenário dos encontros e as interações de flerte. Em um primeiro momento, os *chats* (ou salas de bate-papo), o ICQ, o mIRC e o MSN, seguidos pelo Orkut e sites como OKCupid, apresentaram novas possibilidades para quem procurava romance ou sexo virtual, ou então buscava encontrar um par. Com as tecnologias constituindo uma parte cada vez mais indispensável do cotidiano das pessoas nos diversos âmbitos da vida social, é quase impossível encontrar uma interação de cunho afetivo ou sexual que não passe em alguma medida pelo meio virtual. Os aplicativos de paquera, tais como o Tinder, são hoje um dos principais meios de encontro; redes sociais como o Facebook, o Instagram, o Snapchat e o WhatsApp são terreno fértil para conhecer e paquerar "*crushs*" e "contatinhos", mandar e receber mensagens, indiretas, *selfies*, fazer "*stories*" mais ou menos provocativos, que servem para iniciar interações, enviar "*nudes*", e, quem sabe, estabelecer algum contato pontual ou duradouro em uma interação presencial, ou até mesmo buscar a sua "alma gêmea" (Hobbs; Owen e Gerber 2017).

Uma parte significativa das entrevistadas relatou não usar aplicativos de paquera, embora todas elas utilizassem o Facebook e o WhatsApp, pelo menos, nas suas interações com pares. O principal motivo da abstenção dos "*apps*" era o medo de sofrer violência do/a parceiro/a encontrado dessa forma. Algumas não os utilizavam porque estavam em relacionamentos monogâmicos, ou ainda preferiam as interações presenciais, alegando que, nos *apps*, interage-se como uma *persona* muito distinta do que se é "na realidade". Outras, ainda, desgostavam do modo de interação online, e reclamavam que "o papo é sempre o mesmo" ou que as pessoas ficam esperando a outra iniciar e dar continuidade à conversa. Frente ao desengajamento das entrevistadas com os apps de paquera, apliquei um pequeno *survey* a mulheres que participam de minhas redes sociais.

Entre entrevistadas e respondentes do *survey* que relataram utilizar os aplicativos de paquera atuais, o Tinder foi a ferramenta mais popular, embora tenham sido mencionados também o Happn (semelhante ao Tinder, mas com foco em pessoas que circulam pelos mesmos trajetos), o Badoo e o Brenda (depois, Wapa, voltado para encontros entre mulheres). A maior parte dos aplicativos de paquera funciona da seguinte forma: ao cadastrar o perfil, o/a usuário/a carrega algumas fotos em sua conta e indica alguns dados e preferências (por exemplo, raio de distância das pessoas a serem exibidas, sexo e faixa etária da outra pessoa); a partir dessas informações, outros/as usuários/as são listados/as. Cada vez que um perfil é exibido, o/a usuário/a pode "curti-lo/a"; se ambos/as curtem o perfil um/a do/a outro/a, então eles/as dão *match* e podem conversar pelo aplicativo.

Nina – de tez escura, com 23 anos no momento da entrevista, pertencente à classe média – explicou rapidamente como funciona o Tinder e discorreu sobre o que os/as usuários/as buscam no aplicativo e como as interações se desenrolam a partir dele. Segundo ela: "você dá *likes*, você tem vários *matches*", e então, puxa conversa. Mas, disse, é preciso fazer uma triagem, verificar se "o cara" não "parece ser muito doido". Se não for, passa-se ao WhatsApp, onde a conversa leva ocasionalmente à troca de *nudes*. Perguntei então sobre esse tipo de fotos, ao que ela me responder ter feito um "banco de dados de *nudes*", já que tirá-los seria difícil: é preciso disposição para encontrar o ângulo certo, não mostrar o rosto – senão a mulher pode acabar exposta na Internet. Apesar de achar que o Tinder pode funcionar para formar novos relacionamentos, o usava essencialmente para encontrar parceiros sexuais.

Entrevistadas que não utilizavam aplicativos à época da entrevista relataram, no entanto, ter utilizado *chats*, mIRC e ICQ no passado, para paquerar. Carla – de 39 anos, tez clara e alocada na classe média – foi uma das entrevistadas que disse ter feito intenso uso das redes sociais para encontrar pessoas durante o início da vida adulta, e contou um pouco como funcionavam as aproximações online no passado. Por volta dos 18, 19 anos, ela utilizava o bate-papo da UOL, onde varava a noite conversando com homens que conhecia ali. Esse espaço não exigia muita fidelidade à própria identidade, e ela se passava por psicóloga, policial etc. Quando pediam descrições físicas, ela por vezes caracterizava-se como era; outras vezes, inventava. Mas, afirmou, nunca disse ser branca. Por diversas vezes, Carla marcou um encontro com seus paqueras, e disse ter conhecido todo tipo de homem: "gordo, baixo, magro, alto, preto, amarelo...". Com alguns, ficou; com outros, transou; com outros ainda, apenas conversou, antes de perceber que não havia uma conexão.

Redes sociais e aplicativos de paquera hoje dispõem de uma série de recursos para identificar minimamente aqueles/as que deles participam. As fotos são obrigatórias e, pelos perfis, é possível inferir algo sobre a aparência, a personalidade e os gostos dos/as outros/as usuários/as. Quando foram lançadas as salas de bate-papo e programas como o ICQ, no entanto, as opções eram muito mais restritas, e contava-se apenas com um apelido e com as informações fornecidas privadamente pelos/as outros/as participantes/as. O status de relativo anonimato entre aqueles/as que interagiam garantia às mulheres negras a possibilidade de envolver-se de alguma forma em um relacionamento afetivo-sexual, quando a vida cotidiana ensejava oportunidades muito mais limitadas. Aurora, por exemplo, contou que, frente às dificuldades para se relacionar com alguém em sua escola, tentou "algumas coisas pela Internet", em um programa que se chamava mIRC. Mas, por ter vergonha, ela quase sempre apenas conversou on-line, pois não teve coragem para comparecer a encontros pessoalmente.

Como indicaram Carla e Aurora, o objetivo das interações não era necessariamente o encontro face a face: o espaço virtual servia como um lugar de exercício imaginativo erótico-afetivo. Ocasionalmente, os encontros se davam também fora das telas, com resultados por vezes divergentes daqueles a imaginados a princípio. As incompatibilidades poderiam surgir a partir de vários aspectos: a pessoa era muito diferente da descrição que tinha tecido sobre si mesma e a outra parte se sentia enganada, ou então a fisionomia da parceira não atendia às expectativas. Na vez que Aurora marcou com um garoto, conversaram um pouco, mas ele não voltou a falar com ela novamente. "Acho que porque eu era preta e gorda", afirmou. O mesmo se passou com Teresa, que conheceu alguém pelo ICQ. Para ela, as conversas longas e profundas indicavam que o casal "tinha tudo a ver". Ao se encontrarem, porém, "ele não quis saber". Teresa desconfia que o garoto a imaginava branca, e que foi por descobri-la negra que se afastou.

As primeiras redes sociais utilizadas para paquera permitiam às entrevistadas ter contato um número mais amplo de potenciais parceiros/as em comparação com a vida fora das telas, bem como explorar as próprias fantasias em interações virtuais, protegidas pela invisibilidade propiciada pelo mundo virtual. Aurora encontrava no mIRC uma alternativa à rejeição que encontrava em outros meios de sociabilidade. Por sua vez, Teresa – de pele clara, 32 anos quando entrevistada e pertencente à classe alta – via o ICQ como uma solução, já que queria de toda forma distanciar-se do estereótipo de mulher negra hipersexualizada. Ali, a entrevistada poderia, finalmente, projetar uma imagem de intelectual, que buscava cultivar e com a qual se identificava.

Contudo, tendo em vista que brancura é reconhecida como "neutra" e não marcada, além de associada a características positivas tais como intelectualidade (Diangelo 2018; Schucman 2014), os parceiros virtuais com quem Aurora e Teresa interagiam as imaginavam como garotas brancas. A discrepância quanto à aparência esperada – ou seja, quanto à fachada pessoal (Goffman 2013) presumida – era revelada apenas no momento do encontro presencial, para a decepção das entrevistadas. Como, em tais situações de ruptura interativa, "raça" em momento algum era um tópico da conversa, coube à Aurora e a Teresa entenderem, aos poucos, esses episódios como um (novo) evento de discriminação a lhes informar quanto à sua indesejabilidade enquanto parceiras afetivas.

Os aplicativos de paquera atuais contam com outros recursos, tais como a geolocalização, e as imagens ocupam um lugar central para as interações online. Há, portanto, um nível mais elevado de filtragem do perfil das pessoas com quem se interage em comparação com os meios virtuais empregados no passado. Como antes, os interesses dos/as usuários/as permanecem diversificados, e passam pelo flerte, sexo casual, pela procura de parceiros/as para satisfazer fantasias sexuais específicas, pelo intento de acessar públicos que entrevistadas e respondentes consideram mais difíceis de identificar no dia a dia e pela busca de um par para constituir uma relação "séria", estável. Para as participantes da entrevista que se relacionam com outras mulheres, o recurso aos aplicativos tem ainda a função de mitigar a escassez de espaços de sociabilidade lésbica no DF.

Ágata, de pele clara e pertencente à classe alta, foi uma das respondentes do *survey*. Ela tinha à época 25 anos e definia-se como bissexual. Ágata disse ter dado *match* com homens negros, homens brancos, mulheres negras e mulheres brancas. Ela baixou o aplicativo após o término de um longo namoro, com o intuito de conhecer pessoas e "beijar na boca". No seu acesso ao Tinder, notou interesses diferenciados por gênero e cor do/a usuário/a. Ela me disse que achava complicado utilizar esses aplicativos "quando você percebe que as pessoas só querem sexo". Afirmou não ter certeza se o mesmo se passava com mulheres brancas, mas que percebia que os homens, "especialmente os brancos, não queriam saber de muita conversa, de começar uma amizade ou alguma coisa assim".

Mobilizando-se a partir dos parâmetros de relacionamento promovidos pelo ideário feminista moderno, Ágata e as pessoas com quem ela interagia pelo Tinder partilhavam da ideia de "amor confluente" (Giddens 1993), segundo o qual as mulheres, assim como os homens, podem interagir a partir do interesse primordial em um envolvimento sexual. A definição do que isso significa não era, contudo, consensual. Mesmo procurando relações mais casuais, Ágata frustrava-se com as expectativas dos homens – sobretudo, dos homens brancos –, que não consideravam a possibilidade de levar muito à frente interações em que sua subjetividade fosse minimamente considerada, como conversas e amizades. O espectro de possibilidades de interação restava assim extremamente limitado, confinado ao formato estrito em que as relações afetivo-sexuais entre homens brancos e mulheres negras têm sido tradicionalmente representadas no universo simbólico brasileiro.

Por sua vez, Martina (25 anos, tez clara e de classe média) também relatou de maneira espontânea uma dinâmica diferenciada na abordagem de mulheres negras e brancas a ela. Em seu entendimento, há dois tipos de perfis de mulheres brancas que lhe dão *likes*: as universitárias e aquelas que buscam *ménage à trois*. Martina disse ficar enfurecida com o segundo tipo, já que, segundo as "regras de boa convivência" do aplicativo, quem procura alguém para *ménage* tem de deixar explícito na sua descrição de seu perfil. As mulheres brancas que a procuravam para a prática, afirmou, não traziam seus interesses explícitos em seus perfis, e, ao contatá-la, revelavam seus status de namoro ou casamento com homens e a busca por uma segunda mulher para a prática do *ménage*. Segundo Martina, essas mulheres tinham como prioridade satisfazer seus companheiros, o que ela também condenava.

Para Martina, as mulheres brancas criavam uma espécie de armadilha para ela ao agirem sem explicitar já de início o que buscavam. Aqui, o desacordo se dava quanto à expectativa das usuárias brancas de que usuárias negras apresentassem uma certa flexibilidade quanto a aceitar práticas sexuais menos comuns e não designadas. Como a respondente indicou, havia uma divergência de expectativas que se organizava, novamente, em torno da presunção de disponibilidade das mulheres negras para o sexo.

Das entrevistadas, Nina foi aquela que falou mais fluidamente sobre a utilização dos aplicativos e redes sociais. O uso do Tinder ganhou importância quando ela se relacionava com um homem que vivia em outro estado, e com quem não conseguia se encontrar com muita frequência. Nina me disse que não conseguia ficar muito tempo sem sexo e que por isso passou a utilizar o aplicativo para encontros casuais. Ela me contou que já chegou a perder o interesse em usar o aplicativo; como ele utiliza geolocalização e residia no Plano Piloto, apareciam muitos homens brancos casados que se interessavam por ela.

Como prefere se relacionar com homens negros, Nina desenvolveu a estratégia de explorar localidades como Sobradinho, Guará, Taguatinga, Ceilândia e Jardim Ingá, lugares onde se encontrariam "uns pretinhos tudo macumbeiro, inclusive, um negócio delicioso".

Como a região do DF e Entorno, tal qual o restante do país, apresenta um grau significativo de segregação sociorracial (Telles 2004), as chances de encontrar pares negros em territórios em que se concentram as classes média e alta são bastante reduzidas. O interesse exclusivo por pares negros exigia que as entrevistadas dos redutos médios e altos se deslocassem pelos territórios da região. Além disso, tendências já observadas por outras entrevistadas e respondentes quanto ao perfil dos/as usuários/as que as acionavam apareceram de maneira mais marcante para Nina, de pele escura: homens brancos, quando se interessam por ela, repetiam o padrão sócio-histórico da família patriarcal e a moralidade sexual que lhe é peculiar, a saber, marido branco, esposa branca, "amante" negra para experiências sexuais.

Para enfrentar o engessamento das experiências em torno das limitadas representações a respeito de mulheres negras, as participantes da pesquisa lançaram mão de algumas estratégias. Uma delas foi a retração, que apareceu, por exemplo, no caso de Ágata, que deixou de usar os aplicativos. Outras vezes, mesmo continuando a utilizá-los, as participantes desenvolveram uma visão crítica da abordagem e dos interesses dos/as outros/as usuários/as, a partir da qual ajustaram o uso que faziam dos aplicativos, seja quanto às expectativas quanto ao que poderiam obter deles/as, seja pela filtragem mais refinada dos/as usuários/as com quem se engajavam. Por vezes, como Nina fez em algumas ocasiões, elas decidiram usar o aplicativo somente para aventuras sexuais, e não para procurar algum tipo de relação para além disso (ainda que casual) ou mesmo para conhecer pessoas. Pragmaticamente, elas aceitavam que esse era o jogo. Outras preferiram se relacionar exclusivamente com parceiros/as negros/as, ou ainda prolongar a fase da interação via aplicativo para, assim, tentar interessar a outra parte em outros de seus atrativos – tais como traços da personalidade. Mesmo quando o interesse primordial era o sexo, elas reivindicavam serem vistas como seres humanos completos, e não como mero objeto do fetiche alheio.

Introduzir novos filtros traduzia-se, porém, em algumas desvantagens. Nina relatou adotar "apenas" três critérios de seleção de parceiros no Tinder: que os homens não sejam casados, que sejam preferencialmente negros e que não sejam "doidos". Mesmo assim, disse, suas opções já ficavam bastante reduzidas.

Além disso, usar os aplicativos de paquera pode ser trabalhoso e perigoso. Segundo Nina, no Tinder "tem uns loucos", umas "marmotas", como "um cara" que lhe telefonava por volta de dez vezes ao dia. Para não os encontrar, seria preciso estender a conversa para conhecê-los minimamente. Com outros, desiste-se porque eles "só vão te enrolando", ou então não "rola química" no sexo.

Se, em um primeiro momento, os aplicativos de encontro eram vistos como uma solução conveniente para identificar parceiros/as para o sexo casual, as experiências como usuárias foram revelando que era necessário desempenhar

repetidamente uma série de tarefas até achar alguém para um encontro poten-
cialmente satisfatório. Conversar por mais tempo no aplicativo antes de encontrar outros/as usuários/as pessoalmente aumentava a lista de afazeres; a lista
de conversas e encontros frustrados também. Por isso, as participantes da pesquisa por vezes acabaram se desinteressando.

Aquelas que buscavam parceiros/as para viver relacionamentos estáveis tiveram
ainda mais dificuldades para encontrar o que procuravam. Nina, por exemplo, é
cética quanto às chances de encontrar alguém para um relacionamento sério no
Tinder. "Se tá difícil na vida, menina, olhando no olho, imagina no Tinder!". Esta
seria uma "sorte" reservada às pessoas "abençoadas", para quando "Oxalá coloca a
mão na cabeça da pessoa e fala: 'Vai acontecer!'" – o que não seria seu caso.

Por um lado, essa maior dificuldade para encontrar parceiros/as para relacionamentos já era esperada, tendo em vista que as exigências eram então maiores
do que aquelas colocadas para o sexo casual ou para conhecer pessoas. Nina
encontrava poucos homens que a agradassem e que também se atraíssem por
ela. Por outro, não há motivo para descartar que os impedimentos para encontrar um parceiro no mundo virtual ancorem-se nas mesmas dinâmicas de rejeição afetiva a mulheres negras já observadas fora das redes sociais. Daí que Nina
entendia que, se em teoria não seria impossível achar o par almejado, no seu
caso concreto, a dificuldade era tão grande que a possibilidade de encontro
dependeria da própria intervenção da autoridade divina.

### Afrocentrados online

Uma alternativa disponível para as pessoas negras que querem fugir das dinâmicas típicas de rejeição e objetificação e/ou que baseiam suas escolhas na
política de "amor afrocentrado" é recorrer a aplicativos e redes sociais voltados
exclusivamente para o público negro, tais como AfriDate, Sanka, Pretinder &
Afrocentrados e o Afrodengo. Durante algum tempo, participei como observa-
dora do último, sobre o qual discorro a seguir.

A entrada no Afrodengo[74] – grupo no Facebook criado em 2016 que já conta
com mais de 47 mil membros – está sujeita à aprovação, como forma de garantir a presença exclusiva de pessoas negras. Quando aceito/a, o/a participante
tem acesso à seguinte descrição:

> "Quem não gosta de um dengo? Palavra que vem da língua Kikongo, de
> origem africana (norte da Angola) que significa "carinho", "agrado". Tão
> presente no linguajar da população negra e no vocabulário brasileiro,

---

[74] O uso da palavra "dengo" vem se popularizando em certos discursos sobre "amor afrocentrado" ou "amor negro". Um exemplo pode ser encontrado no texto *A palavra não é
amor, é dengo*, de Davi Nunes (2016).

expressa nossa forma de amar, dar colo, fazer um cafuné, um abraço, dar amor.

O Afrodengo é um grupo de paquera virtual criado para pessoas negras e tem como proposta ser um espaço de interação, flerte, construção de relações saudáveis, saídas casuais com o intuito de fortalecer a afetividade negra (tão abalada no período pós-abolição). Também é um espaço para dialogar sobre a importância do amor para população preta e todas as suas nuances.

Paquerem, se amem, combinem, se beijem, se abracem, deem dengo, transem, pratiquem a sarrada e o negro amor em sua máxima essência, para além do mundo virtual.

Sejam bem-vindes!"

Atualmente, a imagem do Afrodengo (que se define com uma *start up*) é o desenho de um cupido negro, e circulam no grupo fotografias oficiais de pares hétero e homoafetivos, e também de arranjos poliamorosos, sempre com pessoas negras. Nas discussões, as interações indicam a formação de grupos de WhatsApp, de acordo com a localidade dos/as participantes; multiplicam-se as enquetes e os jogos de paquera e postagens de *selfies* dos/as candidatos/as ansiosos por encontrar o seu próprio "dengo"; há uma galeria de *seminudes*, com postagens e *hashtags* específicas para fotos do tipo; casais negros orgulhosos postam suas próprias fotos, contam sua história, e alimentam assim as esperanças de quem busca um par.

Assim como a Batekoo, o Afrodengo promove um universo de representações mais amplo do que outros movimentos negros, deslocando a centralidade do casal homossexual como símbolo de resistência negra. Não notei, por exemplo, comentários ofensivos a posts de pessoas homo ou bissexuais ou não binárias; se são postados, eles são apagados pelos/as moderadores/as. A proposta afirmativa do grupo emerge na grande maioria dos posts e interações, em que se elogiam os tons de pele mais escuros e os cabelos crespos, e nos quais abundam os tratamentos carinhosos pelo termo "preto/a" – "Que preto/a lindo/a!"; "Olha eu com o meu/minha preto/a".

Mas, como não poderia deixar de ser, nem tudo são flores nesse pequeno "mundo dos/as negros/as". Entre flertes, *nudes* e declarações de amor, afloram as famigeradas "tretas", que desvelam algumas das maneiras como gênero é articulado em grupos raciais oprimidos dentro de sistemas socioculturais de supremacia branca. As reclamações talvez mais frequentes, da parte de homens e de mulheres, dizem respeito à preferência dos/as participantes por pessoas que estejam mais próximas dos padrões de beleza, com o favoritismo, por exemplo, dos/as magros/as e jovens. Também não são poucas as queixas de mulheres quanto ao machismo de alguns dos integrantes do Afrodengo ou dos homens negros em geral. Sobretudo, elas reclamam do que chamam de "embustes" – homens que enganam mulheres – com quem se envolveram, e também denunciam posts ou mensagens machistas de membros do grupo. Acompanhei algumas das tretas. Embora não sejam tão frequentes quanto se poderia esperar para um grupo tão grande – talvez, novamente, devido à ação dos/as moderadores/as –, elas se desenvolvem de maneira semelhante.

As objeções femininas a comentários masculinos taxados como machistas desdobram-se em intermináveis discussões sobre o enquadramento adequado do caso: em sua maioria, mulheres afirmam que houve machismo, ao que os homens que se pronunciam se opõem. Em um caso concreto, algumas participantes reclamaram de uma cantada de um participante que elas consideraram machista, e partiram para ações que englobavam desde o "escracho", para "expor machistas" – denunciando homens acintosamente em público – até rotular o autor de "feio" e "velho". Alguns dos integrantes do grupo defendiam o algoz/alvo de críticas com afinco. Eles alegavam que o comentário tinha sido somente uma brincadeira e que as mulheres negras deveriam ser mais pacientes e respeitosas com os homens negros. Os mais exaltados repetiam que, se o comentário tivesse sido feito por um "branco padrão", "branco tilelê" ou "negro padrão NBA", elas não estariam reclamando, mas "lambendo a tela" – um outro disse que elas estariam "de quatro lambendo o chão". Daí por diante, a discussão acirrou-se. Algumas mulheres, indignadas, chamavam os autores dos comentários de "machos escrotos", ao que eles respondiam dizendo que elas estavam "iludidas por ideologias brankkkas[75]", ou, mais explicitamente, pelo "feminismo pintado de branco", que "propõe a opressão dos homens". Para os mais radicais, a postura das mulheres negras teria por consequência a desunião do "povo preto". O tom geral era: "depois vocês reclamam da solidão da mulher negra, mas é por isso que nos relacionamos com mulheres brancas".

Acompanhando os desentendimentos, nota-se que os históricos padrões de preferência por se relacionar com brancos/as é uma ferida aberta no interior da comunidade negra, e que perpassam as lógicas e dinâmicas das interações, tanto na dimensão interpessoal quanto nos debates coletivos. Nesses últimos, como na Batekoo, os ressentimentos se manifestam opondo homens e mulheres. Assim como as mulheres negras acusam os homens brancos de tratarem as mulheres brancas bem, e de tratá-las "como lixo" (Burdick 1998), os homens negros as acusam de tolerar em maior medida a postura dos homens brancos (Moutinho 2004). Os homens negros, por sua vez, mobilizam a sua vantagem relativa em conseguir parceiras brancas como um elemento de chantagem para tentar fazer com que as mulheres negras aceitem padrões de interação e relacionamento que elas consideram machistas. Quando o linguajar e o ideário acionados por

---

[75] O uso do "kkk" em palavras como "brankkko/a" por ativistas do movimento negro advém da influência de textos como os da autora Assata Shakur (2005), que faz uso do termo "Amerikkka", por exemplo, em referência à Klu Klux Klan, utilizando a menção como metáfora para indicar o racismo estrutural e a supremacia branca que conformam a sociedade estadunidense – e por aqui apropriadas para fazer referência a um quadro semelhante na sociedade brasileira.

elas são aqueles associados à luta pela igualdade de gênero, mesmo quando não nomeados diretamente como "feminismo", eles acionam a imagem de "povo" para conclamar uma união que é tomada como dada e que as mulheres estariam pondo em risco ao convocar aquilo que eles classificam como um discurso exógeno, de substrato opressor e, portanto, ameaçador para a coletividade.

## Os relacionamentos

Nesta seção, abordo as dinâmicas encontradas no âmbito do casal que compõe qualquer tipo de relacionamento afetivo-sexual: passageiros ou duráveis, oficiais ou informais. Trato aqui, portanto, das relações estabelecidas após o momento de abordagem ou flerte, quando as partes se engajam em interações continuadas, tais como "ficar", sexo casual, namoros, casamentos etc.

Antes de dar início ao exercício a que me proponho, destaco que apontar que um determinado padrão de relações sociais atravessa e constitui o envolvimento de um par específico é diferente de afirmar que o casal não está ligado por laços de afeto sinceros; por outro lado, ressalto que a existência de afeto não anula o fato de que os relacionamentos afetivo-sexuais se constituem a partir de dinâmicas sociais – ou, no mínimo, são por elas influenciados e impactados. Enfim, ao ler as páginas seguintes, deve-se ter em mente um argumento que perpassa todo o trabalho: de que o desejo e o afeto estão entrelaçados às hierarquias sociais de gênero e raça.

### Brancos/as e negras

#### A pantera negra

Como nas situações de abordagem e flerte, também no âmbito dos relacionamentos as características erótico-corporais tradicionalmente imputadas às mulheres negras foram referidas como ocupando uma posição central para o início e a manutenção do vínculo afetivo-sexual. Elza, por exemplo, me contou de um namorado branco que trabalhava em um banco. Ele dizia que Elza "parecia uma pantera negra", "bem pretinha" e de "corpo bem-feito", o que o agradava. Já Antônia contou-me de um seu cunhado, loiro e de olhos azuis, que dizia a melhor coisa que fez foi se casar "com uma negra", já que as brancas seriam "fraquinhas sexualmente".

Carla apresentou alguma resistência para falar livremente sobre situações que identificava como racistas, embora reconhecesse que elas aconteciam com frequência. Reproduzia, assim, uma atitude pregada pelo senso comum e pela etiqueta racial brasileira: ressaltar a sua postura de "não dar atenção" e "ser maior" do que as pessoas que a discriminam e inferiorizam em virtude de sua pertença racial. O incômodo com algumas delas, no entanto, transbordava as suas tentativas de reduzir a gravidade de seu impacto. Foi assim que ela me contou sobre uma noite em que foi a uma boate e ficou com um cara branco. O moço foi prontamente repreendido pelos amigos, também brancos. Indignado com a postura dos colegas, o rapaz retrucou: "Quê que você vai ficar com essa neguinha? Tanta menina aí, que que tem que ficar com você, não sei o quê". O moço que a acompanhava então retrucou: "Vocês não sabem a magia que ela tem".

A ideia do corpo feminino negro como dotado de uma aura mística emerge como um fator de atração dos homens brancos em relação às mulheres negras. Há aqui, de novo, uma marcação da ideia de diferença entre brancos/as e negros/as com base na sexualidade (Pinho, O. 2008). Essa imputação de poderes mágicos aos/às negros/as não é exatamente original ou exclusivamente brasileira. Ela decorre de uma associação dos/as africanos/as e seus/suas descendentes à natureza e ao corpo, em oposição ao "espírito", à racionalidade. Vistos/as como um estágio intermediário entre a natureza e a civilização, os/as negros/as são considerados/as dotados/as de um primitivismo atávico que preserva poderes sobrenaturais perdidos pelos/as brancos/as no processo de racionalização que – considera-se – caracteriza a construção do mundo ocidental branco. Nesse "meio do caminho" entre natureza e as formas avançadas de civilização, os/as negros/as teriam conservado não apenas a capacidade de manipular forças naturais, mas também um certo erotismo animal (Fanon 2008). O interlocutor de Carla, ao fazer menção explícita à primeira, invocava também a segunda.

A mulher negra como alguém que atrai porque é diferente apareceu também no relato de Teresa, em uma situação que ela relatou ter vivido na época em que cursava a pós-graduação, quando manteve por algum tempo um envolvimento mais casual com um rapaz branco. Quando se conheceram, ele também frequentava a universidade e tinha retornado de uma temporada no exterior. Ele a elogiava dizendo que ela parecia "aquelas mulheres negras americanas. Tipo, cabelão, presença e tudo mais". Considerando-se que negra é a maior parte da população brasileira, é notável que o "carinha" precisasse recorrer à figura da mulher negra americana para destacar Teresa da massa negra brasileira, e assim justificar o seu interesse por ela. Ao mesmo tempo, a analogia também afastava simbolicamente Teresa de seu interlocutor.

Vistas como dotadas de uma aura mística ou associadas a uma imagem de estrangeira, as mulheres negras são consideradas como desejáveis porque dotadas de características consideradas fora do comum, providas de peculiaridades derivadas da simbologia relacionada à negritude, e que, como tal, as distanciam em sua essência daqueles que por elas se atraem. Nas circunstâncias mencionadas, os homens brancos acionaram a ideia da negritude como uma alteridade, e uma alteridade arrebatadora porque representada como exótica. Aliás, é justamente porque a exoticidade é constituída como um elemento de atração que o parceiro de Carla pôde contrapor-se à censura do amigo que o convocou a respeitar e preservar as normas de moralidade sexual do grupo racial que integravam. Como nas situações de abordagem e flerte, o envolvimento entre o homem branco e a mulher negra articula-se como uma transposição às fronteiras do grupo branco, constituindo-se, portanto, não como um envolvimento entre iguais ou equivalentes, mas antes como uma transgressão[76].

Nas entrevistas, a díade diferença-transgressão despontou aqui e ali em diferentes momentos e com algumas variações. No caso de Nina, ela foi acionada em uma versão que priorizava e reinterpretava o discurso histórico. Nina me contou que se apaixonou por um português, branco e casado com outra mulher, e que eles viveram uma história "super bonita". Mas ela entendia que "ele estava reproduzindo comigo o racismo que ele reproduz", "enquanto homem branco", fetichizando mulheres negras. Ele afirmava que se relacionar com elas seria "a redenção do povo dele pelo holocausto que foi a escravidão". Nina disse que, anos depois, passou a ler a interpretação dele como "violenta".

Quando mobilizada dessa forma, a ideia de transgressão opera no sentido de enxergar a relação como um ato subversivo não apenas porque o homem dotado de um status superior atravessa a barreira de seu próprio grupo racial, mas também porque tal trânsito é significado mais nitidamente como um esforço de reparação histórica, como uma "redenção". O parceiro branco entendia que agia de maneira a contrariar a ordem natural das coisas, o fluxo contínuo de homens brancos que, historicamente e em um movimento de normalidade, direcionam os seus afetos para mulheres também brancas. Ele via o seu envolvimento com uma mulher negra, de uma certa forma, como um movimento de "descida" até ela, como um ato de abnegação ou sacrifício[77] que não pode existir em um vínculo com uma mulher branca.

A interpretação do vínculo entre o casal como uma transgressão da parte da pessoa branca investe a opção do par branco por se relacionar com uma mulher negra de uma conotação moral positiva. Quando os homens brancos mencionaram relacionamentos com mulheres negras ao serem repreendidos por atitudes consideradas racistas – como relatei no início do capítulo –, é a esse "capital moral" que recorriam. Ao mesmo tempo, numa tal leitura do relacionamento inter-racial há espaço para que o par branco nutra expectativas de posterior compensação pela sua "boa ação".

Quando significado dessa forma, o relacionamento inter-racial alinha-se com as motivações da atração dos/as brancos/as por negros/as no espaço da universidade, como relatado por Aurora, ou ainda da parte daqueles/as que foram descritos no Afrodengo como "brancos tilelês", ou seja, dos grupos brancos que aderem a um estilo de vida considerado alternativo e descolado. Afinal, o relacionamento com uma mulher negra pode contribuir para a construção de uma

---

[76] O mesmo significado pode ser identificado no "discurso nativo" das entrevistadas brancas que se relacionavam com homens negros no trabalho de Moutinho (2004).

[77] Na pesquisa de Zelinda Barros, uma das entrevistadas, negra, revela uma percepção semelhante ao dizer que, para a família do marido, branco, ele lhe fazia um favor ao namorá-la (Barros, Z. 2003).

(auto)imagem relacionada à rebeldia[78] e/ou à bondade. Importante observar, ainda, que o mesmo não se dá em relação às mulheres negras que se relacionam com brancos/as, uma vez que, ocupando uma posição desvantajosa dentro das hierarquias raciais, elas são vistas como traidoras do grupo negro, talvez como interesseiras e oportunistas, mas jamais como abnegadas transgressoras.

## As tradições

Se o relacionamento entre homens brancos e mulheres negras é simbolicamente constituído por eles como diferença e transgressão das fronteiras do grupo racial de origem, é importante notar que mesmo o ato transgressivo – talvez sobretudo o ato transgressivo – é normatizado. Estabelecidas as diferenças, a moralidade sexual da sociedade brasileira encarrega-se de prescrever sob quais condições e modalidades a ligação entre homens brancos e mulheres negras pode existir sem implicar em desonra para o homem branco[79].

Elza me apresentou sua visão sobre a questão. Segundo ela, os brancos – sobretudo os "sulistas" – são preconceituosos com mulheres negras: embora as achem bonitas e se interessem em ter relações sexuais com elas, não se casam com tais mulheres. Por um lado, a "tradição" lhes prescreve o casamento com mulheres brancas, algo reforçado pelas famílias. Por outro, ela define as práticas sexuais adequadas com tais mulheres brancas, restritas à posição "mamãe e papai". Com as negras, apenas, o sexo seria "para valer".

Os/As "sulistas" ou gaúchos/as eram, para ela, os/as brancos/as em seu estado mais puro, como que um "tipo ideal" do grupo branco. Segundo a entrevistada, a preferência expressa desse grupo pelo casamento entre pessoas brancas baseia-se em uma tradição, isto é, em costumes e normas do grupo branco, cuja quebra implicaria, por consequência, na imposição de sanções aos violadores. Em particular, o relacionamento estável e oficial com uma mulher negra – sobretudo, o casamento, principalmente, com mulher de pele mais escura – pode implicar uma "descida" de classificação, ou desonra, para o homem branco (Azevedo 1955, 88), e de novo, em expectativas de compensação da parte do par branco em relação à parceira negra.

---

[78] De maneira similar, Zelinda Barros (2003) encontra entre as entrevistadas brancas que se relacionavam com homens negros a sensação de que sempre foram "diferentes", o que reforça a ideia de que o relacionamento inter-racial pode alinhar-se, para os brancos/as, a uma autoimagem de alguém "alternativo/a".

[79] Quanto a isso, é bastante ilustrativa a fala do atual presidente Jair Bolsonaro. Em 2011, em um programa de televisão transmitido em rede nacional, o então deputado foi questionado pela cantora Preta Gil – negra – sobre o que faria se um de seus filhos – como o parlamentar, brancos – namorasse uma negra, ao que respondeu: "Preta, não vou discutir promiscuidade com quem quer que seja. Eu não corro esse risco porque meus filhos foram muito bem-educados e não viveram em ambiente como lamentavelmente é o teu".

A combinação entre imagem e moral, longe de pairar como uma nuvem sobre a cabeça dos sujeitos, recria-se a cada contexto de interação e articula vivências cotidianas de mulheres negras, desembocando em certos tipos de experiências que se mostraram constantes nas trajetórias das entrevistadas. Em sua entrevista, Conceição (38 anos, de classe média e tez entre clara e escura) relatou um relacionamento de dois anos com um homem branco, um "playboy" de "família burguesa", que nunca a "assumiu", por ela ser "negra e da periferia". Conceição disse que o parceiro nunca quis um "compromisso sério" e que seus encontros se restringiam a espaços restritos e bem delimitados. Ela ia à casa dele, mas nunca foi apresentada à sua família. Viam-se apenas junto a um determinado grupo de amigos dele, que também não a viam como namorada. Conceição pôs um fim ao relacionamento quando descobriu que o parceiro namorava uma outra garota, branca.

Foram frequentes as situações em que as entrevistadas, relacionando-se com homens brancos, ocuparam a posição de "amantes" ou "ficantes" ou relataram o desinteresse dos homens brancos para estabelecer com elas relações sérias, que caracterizassem compromisso. Segundo Conceição, todos os homens – mas os brancos em especial – olhavam para estas como "uma carne barata", que "todo mundo quer usar, mas, trazer pra casa, ninguém quer. Ninguém quer casar com uma mulher negra". A entrevistada disse que essa percepção foi se consolidando ao longo de sua vida, pelos relacionamentos que viveu e pelo que se passava com suas amigas negras. Por diversas ocasiões, ela disse ter sido mantida "no escurinho", mas sem servir para que fosse apresentada "à sociedade". Assim, o envolvimento com homens brancos foi majoritariamente vivido como uma experiência majoritariamente privada, mais ou menos secreta, e o âmbito público ficou dividido entre poucos espaços e circuitos de sociabilidade por onde o casal podia transitar – nas palavras de Conceição, a região "atrás das cortinas" –, e todos os outros – o "palco central da vida" –, aos quais o acesso da parceira negra era vetado. Embora com menos frequência, também encontrei relatos de casos semelhantes sobre casais de mulheres, quando a parceira era branca[80].

Se não logo de partida, em algum momento as entrevistadas perceberam que a obediência à divisão espacial era um requisito para a continuidade da relação. Não se tratava de um acordo explícito ou que fosse negociado quando o relacionamento se iniciava ou em algum momento posterior. Berenice me contou que um homem branco com quem se relacionou demorou a admitir que seu

---

[80] Em se tratando de casais homoafetivos – ou, de toda forma, distanciados dos padrões heteronormativos –, é importante considerar-se a possibilidade de que os/as integrantes do par não tenham "assumido" sua orientação sexual publicamente. Não me refiro, aqui, a tais casos, e sim a situações em que as mulheres brancas não tinham problemas em assumir relacionamentos com outras mulheres brancas em público, mas escondiam suas parceiras negras.

interesse por ela era meramente sexual, e só o fez depois de questionado. A con-firmação, disse, a "matou": por mais que suspeitasse do interesse do par, vê-lo verbalizado se fazia muito mais difícil.

O caráter implícito dos termos que regem a relação configurava para as entrevistadas algum grau de incerteza, já que o comportamento de seus pares se confundia com o roteiro próprio das etapas iniciais do relacionamento – em um primeiro momento, pelo menos. Nos casos relatados, as intenções mascu-linas só foram plenamente expostas quando Conceição tomou conhecimento de que o parceiro vivia um relacionamento oficial e publicamente exibido com outra mulher – branca –, ou quando, pressionado, o parceiro de Berenice (esta, com 56 anos, tez escura e pertencente à classe alta no momento da entrevista) acabou admitindo que seu interesse se restringia ao sexo. Havia, mais uma vez, uma dissonância de expectativas e de interpretação entre o parceiro branco e a parceira negra, sobretudo no que tange a como se enxergava o relacionamento e o que se almejava dentro dele: enquanto eles partiam de padrões de envol-vimento que predominam historicamente, elas pareciam se fundamentar no ideário moderno-igualitário de relacionamentos afetivos.

*Status e trocas*

Quando o envolvimento entre o par homem branco-mulher negra passou a constituir um compromisso, um relacionamento sério, ou quando houve inte-resse do homem branco por instituir um relacionamento desse tipo, ainda assim as diferenças de status com base nas hierarquias de gênero e raça se mos-traram por vezes significativas para o relacionamento e para a forma como ele se constituía. A questão foi apontada por Nina em seu relato sobre o relaciona-mento com Guilherme. O par se envolveu por um tempo, terminou e, bastante tempo depois, voltaram. Nina o definiu como "super machista, super racista", mas com qualidades intelectuais que ela admirava, além de ser "bom de cama". Quando retomaram o contato, ele propunha um relacionamento em outros ter-mos: disse que a achava "maravilhosa", queria se casar e ter um filho com ela. Nina, contudo, não se sentia atraída por ele, mais velho, "já não dando conta" sexualmente. Ela atribuiu o interesse de Guilherme em um relacionamento sério ao fato de ele estar mais velho, depressivo e solitário.

Na primeira vez que se relacionou com Nina, Guilherme não demonstrou disposição para viver um compromisso. Anos depois, ele procurava um casa-mento. Para a entrevistada, o interesse tardio da parte dele decorria de uma capacidade então diminuída de atrair outras mulheres: ele estava "desesperado", "deprimido", "problemático", "solitário", "velho" e "não era mais bom de cama". Quando o seu "valor" como homem, ou seja, a sua capacidade de performar plenamente os papéis tradicionais de gênero, foi considerada reduzida, Gui-lherme passou a enxergar Nina como um par viável para uma relação oficial, a ser vivida "no palco central da vida".

Também o modo como a oferta foi apresentada à entrevistada é indicativa da maneira como a ação do par branco ancorava-se na percepção de diferenças de status social de cada parte. Nina notou que a abordagem de Guilherme a ela não foi do tipo "eu vou te conquistar" ou "quero construir algo com você", mas sim como se ele fosse sua última opção. Partia do entendimento de que Nina, como mulher negra – e de pele escura –, dispunha de poucas opções se quisesse constituir uma relação "séria". Guilherme contava com que a desvalorização afetiva das mulheres negras fosse tomada por Nina como uma variável a pesar em sua decisão, o que aumentaria as chances de que sua proposta fosse aceita.

Também nos envolvimentos entre mulheres existiram dinâmicas semelhantes. Conversei sobre a questão com uma amiga lésbica e de pele escura, Leonor, de 29 anos, de classe baixa, e que atuava e circulava por espaços de militância LGBT do DF. Leonor me contou que já discutiu as experiências de se relacionar com mulheres brancas e com outras mulheres negras lésbicas. Elas haviam notado – Leonor me disse – que uma determinada situação se repetia com frequência. Na interpretação dela, mulheres brancas diagnosticadas com transtornos psicológicos ou psiquiátricos – nas palavras de Leonor, "problemas de cabeça" –, regularmente procuravam parceiras negras. Isso acontecia, em sua opinião, porque as mulheres brancas nutriam expectativas de que seriam cuidadas pelas parceiras negras e porque, caso o relacionamento acabasse, a mulher negra é que "ficaria de louca".

Expectativas de cuidado similares, em circunstâncias nas quais a parceira negra assume a função de cuidadora do par branco, emergiram também na entrevista de Carla, que disse que o marido, branco, já tinha passado por momentos difíceis, de desemprego, depressão e síndrome do pânico. Carla disse que se esforçou muito para que ele melhorasse, ressaltando o papel que as mulheres exercem em "levantar o cara" quando seus maridos desenvolvem esse tipo de problema de saúde mental.

Uma das mulheres que entrevistei revelou ter desenvolvido um transtorno psiquiátrico quando já vivia havia anos o relacionamento com o parceiro, e relatou contar desde então com o apoio e cuidado abnegado de seu marido, branco. No entanto, ela vivia a situação com insegurança: a colaboração do esposo era vista por ela como um favor, e não como algo dado, por mais que houvesse confiança.

Já nos casos mencionados anteriormente, as expectativas quanto ao papel da mulher negra dentro da relação inter-racial congregavam o trabalho de cuidado emocional do par branco como uma função a ser desempenhada por ela. Nos casais heterossexuais, há uma expectativa de que as mulheres cuidem dos homens. Ela se combina com expectativas baseadas em raça, seja pela associação entre negritude e trabalho, seja com base na percepção de "dívida" contraída pelo par de menor status racial ao adentrar um relacionamento com uma pessoa branca. Como um fator que define as posições relativas entre os componentes do par, raça também pauta dinâmicas assimétricas intracasais.

Em geral, os debates sobre os trabalhos de cuidado e sobre o trabalho emocional consideram quase que exclusivamente as construções culturais com base no gênero – e, talvez, de classe – como relevantes (Erickson 2005; Sorj 2013). Porém, no Brasil, a divisão sexual do trabalho articula-se com a divisão racial do trabalho, delegando majoritariamente a mulheres negras o cuidado das casas, ambientes e pessoas, em troca de baixa remuneração, ou mesmo de nenhuma (Engel e Pereira, B. 2015). A relação entre raça e a delegação de funções de cuidado, ainda pouco explorada, faz-se visível quando se compara a divisão dos trabalhos domésticos entre casais inter-raciais e casais de mesma raça/cor: homens e mulheres não brancos/as tendem a gastar mais tempo desempenhando tarefas domésticas quando em uniões com mulheres e homens brancos/as, na comparação com homens e mulheres não brancos/as em uniões com pessoas não brancas (Tomás 2012).

Numa perspectiva histórica, o cafuné das amas e o "amor incondicional" da "mãe preta" (Gonzalez 1984), na casa-grande, assim como as demandas dos/as patrões/oas modernos/as de que as trabalhadoras domésticas escutem e se envolvam com seus problemas pessoais, por exemplo, revelam expectativas de que mulheres negras se devotem à promoção do bem-estar de terceiros e lhes prestem apoio emocional. Embora comumente invisibilizadas, essas tarefas de trabalho emocional exigem tempo, esforço e o desenvolvimento de habilidades específicas (Erickson 2005).

A percepção de que o casal inter-racial se configura como uma diferença de status entre as duas pessoas que o compõem torna-se mais visível ao se notar que o "desnível" é interpelado por outros atributos sociais, utilizados para "compensá-lo" (Azevedo 1955) – aquilo que os estudos de relações raciais nomeiam de troca de status (Tomás 2016). Nem sempre as entrevistadas se mostraram cientes de que suas uniões repetiam padrões encontrados entre os relacionamentos inter-raciais na sociedade brasileira, muito menos perceberam diferenças de atributos como significativas para seus relacionamentos. Carla, por exemplo, disse que nunca havia percebido qualquer diferença no tratamento que lhe foi dispensado pelos pares de variados perfis com quem se relacionou ao longo da vida. Mesmo assim, suas relações muitas vezes ecoavam estatísticas, repetindo tendências reveladas por estudos demográficos. No caso de Carla, ela se casou com um homem branco de menor escolaridade e de classe social mais baixa.

A classe social é mencionada pela bibliografia referencial como a variável que "equilibra" a relação inter-racial. Assim, são muito mencionadas as uniões entre homens negros que ascendem socialmente e mulheres brancas pobres (Azevedo 1955); e identifica-se também um percentual significativo de mulheres negras das classes média e alta que se unem com homens brancos de menor escolaridade e renda do que a delas (Rocha 2017). Em ambos os casos, a ideia é que classe e brancura funcionam como um "capital matrimonial" (Zanello 2018).

Sugiro, no entanto, que a "compensação" ao par branco em um casal inter-racial pode se dar também por outros caminhos e recursos. Além daquelas que já foram referidas, encontrei discrepâncias marcantes quanto à aparência do par, repetindo a percepção de pesquisas anteriores (Burdick 1998; Moutinho 2004; 2013; Schucman 2014). Em suma, beleza, idade, desempenho de trabalhos de cuidado e escolaridade/classe mostraram-se relevantes enquanto fatores capazes de "reequilibrar" o status entre os sujeitos que compõem o casal inter-racial, sobretudo entre casais heterossexuais.

O que estes achados tornam visível é que raça constitui um fator de atribuição de status, qualificando o "valor" dos sujeitos enquanto (potenciais) pares afetivos. Assim, a raça não apenas desempenha um papel quanto ao motivo de atração, quanto às expectativas em relação ao comportamento de cada componente do casal e quanto à definição da posição relativa de cada pessoa dentro do relacionamento. Ela constitui ainda um fator importante para a maneira como vai se tecendo o próprio enredo dos casais.

*Racismo no relacionamento*

Em um período em que a análise do material recolhido para esta pesquisa já se encontrava bastante avançada, conversei com uma amiga negra e lésbica sobre alguns resultados que eu havia encontrado. "Eu posso estar enganada" – disse – "mas me parece que algumas dinâmicas raciais e racistas são bem mais marcadas nos relacionamentos inter-raciais heterossexuais do que nos relacionamentos entre mulheres". Depois de hesitar um pouco sobre a minha afirmação, ela me contou brevemente alguns eventos transcorridos com outras mulheres negras que me indicavam a necessidade de ser cautelosa quanto às minhas percepções. Em uma das situações relatadas, uma mulher negra teve um envolvimento esporádico com uma mulher branca – de fato, sexo casual. Depois da transa, a parceira branca disse: "Nossa, mas você nem tem cheiro de mulher preta!".

Em um momento anterior, indiquei como a ideia de que mulheres negras possuem odores corporais específicos e ruins – assim como todas as pessoas negras – integra o imaginário racista. O episódio narrado por Leonor é exemplar no sentido de indicar que nem sempre convicções e atitudes explicitamente racistas por parte de pessoas brancas as impedem de constituir algum tipo de relacionamento com pessoas negras. Dentro das relações, elas emergem muitas vezes como parte das dinâmicas do relacionamento, seja como crítica ou "elogio" à parceira, como no caso mencionado, seja em momentos de conflito ou em situações de violência (Barros, Z. 2003; Bicudo [1945] 2010; Pereira, B. 2016).

Segundo Elza, o seu agora ex-companheiro, Osvaldo, tinha muitos/as amigos/as negros/as, e "a família dele tinha um histórico com gente preta"[81]. Além

---

[81] Segundo Zelinda Barros (2003), há menos resistência aos relacionamentos inter-raciais nas famílias brancas em que outros de seus membros se relacionam com negros/as.

disso, ele se relacionava com ela, uma mulher negra de pele escura. Por isso, Elza entendia que Osvaldo não poderia ser "preconceituoso". A certa altura, entretanto, ecoando o entendimento de que a mulher negra deve "compensar" o parceiro branco que com ela se relaciona, a entrevistada percebeu que o companheiro se recusava a trabalhar, e que a situação não era provisória ou devido à falta de oportunidades. Começou, então, a insistir para que Osvaldo arranjasse um emprego, o que ele se recusava a fazer[82]. Foi então que a relação entre o casal mudou significativamente. Osvaldo começou a proferir frases do tipo "Ah, mas só podia ser preto!", ou "Preto, quando não caga na entrada, caga na saída", em relação a terceiras pessoas, mas na presença de Elza. A entrevistada ficou em dúvida: não sabia se o companheiro sempre fora preconceituoso e ela não havia notado ou se ele havia mudado. Também não soube precisar se ele dizia tais coisas de propósito, para ofendê-la; de todo modo, se sentia ofendida.

A posição de Osvaldo respalda a percepção de que, se não antes, em situações de conflito entre um sujeito branco e um negro, a raça é acionada por aquele como um atributo simbólico pejorativo para este (Ianni 1960). Os comentários racistas, ainda que desferidos de maneira indireta, são ofensas raciais destinadas a atingir a companheira negra, configurando assim uma situação de violência doméstica (Pereira, B. 2016). Com efeito, nesse caso eles compuseram um cenário de múltiplas agressões, que culminaram em um episódio de violência física contra Elza.

### Negros/as e negras

### Desencontros e afastamentos

Antes de adentrar as análises dos relacionamentos, noto que várias das entrevistadas se queixaram das dificuldades de encontrar outra pessoa negra para construir com ela uma relação afetivo-sexual. Sobretudo, as mulheres negras reclamaram de serem consideradas candidatas inviáveis ou secundárias ao posto de parceiras para os homens negros[83], mesmo quando se mostravam determinadas a construir uma relação com algum deles.

---

[82] Estudos anteriores indicam que pode haver uma expectativa por parte dos parceiros de mulheres negras de pele escura de que elas sejam as responsáveis exclusivas pela renda da unidade doméstica (Pereira, B. 2016; Sheriff 2001).

[83] Thales de Azevedo (1955. 87) e Zelinda Barros (2003) encontram reclamação idêntica dos homens negros em relação às mulheres negras, o que, para os homens negros, justificaria o seu interesse pelas brancas. Um tanto cético, Azevedo propôs que a queixa consistia em uma dentre outras racionalizações "para dissimular o desejo de união com brancas" (Azevedo 1955, 87) – possibilidade que, apesar das diferenças, não pode ser aqui descartada.

Levando-se em conta as vivências afetivo-sexuais narradas por todas as entrevistadas, houve uma predominância de envolvimento com pessoas brancas, ou, ao menos, esses foram mencionados com maior frequência. A questão foi espontaneamente referida por Elza quando eu perguntei sobre as suas próprias predileções. Ela me respondeu que só teve dois namorados negros, sendo um deles o pai de seus filhos. Para ela, a baixa presença de homens negros em sua trajetória se deveria ao desinteresse deles por mulheres negras e à sua preferência por mulheres brancas.

Para ela, a preferência dos homens negros pelas brancas é quase uma lei, um padrão que se perpetua através do tempo[84]. Como uma mulher negra de classe baixa, Elza convivia majoritariamente com homens negros. Não se trata, portanto, de não ter existido oportunidade de se encontrar com eles nos seus círculos de sociabilidade. Em um outro momento da entrevista, ela discorreu sobre como as suas experiências confirmavam aquilo que ela percebia como uma regra geral. Ao discorrer sobre as diferenças em se relacionar com homens negros ou brancos, me disse ter encontrado "mais carinho, mais aceitação" com o homem branco. Reclamou que os homens negros, com quem ela preferiria se relacionar, não se interessam por ela, ao passo que os homens brancos não a rejeitam e, de fato, constantemente dão sinais de se sentirem atraídos por ela.

Elza entendia que a preferência por mulheres brancas, com o consequente preterimento das mulheres negras, decorria do "preconceito" que levava os homens negros a rejeitar as mulheres do mesmo grupo racial. Atribuiu, portanto, as causas da rejeição não a algo espontâneo ou natural, mas à maneira como o racismo estrutura a sociedade brasileira e o desejo dos homens negros. A exposição da entrevistada aproxima-se dos achados de Virgínia Bicudo ([1945] 2010), quando a autora indica haver, entre os/as negros/as que participaram de sua pesquisa, um esforço de distanciamento dos/as demais negros/as originado na interiorização da atitude dos/as brancos/as em relação aos pretos/as e "mulatos/as".

Reforçando o seu argumento, Elza ponderou sobre o que observou em suas incursões ao Quilombo do Mesquita durante finais de semana, na época da juventude, quando frequentava os eventos festivos ali promovidos. Para ela, as disposições dos homens quilombolas eram outras: estes teriam "tradição", preferindo as mulheres negras às brancas. Segundo a entrevistada, precisava haver alguma espécie de motivação extraordinária para que os homens negros se atraíssem por mulheres negras. Caso não pertencessem ao quilombo ou a algum tipo de organização ou comunidade que lhes fomentasse tal interesse, os homens negros confluíam como os brancos numa mesma corrente em direção

---

[84] O interesse preferencial ou exclusivo de homens negros por mulheres brancas já foi referido por Frantz Fanon (2008), Gonzalez (1982a), Sueli Carneiro (1995), Moutinho (2004) e Daniela Knauth (Knauth et al. 2006).

às brancas. Aliás, com os brancos ela ainda encontrava alguma chance de se relacionar e de ser bem tratada.

A ideia de que era a interiorização e a reprodução da discriminação racial o que levava os homens negros a rejeitarem as mulheres negras foi compartilhada também por entrevistadas de classe média e alta. Berenice, por exemplo, me disse que já se havia se interessado por homens negros, embora nunca tivesse se relacionado com um. Um dos homens por quem se sentiu atraída lhe disse explicitamente que não namorava mulheres negras.

Mulheres negras desses segmentos mais abastados apontaram ainda para uma escassez de pessoas negras em geral, e de homens negros, em específico, nos meios pelos quais elas transitavam: na universidade e nos espaços pelos quais circulavam, predominavam as pessoas brancas. Além do número reduzido de negros/as em seu meio, Teresa indicou existirem outros obstáculos para se relacionar com um par negro. Em primeiro lugar, seria preciso que houvesse um elemento instigador da aproximação, que é da "natureza dos afetos" – algo tido como da ordem do imponderável e, logo, mais subjetivo que social – que provocasse a atração, pois nem todas as pessoas negras que se encontram despertam entre si afeições mútuas. E havia ainda o acaso como um motivador da distância entre pessoas negras, no sentido de que, por estarem em outras relações, os homens negros que ela encontrava não estavam disponíveis para um relacionamento com ela[85].

Conquanto tal percepção tenha sido expressada majoritariamente em relação aos homens negros, ela também foi veiculada em relação a outras mulheres negras. Aurora me contou que, nos espaços LGBT que frequentava, as outras pessoas negras não se interessavam por ela; apenas mulheres brancas se aproximavam. Ela disse que não entendia muito bem o que se passava e o motivo do afastamento. Ela cogitou que talvez o interesse até existisse, mas faltava a ação orientada por ele, a qual fosse capaz de alterar o rumo dos encontros. Talvez as pessoas negras considerassem, por algum motivo, mais fácil se acercar de pessoas brancas. Quiçá esse fosse o sentido já estabelecido do desejo, e alterá-lo exigisse capacidade de identificar o padrão e esforço para transformá-lo. Seriam a vontade consciente e a decisão racional suficientes para mudar repentinamente dinâmicas sociais e subjetivas cristalizadas como padrões históricos e subjetivos? Bastaria então um ato de vontade pessoal para superar "o conjunto de relações de poder e subjetivação que aprisionam também o olhar do[a] negro[a] sobre si" (Ribeiro, A. e Faustino 2017) e sobre seus/suas semelhantes?

---

[85] Tais argumentos são semelhantes aos empregados pelos homens negros das camadas médias e altas entrevistados por Moutinho (2004) para se justificarem por que não se relacionam com mulheres negras. Questionados, eles apontaram para a escassez de mulheres negras em seu segmento social, e também alegaram que aquelas que ascendem rapidamente contraem relacionamentos com homens brancos.

Se não apresentam respostas definitivas para essas complexas questões, as falas das entrevistadas esboçam um quadro no qual os sujeitos negros, sobretudo os homens, são retratados em um esforço de deslocamento – ou de fuga – em direção ao grupo branco. A situação é divergente da descrita para os/as brancos/as, representados/as como integrantes de um grupo centrado em si mesmo[86] e cruzando as fronteiras raciais em circunstâncias particulares, capazes de assegurar a preservação da integridade grupal e a honra daqueles/as que as atravessam, ou então em busca de alguma vantagem tendo em vista o status racial supostamente inferior da parceira. Tais imagens descrevem uma sociedade cujas dinâmicas afetivo-sexuais são orquestradas pelo racismo e pela supremacia branca: dividida entre negros/as e brancos/as; os/as brancos/as ocupando o centro dos interesses e afetos; os/as negros/as dissociados/as em virtude da fissura instituída pela primazia dos/as brancos/as, por cuja atenção, competem.

Quando as entrevistadas viveram, de fato, relacionamentos com outras pessoas negras, tiveram que lidar com problemas que despontavam como resultado de um contexto sócio-histórico de discriminação e violência, bem como de seu impacto na constituição das subjetividades, em termos de expectativas e performances no escopo dos próprios envolvimentos afetivo-sexuais. Segundo Nina, "a reprodução da violência entre as relações é muito presente na nossa comunidade [negra]". Isso porque seria muito comum que "a resposta à violência" fosse também a violência. O racismo impacta as relações sociais entre as pessoas negras, tendo por resultado sentimentos de desconfiança e competição, atitudes de julgamento e violência (Bicudo [1945] 2010). Nina indicou o gênero como uma dimensão que estrutura como tais problemas são vividos. Frente aos questionamentos interpostos à masculinidade pelos movimentos feministas e de mulheres, que colocam em xeque a autoridade masculina nas esferas pública e privada, afirmou que os homens negros enfrentariam tensões adicionais quando comparados aos brancos. Isso porque o racismo os impediu e impede de ocupar estruturalmente o papel do patriarca, constituindo-os como "o pênis sem falo"[87] (Faustino Nkosi 2014).

No que se refere aos relacionamentos afetivo-sexuais, a família nuclear constitui o espaço material e simbólico onde os homens dispõem de poder e autoridade sobre as mulheres (Pateman 1988). Levando-se em conta os fatores atribuídos à configuração dos arranjos familiares dos segmentos negros/enegrecidos – influência dos modelos africanos, regime escravista, inserção

---

[86] Refiro-me aqui ao que Maria Aparecida Bento (2009) chamou de "pacto narcísico" da branquitude.

[87] Para discussões sobre masculinidades negras no contexto brasileiro, ver *O desejo da nação*, de Richard Miskolci (2013); "O pênis sem falo", de Deivison Faustino Nkosi (2014); "Homem preto do gueto", de Waldemir Rosa (2014); "Homem negro, negro homem" (Conrado e Ribeiro, A. 2017); e também "Negro tema, negro vida, negro drama", de Alan A. M. Ribeiro e Deivison M. Faustino (2017).

precária no mercado de trabalho, entre outros –, os homens negros raramente desempenharam de modo pleno o papel clássico do chefe da família (Pinto 2015). Com efeito, essa é uma configuração que lhes está vetada, se não de fato, ao menos no nível representacional. A imagem da família patriarcal tradicional, tornada célebre por Gilberto Freyre ([1933] 1995), orquestra-se em torno da família nuclear branca, a partir da dominação de brancos/as sobre negros/as. As representações da família brasileira moderna, por sua vez, ou não se referem a raça – o que evoca a imagem da família branca, tendo em vista a posição normativa da branquitude –, ou retratam os arranjos não tradicionais adotados pelas camadas negras e pobres como problemáticos e disfuncionais (Fonseca 2000; Meyer; Klein e Fernandes 2012), devido, entre outros fatores, à itinerância atribuída aos homens desses segmentos[88] (Fernandes 1972; Salem 2004).

As masculinidades negras, conquanto ensejem aos homens negros as promessas do patriarcado, negam-lhes o seu exercício pleno, constituindo-os como sujeitos a quem o gênero afirma, mas a raça nega (Ribeiro, A. e Faustino 2017). Como apontou Nina, se as relações entre pessoas negras, em geral, estão atravessadas por dinâmicas decorrentes da supremacia branca, as relações entre homens negros e mulheres negras carregam ainda as marcas profundas das promessas ludibriosas da masculinidade, frustrações que eles muitas vezes tentarão superar em seus envolvimentos afetivo-sexuais com elas. Por outro lado, talvez influenciadas pela valorização do olhar masculino sobre elas como forma de reconhecimento (Zanello 2018) ou pelo ideal romântico, as entrevistadas nutriam expectativas de que os relacionamentos entre pessoas negras constituiriam um refúgio dos problemas decorrentes do racismo. Expectativas essas que não se mostraram muito realistas, como mostro a seguir.

*"Eu sou a outra"*[89]: *pigmentocracia e o lugar da amante*

Das entrevistadas heterossexuais, Nina, Berenice e Elza são aquelas que têm o tom de pele mais escuro. Ao tempo da entrevista, todas estavam solteiras. As duas primeiras cresceram em meio à classe média; já Elza havia circulado majoritariamente entre os segmentos mais empobrecidos. Até o momento da entrevista, Nina tinha vivido dois namoros: o primeiro, com um homem

---

[88] A resistência da sociedade brasileira à ideia de uma família negra que atenda aos requisitos da figura da família nuclear moderna fez-se ver recentemente no estrondo causado pela peça publicitária da empresa *O Boticário* para o dia dos pais de 2018. Sem discutir qualquer assunto relacionado a raça ou racismo, o vídeo retratava uma família negra composta por pai, mãe, dois filhos e uma filha, todos/as negros/as. A peça foi alvo de inúmeros ataques racistas na Internet.

[89] Música de Ricardo Galeno que ficou famosa na interpretação da cantora Carmen Costa (1955).

negro um pouco mais claro do que ela, durante aproximadamente dois anos; o segundo, à distância, também com um homem negro, não durou muito tempo. Berenice teve um único namoro – na maior parte do tempo, à distância – com um homem branco e estrangeiro, por 16 anos. Elza, por sua vez, namorou dois homens negros de pele escura, foi casada com um terceiro e envolveu-se com outros, negros de pele mais clara.

Nina e Berenice, repetindo o padrão encontrado para as entrevistadas que cresceram em espaços de classe média ou alta, vivenciaram as suas primeiras experiências afetivo-sexuais um tanto mais tarde do que as suas colegas brancas[90]. Durante a vida adulta, no entanto, as mulheres de pele mais clara tenderam a encontrar parceiros/as com maior facilidade do que aquelas de pele mais escura, ao menos em se tratando de relacionamentos sérios, nos quais elas constituíam o principal relacionamento vivido por seu par.

As trajetórias de Nina e Berenice foram marcadas por repetidos envolvimentos com homens casados ou que namoravam outras mulheres – inclusive, homens negros. Nina falou mais aprofundadamente sobre o seu relacionamento com um deles. Me disse que sabia que ele nunca largaria a esposa para ficar com ela, e que, de fato, não havia lhe prometido isso. Mesmo assim, pensava que o que eles sentiam um pelo outro daria margem para isso, e que ele poderia tê-la escolhido.

As entrevistadas negras de pele clara também se mostraram sujeitas a esse tipo de proposta e, por vezes, se viram colocadas na mesma situação. Contudo, elas dispunham de outras opções e, se não as melhores e nem tantas quanto às que se oferecem às brancas, depararam-se aqui e ali com a possibilidade de encontrar um par que aceitasse com elas constituir uma relação de compromisso, "no palco central da vida".

Confirmando os achados dos estudos estatísticos que indicam desvantagem para as mulheres pretas (Berquó 1987; Ribeiro, C. e Silva 2009), o estigma associado à pele negra mostrou-se mais forte para as mulheres de pele mais escura e traços associados à negritude mais marcados, sobretudo nos relacionamentos heterossexuais e nas classes média e alta. Os homens negros, mesmo se interessando por elas e ainda quando dispostos a se relacionar com mulheres negras, evitaram se relacionar com mulheres pretas publicamente. As trajetórias afetivo-sexuais das entrevistadas de pele mais escura das classes média e alta mostraram-se visivelmente afetadas por tais dinâmicas, de algumas formas. Em primeiro lugar, elas estiveram mais expostas a situações de solteirice/solidão e a circunstâncias em que viviam com seus parceiros um relacionamento que era, para eles, secundário, paralelo a uma relação principal, vivida com outra mulher. Em segundo lugar, quando não queriam ficar solteiras, tais mulheres contavam com possibilidades de negociação muito mais restritas do

---

[90] Esse achado despontou como tendência também em uma pesquisa sobre a iniciação sexual dos jovens brasileiros/as (Bozon; Heilborn 2006).

que mulheres de tez mais clara – e, sobretudo, do que as brancas. A percepção de que suas opções eram reduzidas levou algumas entrevistadas a aceitar propostas que elas consideravam ruins, porém, as únicas disponíveis – como, por exemplo, ocupar o lugar da amante.

## Questões de gênero

Muitos dos homens negros com os quais as entrevistadas se relacionaram foram caracterizados por elas como adeptos a um comportamento que refletia a figura do homem "galinha". Tais descrições emergiram, por exemplo, na narrativa de Nina, quando ela falou de Félix, com quem se relacionou brevemente, e de Arthur, com quem namorou durante alguns anos. Félix, que ela conheceu na escola, foi o primeiro menino negro com quem ela se envolveu. Ficaram escondidos por alguns meses; ela disse que não esperava que o envolvimento fosse dar em algo mais sério, pois ele tinha fama de "galinha". Com Arthur, ela teve um relacionamento sério. Ela não se importava que ele se ficasse com outras pessoas, mas enfatizava que fosse discreto. No entanto, ela diz que ele era muito "galinha" e nem sempre seguia o acordo.

Uma imagem semelhante foi traçada por Berenice. Ela disse sempre "dar oportunidades" a homens negros. Um deles, um engenheiro, gabou-se de ser um "conquistador". Já Elza contou que foi um comportamento semelhante que a levou a se separar do companheiro que é o pai de sua filha e de seu filho. Ela conta que ele é um homem bonito, mas "muito mulherengo".

Há aqui a questão da construção das masculinidades negras (Faustino Nkosi 2014; Ribeiro, A. e Faustino 2017), tendo em vista a noção de uma relativa vantagem dos homens negros em relação aos brancos com base em supostas habilidades eróticas especiais (Moutinho 2004). De uma forma ou de outra, os homens negros precisam lidar com significações e corporeidades que lhes são atribuídas (Faustino Nkosi 2014), e que acabam interiorizando, ao menos até certo ponto (Ribeiro, A. e Faustino 2017). Para alguns, explorar o mito do "negão" (Moutinho 2004), ostentando façanhas e conquistas sexuais, pode constituir uma estratégia de autoafirmação e fonte de prestígio social (Fernandes [1965] 2008). Ao mesmo tempo, conforme já indiquei, a própria ideia de masculinidade – encontrada, por exemplo, no marido branco que compõe a imagem da família patriarcal – incorpora a noção de virilidade, que encoraja a associação a muitas parceiras (Parker 1991). Os homens negros, nesse sentido, estariam reproduzindo um modelo hegemônico de comportamento masculino, ou ainda buscando afirmar-se, frente ao desprestígio resultante do racismo, por meio dele. Importante notar que esse não é um argumento comparativo, e que isso não significa necessariamente que os homens negros sejam mais machistas do que os brancos.

Há ainda a questão de como os homens negros são vistos pelas mulheres negras. Afinal, as percepções e descrições delas são também influenciadas pelas representações e estereótipos a respeito dos homens negros[91] que compõem o universo simbólico da sociedade brasileira. Interpretações quanto a posturas semelhantes de homens brancos e negros podem ser lidas de maneiras distintas pelas entrevistadas. Com efeito, como indiquei anteriormente, o interesse sexual dos homens brancos por diversas mulheres foi descrito por elas muito mais em termos de um abuso das diferenças de poder entre grupos raciais, calcado no modelo escravista, do que em um desvio de caráter dos sujeitos – como parece ser o caso de seus diagnósticos quanto aos homens negros.

Outra figura que apareceu com alguma frequência na pesquisa foi a do homem negro "encostado" – que Fernandes ([1965] 2008, 225-226) nomeia de "sedutor profissional", e que é também aludida pelas entrevistadas de Ana Cláudia Lemos Pacheco (2013). Nas entrevistas, essa figura foi associada ao homem negro que, oriundo de classe mais baixa, se uniu à mulher negra que ascendeu socialmente para obter vantagens financeiras.

Berenice disse que, à época da entrevista, percebia não se permitir relacionar-se com homens de classe social mais baixa, por medo de que alguém com esse perfil se aproveitasse de suas condições financeiras. Relatou então uma situação em que se envolveu com um guarda de banco, também negro, que sempre a tratava de modo gentil. Segundo a entrevistada, ele se convidou para ir ao cinema com ela e, lá chegando, ele não se ofereceu para pagar a própria entrada, a pipoca ou as bebidas que consumiu depois da sessão. Berenice não me pareceu demandar que o parceiro desempenhasse o papel tradicional do homem que paga a conta. Sua insatisfação principal recaiu sobre o fato de que tal premissa tenha sido completamente invertida, sem que fosse ao menos explicitada – quanto mais negociada.

A imagem do homem negro "encostado" também aflorou na fala de Nina, se não como relato de uma experiência, como um conselho familiar, que foi mencionado quando lhe perguntei sobre como seria para ela o homem ideal para um relacionamento. Ela afirmou que ele deveria estar "empregado", gostar de trabalhar, não ser um homem "encostado", que ela tivesse que sustentar. Perguntei-lhe então de onde vinha tal preocupação, ao que me respondeu que sua mãe sempre lhe disse que "os homens pretos, eles têm essa tendência a encostar nas mulheres", "nas mulheres pretas, principalmente". Mesmo assim, frente à dificuldade de encontrar um par para um envolvimento sério, Nina afirmou não descartar "bancar a casa" para poder ter um relacionamento.

Representações e experiências aparecem de maneira conjugada e indissociável. As entrevistadas de tez mais escura – por exemplo, Elza e Berenice – relataram casos de parceiros brancos "encostados", que largaram bons empregos para viver do salário delas, bem mais baixo, e que não foram, contudo, rotulados como parasitas.

---

[91] Tal crítica é feita por um dos entrevistados de Moutinho (2004), que reclama que as mulheres negras sempre veem os homens negros como "cafajestes".

É notável que tanto a figura do homem negro "galinha" quanto a do "encostado" tenham sido mencionadas por entrevistadas negras de tez mais escura. Ocupando uma posição de maior desvantagem em virtude do desprestígio de sua cor, tais mulheres deparam-se com expectativas, por parte dos homens negros que com elas se relacionaram, de que elas tolerassem comportamentos considerados indesejáveis dentro da gramática tradicional dos relacionamentos e dos papéis modelares de gênero. Os homens negros – assim como os brancos –, ao se relacionar com elas, demandavam uma espécie de compensação, como se lhes fizessem um favor que esperavam ver retribuído, seja em termos da tolerância da parceira às suas investidas sexuais junto a outras mulheres, seja no sentido de partilhar dos recursos financeiros da parceira negra. Nesse ponto, a pesquisa ecoa a percepção de que os homens negros, quando se relacionam com mulheres negras, tendem a tratá-las de modo muito pior do que tratam as mulheres brancas (Burdick 1998) quando desenvolvem com elas um vínculo afetivo-sexual.

Provavelmente por se articularem em torno de dinâmicas de gênero e por se tratar de imagens estritamente referidas aos homens negros, tensões semelhantes não foram mencionadas quanto aos relacionamentos entre mulheres negras.

## Questões de classe

No caso das entrevistadas pobres que se relacionaram com pessoas de mesma classe social, o valor do par foi medido também pela sua disponibilidade a "trocar". No entanto, aqui, a "troca" apareceu de modo distinto em relação à troca de status, e foi usada no sentido de participar de um sistema de ajuda mútua nos momentos de dificuldade. A questão apareceu na fala de Glória (24 anos, tez clara e alocada na classe média), quando ela me contou que ficara por algum tempo com um rapaz que, segundo me disse, tinha muitos problemas, porém portava-se como um "companheiro", ambos sempre se ajudando.

No entanto, em outras ocasiões, a posição de classe dos sujeitos que compunham o par emergiu como uma fonte de problemas – se não como empecilho – no relacionamento entre homens negros e mulheres negras, e também entre mulheres negras. Os desencontros fizeram-se evidentes na fala de Luiza (33 anos, tez clara e classe alta), quando ela abordou o seu relacionamento com Tiago. Ela gostava de comprar roupas, maquiagens, sapatos. Tiago vinha de uma família pobre de periferia, e o padrão de consumo e a exigência de Luiza o incomodavam.

Por um lado, os diferentes valores associados à classe social de origem colocavam tensão sobre o relacionamento. Por outro, as preocupações do parceiro quanto aos desejos e caprichos de consumo de Luiza estavam relacionadas não apenas à questão do dinheiro, mas também a ansiedades masculinas. Segundo a entrevistada, Tiago se sentia inseguro por nutrir a imagem de que ele, como homem, deveria ser o provedor.

Performar de maneira exemplar os papéis tradicionais de gênero é, com efeito, uma das estratégias reativa adotadas pela "elite negra", ou seja, pelo pequeno grupo de negro/as que logra ascender socialmente e manter-se nas classes médias – ou, de toda forma, ascender o suficiente para se distanciar do grosso da população negra pobre. Frente aos estereótipos racistas que retratam os/as negros/as como sexualmente desregrados/as e desonestos/as, a "elite negra" tende a adotar um estilo de vida "puritano", em busca de aprovação moral dos/as branco/as, o que pode incluir esforços para performar com excelência os papéis tradicionais de gênero (Barbosa 1983; Bastide e Fernandes [1955] 2008; Giacomini 2006; Pinto 2015; Viveros Vigoya 2000).

Embora não tenha constituído o único motivo para o término do vínculo, o empenho de Tiago em cultivar as diferenças convencionais de gênero desagradava a Luiza por contribuir para que a relação fosse, a seu ver, "desigual" e "hierárquica". Ao tempo da entrevista, o seu relacionamento com o marido branco, Cássio, oriundo de classe social superior à dela, foi descrito por Luiza como "equilibrado" e "horizontal", o que era muito de seu agrado. Me parece que – sem descartar a influência de traços de personalidade e de outros fatores que estão certamente em jogo –, o relacionamento com um homem branco seria diferente de um relacionamento com um homem negro porque o primeiro não estaria capturado pela inferioridade do status racial do *casal*. O casal inter-racial estaria um tanto mais liberado da cobrança de provar sua capacidade de performar os papéis tradicionais de gênero.

Embora disponha de alguns pontos de semelhança com a situação vivida por Luiza e Tiago, a relação entre Ivone (31 anos, de tez clara e classe baixa) e sua agora ex-namorada, Dalila, propicia uma visão a partir da experiência da parceira de classe social mais baixa quanto aos atritos que versam sobre a forma considerada adequada de se viver. Elas ficaram juntas por quatro anos. Dalila contava então 34 anos, mas era muito dependente dos pais e, segundo Ivone, não se esforçava para alcançar a própria autonomia, não "corria atrás", o que acabou desgastando o relacionamento.

Descompassos foram narrados também por Sandra e Glória, entrevistadas que ascenderam socialmente e que passaram a acessar espaços em geral associados às classes média e alta, tal como o Plano Piloto e, sobretudo, a universidade pública. Na visão de ambas, a circulação por esses ambientes propiciou-lhes novas ambições profissionais e financeiras, bem como o contato com novos modelos estético-afetivos e eróticos. Calcadas no imaginário produzido pelos movimentos feministas e de mulheres e também pelos movimentos negros, os valores aos quais passaram a aderir não se conciliavam mais com o imaginário vigente em seu grupo de origem – composto primordialmente por homens negros – e com os homens com quem se relacionavam anteriormente. Sandra, 27 anos e de pele clara, queria estudar, passar em um concurso, ganhar bem. O namorado, porém, a julgava "interesseira" por suas ambições, e defendia que uma família poderia viver com um salário mínimo. Quando ela se formou e passou em um concurso, os incômodos do namorado cresceram, pelo qual ela decidiu terminar o relacionamento.

Dessa forma, relacionar-se com alguém de classe social distinta traduziu-se em atritos relacionados ao estilo de vida, à visão de mundo e aos valores de cada termo do par, que, no caso dos casais heterossexuais, desdobraram-se ainda em tensões decorrentes das expectativas pautadas pelos padrões de gênero.

## "Pretinhosidades"[92]

As desavenças e tensões entre o casal negro são diversas e significativas, e põem abaixo as visões mais românticas, que encontram no "amor negro" a panaceia para a sociedade racista. Isso não impediu que algumas das entrevistadas nutrissem a imagem do relacionamento com outra pessoa negra como a relação ideal, um encontro de afins, um horizonte de liberdade. Afinal, a relação com alguém que também era visto/a como o/a outro/a parecia ensejar-lhes a oportunidade de serem apenas quem eram, a possibilidade de não estarem confinadas à sua "aparição" (Fanon 2008), como negras em uma sociedade racista. O "amor afrocentrado" é idealizado como um encontro de pessoas que podem anular reciprocamente as feridas provocadas pelo racismo. A prospecção desse encontro é vivida como um projeto e como uma utopia de plena realização afetivo-sexual – o que chamo informalmente de espera pelo príncipe negro no cavalo branco.

Conforme acima exposto, a realidade mostrou-se bem mais complexa. Na prática, os relacionamentos entre negros/as foram atravessados por sofrimentos e desacordos. Foram grandes as expectativas de que o par desse conta de pesadas demandas emocionais e materiais que o racismo impõe há séculos à população negra brasileira, seja porque se esperava um acolhimento que apagasse todas as dores, o qual o/a outro/as não tinha condições de oferecer, seja porque se esperava exercer sobre este/a outro/a algum tipo de poder, em compensação à impossibilidade da participação plena em outras esferas da vida social. Os momentos de encontro entre o par negro, se existiram, foram escassamente mencionados e se mostraram fugidios. Destacá-los é, a meu ver, imprescindível; ressalto que eles são possíveis e que existem como experiência vivida, e os abordo como um ato de oposição ao racismo e à supremacia branca que negam a nossa humanidade inclusive ao limitar a nossa capacidade de amar os/as nossos/as semelhantes.

Resgato aqui, como caso exemplar, uma situação narrada por Berenice. Como uma mulher de pele escura, Berenice encontrou poucos homens dispostos a amá-la. Todos os seus envolvimentos se mostraram significativamente assimétricos e frustrantes. Seus parceiros lhe negaram gestos de cuidado ou afeto pleno de maneira explícita, e ela esteve confinada aos tempos e espaços destinados àquelas que compõem relacionamentos secundários. Os homens a

---

[92] O termo faz referência à música "Pretinhosidade", de Mart'nália.

tratavam com um certo desprezo, e condicionavam a manutenção de um vínculo a que ela lhes fornecesse cuidado emocional, sexo e dinheiro. Uma única vez, Berenice encontrou alguém que a enxergou com outros olhos.

Com Edson, um homem negro com quem se envolveu por algum tempo, desenvolveu uma relação de cumplicidade, em que se sentia tratada com cuidado e carinho. Ele lhe proporcionou experiências que, até então, não lhe tinham sido acessíveis. Edson era casado – nisso, não havia muita diferença em relação a outros vínculos que ela teceu. Mas, com ele, Berenice partilhava a origem humilde e a trajetória social ascendente, o que lhes propiciava um sentimento de cumplicidade e de partilha daquilo que era visto como uma difícil conquista em meio ao "mundo dos brancos". Nessa relação, Berenice também encontrava acolhimento frente às situações de discriminação racial e a possibilidade de um entendimento comum quanto a situações experimentadas tanto por ela quanto por ele. Por fim, essa foi, aparentemente, a única relação em que Berenice foi tratada segundo os papéis tradicionais de gênero, a única em que encontrou o tipo de tratamento que ela se julgava digna de receber, de acordo com o tipo de mulher que entendia ser e da imagem que buscava projetar. Ainda que a situação possa certamente ser indagada a partir de uma perspectiva feminista, ser tratada com cuidado e com cavalheirismo era até então uma situação inédita para Berenice, e que nesse sentido constituiu, para ela, um avanço[93].

---

[93] De modo algo semelhante, no livro *The Promises of Patriarchy*, Ula Taylor (2017) indica que a estrutura patriarcal da Nação do Islã constituiu para as mulheres negras uma promessa de que encontrariam homens provedores e protetores, considerados por elas um avanço em relação à situação de pobreza e abandono em que se encontravam.

# CAPÍTULO 4

# Para além do casal

"E no dia dos namorados
Juntar os trocados pro nosso jantar
Mostrar minha simpatia
Quando pra família me apresentar
A bela caligrafia
Na fotografia pra te dedicar
Não pense que isso é antigo
Mas um jeito amigo da gente se amar"

(Brandão 1987)

"Os comentários no velório eram desabonadores para a tia Ana, que impediu sua filha de casar-se com um preto, dizendo que queria que a sua filha se casasse com um branco para purificar a raça."

(Jesus 1986, 72)

Os sujeitos e seus/suas parceiros/as (ou potenciais parceiros/as) não são os/as únicos/as envolvidos/as nas vivências de quem compõe um par, e nem as únicas pessoas relevantes para os relacionamentos. Ainda que com o progressivo processo de individualização peculiar à modernidade as normas sociais tenham adquirido um sentido mais prescritivo do que impositivo também no âmbito da intimidade (Bozon 2004), viver em sociedade significa que as experiências do casal estão mediadas pelas interações com outras pessoas e com instituições.

As trajetórias afetivo-sexuais são constituídas em meio a terceiras pessoas e sob sua influência, sejam elas familiares, amigos/as mais ou menos próximos/as ou desconhecidos/as, que expressam suas opiniões e tecem comentários quanto ao que consideram ser a adequação ou o descabimento de determinado tipo de arranjo. A família, a igreja, os/as amigos/as, os/as vizinhos/as, colegas de trabalho e de profissão, anônimos/as por quem se passa fortuitamente nas

**Como citar este capítulo:**
Pereira, Bruna Cristina Jaquetto. *Dengos e zangas das mulheres-moringa: Vivências afetivo-sexuais de mulheres negras*. Pp. 127-160. Pittsburgh, Estados Unidos: Latin America Research Commons. DOI: https://10.25154/book6. Licença: CC BY-NC 4.0

ruas ou com quem se estabelece uma convivência cordial conformam aquilo que Roger Bastide denominou "rede de controle" (Bastide e Fernandes [1955] 2008). Esse conjunto de relações e sujeitos que de certa forma "orbita" em torno do casal é, muitas vezes, determinante para o andamento dos relacionamentos, ou ainda um fator para que ele chegue ao fim ou mesmo para que nem chegue a se estabelecer.

A bibliografia sobre relações raciais brasileiras trata da questão ao considerar a aceitação ou não de um relacionamento inter-racial na rede familiar como indicativo da "atitude racial" de um determinado sujeito, e os questionários voltados a apurar o grau de discriminação racial na sociedade brasileira costumam dispor de alguma pergunta a respeito do tema (Ianni 1960; Turra e Venturi 1995). Estudos mais recentes sobre casais inter-raciais debruçaram-se também sobre a maneira como a família, os/as amigos/as e colegas de profissão interpelam o par. As pesquisas relatam comportamentos de resistência que se direcionam principalmente às mulheres negras, e que vão de piadas, comentários ambíguos – tais como "você poderia arrumar alguém melhor" –, olhares e gestos de incômodo até a recusa a conhecer o/a cônjuge negro/a. Essas atitudes podem desencadear a autoexclusão do par de suas redes de sociabilidades ou de um determinado tipo de ambiente, ou mesmo o término do relacionamento (Barros, Z. 2003; Moutinho 2004). As reações frente ao casal negro e interações com ele têm recebido menos atenção, mas pesquisas sobre relações raciais indicam haver pressão da família para que pessoas negras se casem com pessoas mais claras do que elas, e mostram que o início de um relacionamento ou um casamento dão início a conversas sobre raça e fenótipo entre familiares e vizinhos/as dos membros do par – inclusive, do casal negro (Hordge-Freeman 2015; Sheriff 2001).

Neste terceiro capítulo, volto-me a considerar as falas das entrevistadas quanto às suas interações com pessoas que não aquelas que constituem, junto a elas, um par. Abordo aqui a participação direta e a interferência indireta desses/as outros/as nas experiências afetivo-sexuais de mulheres negras, bem como o seu impacto para o desenrolar de seus relacionamentos.

## A família

Anteriormente, indiquei que as famílias educam as filhas tendo em vista os padrões de experiência afetivo-sexual e os códigos da moralidade sexual, exercendo sobre elas uma grande influência e também controle, sobretudo nos períodos da infância e da adolescência. Destaquei então a função socializadora da instituição familiar, que atua como reguladora das funções biológicas do sexo e da reprodução, segundo princípios sociais de aliança e parentesco (Durham 1999). Para as entrevistadas, isso significou que, quando se envolveram afetivamente, particularmente em se tratando de relacionamentos mais sérios, elas precisaram lidar com o fato de que as suas famílias e as famílias de seus pares aprovavam ou censuravam os/as seus/suas parceiros/as e relacionamentos, e também interferiam em maior ou menor medida no transcorrer da relação. Envolver-se com a pessoa "certa" ou com a pessoa "errada", de maneira "correta" ou "inadequada", afinal, não apenas tem consequências para a reputação individual, mas também afeta positiva ou negativamente a honra do grupo familiar (Moutinho 2004).

A pertença racial dos sujeitos e a composição racial do casal – assim como classe e orientação sexual/identidade de gênero – são elementos que conferem prestígio ou descrédito aos membros do casal frente a terceiros, constituindo assim um fator relevante para a escolha ou recusa de um par de determinado perfil (Azevedo 1955; Moutinho 2004; Wade 2009). O status do par afeta as escolhas dos sujeitos, por exemplo, pelo intento de adentrar um relacionamento que lhe confira maior prestígio social (Azevedo 1955) ou ainda pela tentativa de evitar sofrer episódios de discriminação da parte da família do/a parceiro/a (Bicudo [1945] 2010). Nas entrevistas, o relacionamento pessoal dos/as familiares com os sujeitos em si – com a entrevistada ou com seu/sua parceiro/a – despontou, de fato, como algo importante para o relacionamento.

É importante ainda notar que, seja nas famílias brancas, seja nas negras, as atitudes e as impressões e opiniões quanto à configuração racial dos casais contribuem para a socialização das crianças quanto aos valores e padrões sociais pertinentes a gênero e raça. Tensões, conflitos e solidariedades vividas no ambiente familiar retroalimentam um ciclo intergeracional ao "ensinar", pelo exemplo, como as coisas são: o que é bom ou ruim; as características imputadas a determinados tipos de pessoa; o que se deve almejar; o que se deve esperar; qual o comportamento adequado em cada tipo de situação.

No decorrer da pesquisa, constatei que dinâmicas diferenciadas pautaram as relações estabelecidas entre as entrevistadas e as famílias brancas (de seus/suas parceiros/as) e entre elas e as famílias negras (sua família de origem ou as famílias de seus/suas parceiros/as), pelo que a exposição analítica está também dividida dessa forma. Quando se tratava de famílias inter-raciais, a qualidade da ingerência mostrou-se vinculada ao perfil racial de quem interferia no relacionamento constituído pela entrevistada. Como as situações verificadas para núcleos familiares "mistos" repetiram em certa medida aqueles encontrados para famílias brancas e negras, tais casos estão incorporados na seção condizente com a classificação racial do/a autor/a da ingerência.

## A família branca

Dentre os terceiros que influenciam o desenrolar do relacionamento, os familiares são aqueles cuja interferência dispõem de maior peso para o casal (Barros, Z. 2003). O acesso à família do par esteve, contudo, restrito a determinados tipos de vínculo. Somente se e quando o envolvimento se tornava sério é que as entrevistadas eram introduzidas aos círculos familiares de seus pares, e também apresentavam o/a eleito/a à sua parentela. Esse foi o caso de Conceição, de 38 anos, classe média e tez de tom médio. Seu primeiro relacionamento classificado como namoro – da pessoa "apresentar para a família" e "colegas de trabalho" – teve início quando ela tinha 22 ou 23 anos e se envolveu com Juliano, branco e de classe alta. Para ela, "essa coisa do preconceito" racial se torna evidente quando uma mulher negra passa a se relacionar com uma pessoa branca, "de família toda branca".

Entrevistadas que, como Conceição, estiveram mais frequente ou significativamente restritas a circular pela região que ela denominou "atrás das cortinas" em relacionamentos anteriores tornaram-se sensíveis aos mínimos gestos do parceiro, no sentido de tentar decifrar a maneira como eles encaravam o vínculo. Conceição mostrava-se atenta aos sinais que marcavam a diferença entre o seu envolvimento com Juliano, branco, e os homens com os quais havia se relacionado no passado. Contrastando com os outros, Juliano pegava na sua mão em público, lhe apresentou aos/às amigos/as e à sua família. Ele a incorporou como parceira no "palco central" de sua vida. Conceição interpretou esse comportamento como sinal de que Juliano procurava um outro tipo de relacionamento, um vínculo em que, baseado em interesses para além do sexo, ela era "valorizada" – como par, e também como pessoa.

Não raro, as famílias brancas de todos os estratos sociais, mas principalmente das classes mais altas, desencorajam os seus membros a se relacionarem formalmente com pessoas negras (Sheriff 2001; Twine 1998). As ressalvas mais contundentes são encontradas para o par homem branco-mulher negra, e também entre as famílias racialmente homogêneas – nas quais não há outros membros que se relacionam com pessoas não brancas ou não negras – e naquelas em que, já contando com relacionamentos inter-raciais, os mesmos são enxergados como problemáticos (Barros, Z. 2003). Assim, ainda que o casal inter-racial não discuta e não "orient[e] suas ações por um discurso racial", ele é com frequência interpelado a partir dele – sobretudo, por membros de suas famílias (Barros, Z. 2003, 142). Se são raros os casos em que há uma proscrição aberta à união, a composição racial do casal ou a pertença racial da parceira dificilmente passam sem ser pontuadas por comentários ou piadas (Goldstein 2003; Moutinho 2004; Sheriff 2001), que contribuem para instituir e demarcar, na cena de interação, as fronteiras e hierarquias raciais.

Por vezes, a união inter-racial se desdobrou em situações prolongadas de ostracismo ou de autoisolamento. Nesse sentido, Antônia – 52 anos, tez clara, classe baixa – relata que, quando jovem, estudou com sua futura cunhada, Fátima. A entrevistada relatou que Fátima, branca, era "muito metida", e que as duas certa vez brigaram. Anos depois, Antônia passou a namorar Felipe, agora seu marido; mas a distância entre ela e Fátima permanecia.

Embora Antônia tenha negado haver um conflito racial com a família do marido, suas rusgas com a (futura) cunhada deram-se em virtude das humilhações de Fátima a pessoas negras e pobres, que a entrevistada, conforme me relatou em outros momentos, sempre defendia dos ataques da "*miss* da sala".

Quando o casal se formou, uma "barreira" interpôs-se entre o par e a família branca. Apesar da ausência de hostilidades abertas, é significativo que, de um só fôlego, Antônia mencionasse o status racial da cunhada, que dele se valia para humilhar outras pessoas, e a distância em relação à família branca do marido[94].

A circunstância em que a mulher negra é apresentada à família do parceiro branco mostrou-se um momento crítico em termos de emergência da tensão racial. No mínimo, os/as familiares brancos/as transmitiram surpresa ou animosidade por meio de olhares e gestos (Barros, Z. 2003; 2004), isso quando não vocalizaram comentários relativos aos atributos raciais da parceira negra. A sogra de Luiza, quando foi apresentada à nora, perguntou ao filho por que a garota usava o cabelo crespo (e não alisado). A entrevistada – de 33 anos, tez clara e de classe alta – disse que a mãe de seu namorado (e, depois, marido) foi "aos poucos" aceitando seu cabelo.

A sogra não expressava sentimento de repulsa em relação à nora, de quem afirmou gostar logo quando se conheceram. Com efeito, no momento da entrevista, elas tinham uma relação que Luiza descreveu como "ótima". A entrevistada vinha de uma família de classe média; o marido, de uma família de classe alta. A sogra, no entanto, estranhava o uso de seu cabelo em estilo natural, volumoso, como se houvesse algo de anormal com as madeixas crespas de Luiza. Assim como em outras interações dos/as brancos/as com mulheres negras, a sogra marcava, com o comentário, a ideia de "diferença" entre grupos raciais. No caso em questão, não se trata, contudo, de uma maneira de construir as condições de possibilidade de atração do sujeito branco pela mulher negra (como indiquei em outros momentos), mas de demarcar fronteiras raciais mesmo quando a pessoa é incorporada à família branca sem maiores atritos aparentes.

Outras vezes, a menção a atributos raciais adquiriu tons mais negativos. Quando foi apresentada à família de Eduardo, Carla – de pele clara, classe média, 39 anos à época da entrevista, classe média – foi recebida pela sogra com a seguinte frase: "Nossa, meu filho, mas tu não economizou tinta, hein?". Como resposta, abriu "o sorrisão", para mostrar para a sogra que era mesmo "assim".

Casada com um homem de classe mais baixa, Carla foi uma das entrevistadas que mais aderiu ao discurso da democracia racial. Embora percebesse enfrentar diversas situações racistas, em suas falas, ela fazia um nítido esforço para minimizar seus impactos e corrigia-se o tempo todo, voltando atrás no que falava para suprimir de sua narrativa circunstâncias em que obviamente

---

[94] Moutinho encontrou uma situação um tanto similar em sua pesquisa, para um casal composto por mulher branca e homem negro. Embora a entrevistada branca negasse que o motivo do afastamento fosse racial, seu marido atribuía à discriminação a distância cultivada pela cunhada a partir do momento em que se uniu à esposa. Moutinho aponta que "o marido 'negro' de *Clara* nunca deixou de ser um *estranho* para sua irmã, algo que, inclusive, selou um *distanciamento* entre as duas famílias. Nesta relação assimétrica, o elemento indicador de desigualdade, a 'cor', não foi superada." (Moutinho 2004, 288, grifos da autora).

capturou algum traço de discriminação. Carla preferia destacar a sua própria reação frente a posturas discriminatórias – das quais falou apenas o mínimo necessário, quando falou –, como se a sua atitude heroica as anulasse. Seguindo à risca a etiqueta racial brasileira, suas respostas às situações em que foi discriminada dispensavam qualquer tipo de enfrentamento, e ela tendia a adotar uma postura de tolerância[95]. Tomando como exemplo o trecho em questão, "abrir um sorrisão" é um gesto que pode ter sido interpretado de várias formas por sua interlocutora, mas que dificilmente transmitiu uma reação de desagrado. O incômodo com o comentário da sogra foi intenso o suficiente para que Carla superasse suas resistências e mencionasse o caso na entrevista, pois ela estava consciente de que, longe de constituir uma observação neutra, a surpresa da sogra expressava a impressão de menor status atribuído à cor negra. Talvez, seguindo os desígnios da lógica do colorismo (Dixon e Telles 2017), não causasse surpresa à mãe de Eduardo uma parceira negra, porém "com menos tinta". A cor de pele mais escura, contudo, resultou em desagrado de sua parte.

Ao recorrer ao termo "morena", genérico e indefinido quanto a cor e raça, para referir-se à sua então namorada, Eduardo a descreveu para sua família sem posicioná-la dentro do contínuo de cores da sociedade brasileira, e nem mesmo classificá-la racialmente como branca ou como negra. Lançando mão de tal recurso, pôde evitar os atritos que possivelmente emergiriam frente à revelação da pertença racial de seu par. Adiando as tensões para o momento do encontro face a face entre Carla e sua família de origem, Eduardo transferiu à entrevistada o peso e a responsabilidade de lidar com o racismo de sua parentela, abstendo-se de tratar do assunto ou mesmo de reconhecer a existência de um problema.

As tensões tornaram-se ainda mais exacerbadas quando da união entre uma mulher pobre e um homem de classe social mais alta. Quando Conceição foi apresentada como namorada à família branca e abastada de seu futuro companheiro, Juliano, a sogra não se esforçou para esconder o desprezo em relação à entrevistada. A mãe de seu então namorado olhou-a de cima a baixo e disse ao filho "Eu não sabia que você gostava de pessoas *assim*". Conceição preferiu não responder, por entender que "pra esse tipo de pessoa, você não tem que dar uma resposta".

Mesmo em face a hostilidades abertas, as entrevistadas hesitaram em confrontar a família do cônjuge. Tal como Carla, Conceição preferiu não reagir; seu namorado, assim como o futuro marido de Carla, ficou em silêncio, e não se sabe se eles sequer notaram, de fato, o constrangimento de suas parceiras nas

---

[95] O mesmo foi relatado por Laura Moutinho (2004) em relação à postura do par negro discriminado pela família branca do/a parceiro/a. Zelinda Barros (2003), por sua vez, indica que o par branco valoriza a postura do/a parceiro/a negro/a de não perceber e não dar importância para atitudes racistas de seus familiares brancos. Considero este mais um desdobramento do discurso da democracia racial na arena afetivo-sexual.

situações em questão. Da mesma maneira que Eduardo, Juliano não reagiu à atitude dela ao presenciar o caso concreto de discriminação sofrido pelo par.

Para as entrevistadas que se relacionavam com mulheres, o momento de ser apresentada à família da parceira branca gerou preocupações e tensões primordialmente quando a parentela ainda desconhecia a sua orientação sexual. Quando a hostilidade emergiu, nem sempre foi possível separar e definir uma causa única para a situação de discriminação. Aurora – 29 anos, de pele escura e da classe média – indicou que, nas circunstâncias em questão, a distinção entre racismo e homofobia não faziam diferença para ela, que experimentava ambos os tipos de discriminação e a combinação deles a partir de um lugar único, como um sujeito uno, interpelado, ao mesmo tempo, a partir de atributos raciais e de uma orientação sexual estigmatizados. Com isso, a entrevistada ressalta a maneira como injustiças baseadas em sistemas de poder mutuamente constitutivos (Collins 2004) são efetivamente vividas, muitas vezes, de maneira indissociável.

As situações narradas por Luiza, Carla, Conceição e Aurora constituem evidências adicionais de que a gestão dos arranjos de aliança e parentesco via uniões afetivas, ao menos no que tange ao patrulhamento e gestão da composição racial do núcleo familiar, é executada primordialmente por mulheres (Barros, Z. 2003) – ainda que, aqui e ali, também alguns homens se encarreguem de tecer comentários que expressam desacordo ou animosidade em relação ao vínculo inter-racial[96]. Essa seria mais uma das tarefas associadas à administração do lar e das relações que o configuram, e que são atribuídas às mulheres segundo a divisão sexual do trabalho (Hirata e Kergoat 2007). Ao desempenhar tal papel, as mulheres operavam como as guardiãs do patrimônio racial da família branca, e constituíam o principal ponto de fricção com as entrevistadas no ambiente do núcleo familiar de origem de seus pares.

Passado o estágio de introduções, os atritos raciais persistiram, assumindo algumas formas recorrentes. Uma delas foi a minimização da seriedade da relação pela parentela branca, atendendo ao regimento da moralidade sexual[97]. Carla mencionou que a família de Eduardo, embora nunca a tenha abertamente

---

[96] Tal hipótese é ainda reforçada pelos resultados de pesquisa de Octavio Ianni. Ao investigar as relações raciais em Florianópolis na década de 1950, o autor apontou que, enquanto os homens brancos declaravam maiores resistências a conviver com negros/as em lugares como a escola e a vizinhança, as mulheres brancas apresentavam objeções à convivência sobretudo em bailes e na família. Sobre o achado, afirma o autor: "Evidentemente é a facilidade de criação de intimidade que leva o sexo feminino a rejeitar mais intensamente que o masculino aos negros e mulatos nesses dois círculos" (Ianni 1960, 164). A mesma restrição é observada, como prática, na presente pesquisa.

[97] Por outro lado, Lélia Gonzalez indicou que as tensões com a família branca podem emergir apenas quando o casal inter-racial passa do namoro ou da união estável ao casamento, visto como inadequado para o par homem branco-mulher negra (Gonzalez 1994).

rejeitado, ainda estranha a união do par, e demorou a se referir a ela como "a mulher do Eduardo".

A questão também apareceu para o casal que vivia em regime de união estável. Se decorrente da cultura das classes populares ou da adesão a um ideário moderno, a opção por constituir uma união estável, ao invés do casamento formal ou religioso, foi lida pelas mulheres como equivalente ao casamento. Contudo, a interpretação dos/as familiares brancos/as mostrou-se, por vezes, outra.

Teresa – de 32 anos, de tez clara e pertencente à classe alta – contou-me que tanto a sua mãe quanto o seu sogro ressentiram-se quando ela e Paulo decidiram morar juntos, mas por motivos distintos. Embora tanto uma quanto o outro concedessem um status diferenciado à união estável e ao matrimônio formal, Teresa atribuiu diferentes motivações às leituras da genitora e do pai de seu atual marido. Para ela, sua mãe projetava na única filha o anseio de concretizar aquele sonho de amor romântico tipicamente associado às mulheres, a que certamente foi instigada a almejar ao longo de sua vida: a cerimônia de casamento, a festa, o vestido de noiva – sonhos que não alcançou realizar para si própria e que projetava na filha. Já o sogro, partindo de uma ótica considerada por Teresa como antiquada – "as relações no interior" –, apresentou a união como um relacionamento de menor legitimidade que um casamento. Ao tratar da relação como um vínculo informal, a leitura do sogro alinhava-se à interpretação da situação segundo parâmetros históricos racializados cristalizados na moralidade sexual. Minimizando a seriedade do relacionamento, ele o retratava como algo próximo à coabitação entre homem branco e mulher negra no regime de concubinato – termo de conotações pejorativas, que sugere uma união imoral, contraída por uma mulher de moral sexual duvidosa. Teresa, no entanto, contestava silenciosamente a posição do sogro, e reivindicava a união com o então companheiro como tão válida e autêntica quanto um casamento formal.

Outra questão que emergiu com alguma regularidade, de maneiras sutis ou explícitas, foi a desconfiança da família branca em relação a supostos interesses financeiros da parceira negra ao contrair a união[98]. Isso apesar de, conforme argumentei anteriormente, não ser incomum o parceiro branco deixar de trabalhar para viver dos proventos da mulher negra, com base na premissa de menor status social da parceira, que ficaria assim em dívida com ele ao adentrar a união. No caso de Teresa, as dúvidas da família branca emergiram quando o casal resolveu morar junto. Paulo, então seu namorado, passou em um concurso em Brasília, para o qual ela também foi classificada. Teresa acabou não sendo chamada, mas passou em outros concursos. Ela me disse que considerava

---

[98] Em sua pesquisa sobre relações raciais no Rio de Janeiro, Robin Sheriff relatou ter presenciado a expressão aberta, por parte de pessoas brancas, de preocupações quanto à "perspectiva da mulher negra", que se envolveria com homens brancos buscando na união um caminho para ascender socialmente (Sheriff 2001).

muito importante ganhar salários altos, já tendo mudado de um cargo de que gostava para outro que não a satisfazia tanto para que a família do marido não achasse que ela "estava se dando bem". Embora a sogra nunca tivesse dito nada abertamente, Teresa me disse que sentia existir um "desconforto" da parte dela quando o casal decidir morar junto.

A suspeita sobre a parceira negra aflorou mesmo quando não havia um desconforto expresso com o fato de que a mulher era negra ou tensões mais aparentes de qualquer ordem. Aqui, houve uma suspensão da ideia tradicional de que o homem deveria desempenhar o papel de provedor, e as entrevistadas sentiam-se convocadas a demonstrar que o seu interesse pelo companheiro não se pautava primordialmente pelo interesse por dinheiro. Na trajetória de Teresa, isso significou não apenas alcançar um emprego para ganhar bem, mas optar por substituir um projeto profissional baseado em preferências pessoais pelo intento de ganhar mais e alcançar o mesmo salário do marido, provando assim à família dele que ela não era uma "interesseira". Não era a aprovação do companheiro que Teresa buscava, já que ele não se incomodava em ter um salário maior que o dela. Era ao estereótipo de mulher negra desonesta e maliciosa que ela reagia, figura acionada pelas ansiedades do grupo branco, aqui representados pela família do consorte. As tensões se articulavam, portanto, a partir da noção de diferença e inferioridade moral da parceira negra.

Uma situação algo semelhante foi narrada por Luiza. Quando a entrevistei, ela estava na reta final de seu doutorado e recebia uma bolsa de estudos, e seu marido tinha um emprego estável e um salário elevado, que custeava as despesas de moradia e manutenção do casal. O marido estava confortável com a situação; o sogro de Luiza, contudo, tinha sua própria opinião, segundo a qual agia para interferir no arranjo articulado entre o casal. Segundo a entrevistada, ele "se intrometia" muito em sua vida, chamando-a para sair e expressando suas preocupações, pois achava que ela "já tinha que tá trabalhando" e lhe dizia que "não dava" para ela ficar "sendo sustentada pelo marido". Luiza entendia que se tratava de ansiedade, e não de nada racial, já que o sogro tinha "muito carinho" por ela. Mesmo assim, me disse que "ficava muito mal" depois desses encontros.

Como a narrativa de Luiza indica, a suspeita de que a parceira negra procure ou obtenha vantagem financeira com a união com um par branco pode emergir ainda quando as relações da mulher com a família do/a parceiro/a sejam descritas como próximas e afetuosas. O sogro de Luiza a instigava a procurar um emprego mesmo quando ela ainda recebia a bolsa de estudos que custeava os gastos pessoais da nora, e mesmo que a situação de dependência financeira em relação ao marido estivesse acordada entre o casal e fosse durar possivelmente apenas alguns meses. Porém, tais "atenuantes" não foram capazes de apaziguar as apreensões do sogro.

Embora as preocupações das famílias brancas sejam evidenciadas como uma desconfiança baseada na classe, e não de caráter racial, as suspeitas se fizeram presentes também para mulheres como Teresa e Luiza, que vinham de famílias de classe média e que cursaram pós-graduação em instituições de excelência, indicadores de que, como mostram as estatística disponíveis, elas tinham ou teriam um salário relativamente alto[99], ou para Carla, que ganhava mais que o companheiro. Algo semelhante foi relatado por uma amiga negra, Yasmin (31 anos, de tez clara, e alocada na classe alta), que me contou que a família de seu marido, branco, sempre havia suspeitado que ela, funcionária pública, ganhava menos do que ele, e que portanto ela deveria obter vantagens financeiras com a união. As desconfianças não apenas se desdobravam em fofocas no círculo familiar – a rede de controle –, mas ainda culminaram no acesso do Portal Transparência pelos/as parentes dele, quando puderam constatar que, na verdade, ela é quem recebia mais. As cismas das famílias, embora colocadas em termos de dinheiro, refletem ansiedades raciais que os/as familiares hesitam em expressar abertamente.

No caso de Conceição, de origem pobre, as suspeitas e hostilidades da família branca e rica do companheiro foram escancaradas, e perduraram por todo o tempo de relacionamento. Ela descreveu a convivência com a família do parceiro como um "calvário", e o termo me parece adequado para retratar o tipo de agressões que me relatou. As festas de família foram descritas como os eventos mais tensos, porque a parentela a ignorava solenemente e se reunia em rodas de conversa para falar mal da entrevistada em sua presença. Em tais ocasiões, mesmo a cunhada, que no dia a dia lhe tratava um pouco melhor, transformava-se "em outra pessoa", e se juntava ao restante da família no comportamento desrespeitoso. Na formatura da irmã de seu marido, sua sogra, sabendo que Conceição não dispunha de recursos para comprar ou alugar uma vestimenta adequada à ocasião, disse-lhe que não se preocupasse, que ela se encarregaria de lhe arranjar trajes adequados, como fez para várias outras pessoas da família. Para a entrevistada, no entanto, a sogra ofereceu um vestido que Conceição descreveu como "para usar no dia a dia", que possivelmente teria sido separado para doação. Almejava, com isso, exibir publicamente a pobreza da nora, expondo-a como alguém de uma categoria distinta e inferior.

A parentela do marido – sobretudo, a mãe dele – administrava as situações para que Conceição fosse retratada como uma impostora, como alguém que, embora presente, não dispunha de legitimidade para participar dos espaços de convivência da família. Pela humilhação ritualizada do "elemento estranho", a família branca procurava proteger a sua própria honra frente aos pares. Indicava assim que, se tolerava sua presença, o fazia apenas na condição de demarcá-la pública e sistematicamente como alguém que não estava qualificada para circular pelos espaços reservados às camadas mais altas e brancas da sociedade, exibindo a sua inferioridade em relação ao grupo ao qual pertenciam e cujas regras de participação ali representavam e resguardavam.

---

[99] No ano de 2014, a remuneração média de alguém com título de mestre foi de pouco mais de R$ 9.700,00, e de aproximadamente 13.800 reais para quem tinha título de doutor/a (CGEE 2016).

A família também se preocupava com a divisão de gastos entre Conceição e Juliano, na qual interferia. Quando já morava com o companheiro e tinham um filho recém-nascido, Conceição trabalhara em um *call center* para pagar a própria faculdade. Ela pediu que Juliano a ajudasse pagando sua matrícula, com o que ele concordou. Juliano comentou a situação com a mãe ao telefone, que repreendeu o filho com veemência, aconselhando-o que não o fizesse porque *"esse tipo de gente* vira depois e vai te dar um pé na bunda". Segundo Conceição, o som do telefone era alto e ela ouviu a resposta da sogra. Sentindo-se humilhada, negou-se a aceitar a contribuição do companheiro.

Se as animosidades se mostraram mais acentuadas nesse contexto, tendo em vista a origem pobre de Conceição, há nítidas continuidades entre a maneira como ela era tratada pela família de Eduardo e os casos de Teresa, Luiza e Yasmin. Para todas elas, a família do par branco interferia mesmo quando não investisse diretamente recursos no casal. Os/As parentes atuavam tendo em vista dois pressupostos, relacionados entre si como dois lados da mesma moeda. O primeiro é que seu filho era inocente e estava sendo ludibriado pela parceira, e a família então agia para protegê-lo. O segundo é que o "oportunismo" das parceiras tinha por alvo ou colocava em risco o patrimônio da família branca, numa tentativa de ascender socialmente às custas dessa mesma "inocência" de um de seus integrantes[100]. A família agia a partir de um sentimento de grupo para tentar proteger um de seus membros contra o que era tido como intenções escusas de um elemento estranho e suspeito, com base na maneira como classificavam racialmente as parceiras de seus filhos.

A se pensar a partir de uma perspectiva coletiva, a família branca tem um papel fundamental em instituir e fazer operar alguns dos "mecanismos específicos de resistência à mobilidade social vertical" do grupo discriminado (Moura 1988). A interferência das famílias brancas de classe mais alta impõe um bloqueio à circulação de patrimônios de um grupo racial – branco – a outro – negro –, que é instituído inicialmente "de fora", pela parentela de seus parceiros, e depois incorporado pelas entrevistadas, quando procuram se afastar da imagem de interesseiras. O status de classe dos/as integrantes do casal e o capital econômico do qual cada um/a dispõe não são necessariamente equiparados pela união estável ou casamento – ainda que o status atribuído com base na classe seja relevante para a própria composição do casal[101]. Pensando a lógica

---

[100] Neste ponto, os meus achados contradizem os de Moutinho (2004), para quem as acusações de tentar ascender socialmente ou manter um status anteriormente adquirido via união inter-racial são mais fortemente relacionadas ao par homem negro/mulher branca. Na minha pesquisa, tais acusações foram consistentemente insinuadas às mulheres negras pelas famílias brancas de seus pares.

[101] Como indica, por exemplo, a noção de "troca de status", segundo a qual homens negros de classe média se casariam com mulheres brancas de classe mais baixa do que a deles. A união é vista como uma troca, na qual a mulher ganha acesso a patrimônio e um status de classe mais elevado, e o homem partilha do status racial mais elevado da

das uniões como parte de um sistema de alianças entre grupos raciais, mesmo o casamento formal entre uma mulher negra e um homem branco não supera completamente as barreiras estabelecidas pelo grupo branco ao grupo negro, já que o primeiro lança mão de estratégias que limitam o alcance da ligação entre os grupos – inclusive, em termos de acesso a bens e patrimônio.

A imagem do parceiro branco "inocente" faz referência a uma dinâmica típica do discurso da democracia racial, que fornece o quadro de referência para as suspeitas. A associação da mulher negra ao sexo e à "lassidão moral" – amplamente retratada no capítulo anterior – e a representação do homem branco como dotado de um apetite sexual incontrolável (Heilborn; Cabral e Bozon 2006; Parker 1991) fazem dele uma potencial vítima das negras "maliciosas" (Giacomini 2006; Moutinho 2004). Quando a discussão patrimonial entra em questão, há ainda o enquadramento típico do vínculo entre homem branco e mulher negra como uma relação na qual se troca dinheiro por sexo, revelado nas rotineiras abordagens de homens brancos a mulheres negras desconhecidas como prostitutas, quando o casal mulher negra-homem branco é lido por terceiros como integrando uma relação entre prostituta e cliente – como indicarei mais à frente –, ou ainda em certas representações presentes em escritos acadêmicos[102].

Iludido e encantado pelos poderes perigosamente sedutores atribuídos às mulheres negras – e principalmente às "mulatas" –, o viril homem branco precisaria da intervenção protetiva de sua família. Enquanto características associadas às mulheres negras, o apetite sexual e a capacidade de atração funcionam como atestado de lassidão moral. Para os homens brancos, ao contrário, a imputação de apetite sexual acentuado resulta na presunção de uma certa inocência – atributo mais comumente associado às mulheres brancas – e, como desdobramento, de vulnerabilidade.

---

parceira. O pressuposto da formulação é, portanto, que os/as cônjuges passam a compartilhar de algum status mais elevado de que o/a outro/a disponha, ao adentrar a união. Ver, sobre o tema, *As elites de côr* (Azevedo 1955) e *Razão, "cor" e desejo* (Moutinho 2004).

[102] O seguinte trecho da obra de Luiz Aguiar Costa Pinto é, nesse sentido, exemplar: "No Brasil, a mulher de cor tem sido idealizada como instrumento de prazer sexual do homem, isto é, do homem branco. Esta situação ideal de 'rainha', de 'mulher quente', de objeto preferido de prazer (implicitamente obsceno e extraconjugal) tem sido propagada e difundida de todas as formas: no samba, na canção, na trova, na anedota, na novela, no romance, no teatro. *Isto, na prática, tem significado apenas o elogio do concubinato, pois outra não tem sido, historicamente, nas condições objetivas do patriarcalismo doméstico brasileiro, a via principal do acesso da mulher de cor, especialmente da mulata, a esferas sociais diversas dos baixos níveis em que vive a maior parte da população negra e mestiça.* Quando a mulher de cor começa a ascender por outras formas na escala social – além de outros óbices comuns à cor independente de sexo, e ao sexo independente de cor – encontra, nessa arraigada atitude das camadas, um fator de resistência à sua ascensão como força de perpetuação de seu status subalterno" (Costa Pinto [1953] 1998, 116-117, grifos meus).

Por outro lado, entrevistadas como Conceição e Carla também considera-ram que seus maridos eram "inocentes", mas em outro sentido. Retornando ao momento em que o marido apresentou Conceição à família, quando perguntei se ele tinha dito antes que ela era negra, ela me disse que achava que não e que, em sua inocência, Juliano estava apresentando uma namorada à família "independente" da raça. Segundo Conceição, não sendo racista, o namorado (e depois marido) seria incapaz de antecipar ou mesmo de notar – como no caso de Carla – as atitudes discriminatórias de sua família de origem em relação às suas companheiras. A sua incapacidade de atinar para malfeitos familiares adviria da combinação entre a pertença ao grupo racial não discriminado e a inexperiência como perpetuador da discriminação. As entrevistadas supuse-ram que o racismo, para que fosse percebido por alguém, deveria ser sentido na pele ou então praticado, de modo que a incapacidade de o captar foi lida como uma virtude.

Resguardando-se sob o rótulo de "inocente", os parceiros brancos das entre-vistadas puderam se eximir de tomar qualquer tipo de atitude frente às situa-ções discriminatórias orquestradas por suas famílias, as quais presenciavam como espectadores. Cultivando tal imagem, eles evitaram ter que negociar a sua branquitude, mesmo se relacionando com mulheres negras (Schucman 2018). Sua postura exemplifica uma das maneiras pelas quais o par branco que adere ao discurso da democracia racial age de maneira calculada – o que não significa "consciente" – para esquivar-se das tensões raciais e, desse modo, continuar a "não ver" o racismo que se manifesta em relação à pessoa com quem constitui um vínculo afetivo. Longe de serem características naturais intocadas dos/as que se pretendem imaculados/as pela noção de raça, a "incapacidade de ver cor" – ou *colorblindness*, para usar o termo empregado pela bibliografia angló-fona – e o estado de ignorância quanto ao racismo são, para os/as brancos/as que se valem do recurso, um lugar cuidadosamente cultivado e ostentado[103]. Para o par negro, essa atitude pode resultar em um sentimento de incompreen-são e de solidão.

Nem todos os casais negociavam as tensões raciais no contexto familiar dele-gando o tratamento da questão à mulher negra, no entanto. Teresa, por exem-plo, recorria de certa forma ao ideário moderno-igualitário de relações afetivas para lidar com a família branca do marido. Por um lado, ela compartilhava as situações constrangedoras junto à família de Paulo com ele, que não se negava

---

[103] A postura adotada pelos parceiros de Carla e de Conceição assemelha-se àquela que Ruth Frankenberg (1993) relatou entre os/as brancos/as nos Estados Unidos. Para a au-tora, *colorblindness* é um modo de pensar raça que se organiza a partir do esforço para não ver diferenças raciais. A "incapacidade" de notar a cor das outras pessoas é tomada como uma forma polida de abordar raça, ao mesmo tempo que consiste numa estratégia para que pessoas brancas evitem tratar das diferenças de poder entre grupos sociais com base nos atributos raciais.

a ouvi-la e não minimizava suas queixas. Por outro, o casal tinha um acordo: ela lidava com a própria mãe e ele, com a mãe dele, zelando para que as interferências não afetassem a relação. A questão aparecia como uma dentre outras, mais uma tarefa incorporada na divisão igualitária de responsabilidade entre os membros do casal. Mesmo assim, algo precisava ser deixado de lado: quando se sentia muito incomodada, a estratégia de Teresa era "respirar fundo" e conformar-se com que a sogra, com quase 70 anos, não mudaria. Isso porque Teresa já se sentia exausta pela necessidade de resistir à discriminação em múltiplas esferas da vida, e por isso entendia que nem todas as batalhas que se apresentavam poderiam ser combatidas. Não queria "brigar por mais uma coisa". Ao encontrar a possibilidade de construir um relacionamento que ela descreveu diversas vezes como "tranquilo" e também com "igualitário", preferia sacrificar alguns embates com a sogra, engolindo a seco situações de discriminação.

Já Luiza mostrou-se um tanto mais exigente para com seu marido. Provocada pela minha pergunta, mas também como parte de um entendimento geral que já havia demonstrado no decorrer da entrevista, Luiza compreendia que a atitude do sogro era um problema não seu, mas da relação – e, portanto, também do marido. Decidiu então que conversaria com ele naquele mesmo dia. Em seu relacionamento com Cássio, ela encontrava e construía um espaço em que tratar de tais assuntos era possível e necessário. O casal engajava-se em um processo de aprendizado e na tentativa de transformar a microesfera de relações que teciam a partir de seu vínculo e para além dele.

Assim como Luiza, em seu relacionamento com Dora, que é branca, Aurora enxergava um espaço de cumplicidade e de troca que abrangia questões raciais e a possibilidade de abordar a temática do racismo, mesmo quando o problema despontava no ambiente da família de sua parceira. A família de Dora, porém, mostrava-se muito mais amistosa do que as dos/as parceiros/as de outras entrevistadas. Aurora me disse que foi plenamente acolhida e convivia muito com a parentela da companheira. Acreditava que, por não ser a primeira namorada ou a primeira mulher negra "a circular por lá", já encontrou as portas abertas quando chegou. Na medida em que portas precisaram "ser abertas", a admissão da parceira negra não foi considerada algo espontâneo ou natural. Aurora indicou que a família de Dora havia passado por um processo prévio de convivência e aprendizado com pessoas negras e relacionamentos homoafetivos, do qual ela se beneficiava ao ser bem acolhida.

A boa convivência e a aceitação da família de Dora, porém, não significavam que não emergissem por vezes questões de cunho racial. Além de ser "toda branca", tratava-se de uma família com "pessoas muito ricas". Em alguns eventos, como o aniversário de uma prima da companheira no Lago Sul – região com alta renda per capita –, Aurora notou que ela e o garçom eram as únicas pessoas negras presentes no local.

Aqui, é notável que raça e classe apareçam quase que fundidas – a família branca rica; o lugar abastado que concentrava pessoas brancas; o garçom prestador de serviços como única outra pessoa negra presente. Aurora sentia-se como uma *outsider*. Já a sexualidade, que despontava como foco principal ou adicional de tensão em outros momentos, desapareceu como fator importante para o contexto descrito. A possibilidade de discutir seus sentimentos e encontrar acolhimento na companheira branca, contudo, suavizavam os desconfortos gerados pela situação.

Considerando-se as relações entre as mulheres negras e as famílias brancas de seus/suas parceiros/as, alguns fatores mostraram-se mais relevantes para o tipo de recepção encontrado pelas entrevistadas. O tom de pele foi um dos elementos que fizeram diferença, com desvantagem para as mulheres de tez mais escura. Pertencer a classe social mais baixa do que a da família de origem do/a parceiro/a também implicou no agravamento das animosidades. Ainda assim, ser negra de pele clara e advir de classe social igual ou superior à da família do/a companheiro/a não impediu que as entrevistadas encontrassem hostilidades da parte da família de seus pares, e foram encontradas resistências às uniões inter-raciais em famílias brancas de todos os segmentos sociais. Além disso, o vínculo com outra mulher despontou como um fator de maior tensão do que ser negra em um relacionamento inter-racial, no contexto da família branca – embora tais elementos, como motivadores de discriminação, não se mostrem facilmente dissociáveis. Por fim, em alguns casos, as tensões raciais foram amenizadas pela existência de relações inter-raciais prévias na família branca[104].

Numa família inter-racial, encontrei valores e dinâmicas que se sobrepuseram aos relatados para as famílias brancas. De fato, a situação de interferência mais drástica em um relacionamento relatada durante a pesquisa ocorreu no contexto de uma família inter-racial.

Ainda durante a infância, Elza (50 anos, de tez escura e classe baixa) tornou-se órfã. Seu pai faleceu quando ela tinha ainda menos de um ano, e a mãe, quando ela tinha 10 anos. Ela passou então a morar com o irmão – como ela, negro – e com a cunhada, Alice – branca e muito mais velha do que Elza. Se nunca chegou a assumir completamente o papel de mãe, a cunhada não deixava de representar, para a entrevistada, uma figura de referência, dotada de certa autoridade.

Aos 17, Elza tinha saído de casa e se sustentava sozinha. Na época, ela já havia se mudado para Brasília. Em uma de suas visitas à cidade de origem, Elza reencontrou um antigo namorado de infância, ali do bairro mesmo em que crescera. O casal se reaproximou; depois de algum tempo, ele a pediu em casamento, e ela pensava em aceitar o pedido. Quando partilhou a notícia com a cunhada, no entanto, Alice manifestou suas próprias preocupações quanto à

---

[104] Os mesmos fatores foram apontados por Zelinda Barros (2003). Outros estudos indicam a objeções de brancos/as de todos/as os estratos sociais às uniões inter-raciais. A maioria deles, porém, indica que a resistência a parceiros/as negros/as para uniões formais é maior entre os segmentos mais abastados. Quanto ao tema, ver, por exemplo, os trabalhos de Octávio Ianni (1960), Cleusa Turra e Gustavo Venturi (1995) e Francis Twine (1998).

união, e vetou o casamento por ele ser loiro e Elza, negra. A entrevistada me disse que na época, "inocente" e sem uma reflexão racial crítica, resolveu obedecer à cunhada, deixando de lado "esse amor de infância que poderia ter sido o amor da vida".

Para Alice, constituir um relacionamento estável com um homem negro não resultou em maior aceitação a todos os vínculos afetivo-sexuais entre negros/as e brancos/as, ou mesmo na dissolução de crenças na existência de diferenças e desigualdades significativas entre raças. Com seu comentário, ela defendeu que haveria uma diferença entre o seu casamento e aquele que seria constituído por Elza. Quando Alice uniu-se ao irmão de Elza, ela já era uma mulher mais velha e com vários/as filhos/as. Tendo em vista estereótipos machistas, suas chances de encontrar pretendentes – ao menos, pretendentes brancos – encontravam--se reduzidas. Não é difícil enxergar em seu relacionamento com um homem negro pobre mais jovem do que ela um caso de troca de status. Em tal contexto, a noção de diferença/inferioridade dos sujeitos negros não apenas coexiste com a união, mas é ainda significativa para que ela aconteça.

Talvez Alice tenha agido por considerar que Elza, a quem atribuía menor status racial, não deveria alcançar algo de que ela, branca, via-se desprovida – o valorizado parceiro branco. De todo modo, Alice expressou a ideia de que existiriam diferenças importantes entre a união de uma mulher branca com um homem negro e aquela contraída entre uma mulher negra e um homem branco. Explicitando uma regra pertinente à moralidade sexual, Alice defendia que a configuração mulher negra-homem branco, apenas, seria inaceitável, já que, como homem e branco, o parceiro de Elza estaria dotado de um status social superior ao dela no que tange ao gênero e também à raça – sobretudo quando tanto ele quanto ela advinham da mesma classe social[105]. A cunhada nem precisou se estender muito em seu argumento, já que, partilhando ao menos vagamente das mesmas compreensões, Elza entendia a objeção de Alice como "normal". Segundo a entrevistada, compreender os fundamentos racistas das ações da cunhada seria algo que dependeria de um aprendizado que se daria no futuro, com a perda da "inocência".

Ao contrário das mulheres das famílias brancas, Alice não agiu em nome do núcleo familiar branco, mas para proteger a honra e a "pureza" de todo o grupo branco. Tomando a preservação da branquitude como um projeto coletivo (Schutz 1979; Velho 1994), a interferência de Alice resultou numa importante alteração no rumo das decisões de Elza e, assim, da trajetória de vida da entrevistada.

---

[105] Recuperando a análise de Moutinho sobre a bibliografia que versa sobre a "troca de status", sob tal perspectiva, as mulheres negras, de status social inferior em termos de gênero e de raça, e, via de regra, também em termos de classe, não teriam o que "trocar" (Moutinho 2004).

## A família negra

Itamar, negro e advindo das camadas sociais mais baixas, foi o primeiro companheiro de Elza e o pai de sua filha e de seu filho. Em vários aspectos, ela considerava que haviam sido felizes. "Foi amor de verdade" – me disse, sobre a relação. Porém, depois de alguns anos de relacionamento, Elza resolveu se separar. O marido era "muito mulherengo". Os homens da família dele tinham "a cultura" de que "o homem pode ter um monte de mulher e a mulher tem que ser fiel ao marido".

A interferência da família de Itamar estendia-se para além da socialização machista. Elza me disse que a família dele era composta por "negro que não gosta de negro", e que preteria parceiros/as negros/as – sobretudo, mulheres. A tia de Itamar, com quem ele morava, "botava [na casa] um bando de mulher pra ele poder sair de mim". Como um grupo, a parentela questionava a escolha de uma parceira com o perfil de Elza por um de seus membros e intercedia ativamente nos rumos do relacionamento.

Contudo, nem sempre as coisas tinham sido assim. A entrevistada indicou que a relação dos/as parentes de Itamar com Elza alterou-se no passado, a partir de marcos bem delimitados no curso do relacionamento que viveram. Ela me disse que, durante o namoro, todos/as gostavam dela. Foi quando passaram "pro sério mesmo, pra ser marido e mulher", quando ela engravidou, que a família passou a agir como se ela não fosse mais "mulher pra ele". Foi aí que passaram a "atrapalhar" o relacionamento.

Como no caso da mãe de Glória – esta, com 24 anos, pele clara e alocada na classe média –, como relatei no segundo capítulo, a gravidez – assim como o casamento (Gonzalez 1994) – enseja laços de parentesco e reciprocidade que reforçam os vínculos entre a mulher e a família de seu par. Por isso, esse é um momento em que a rejeição da família do parceiro à parceira negra tende a aflorar. Embora a família do companheiro gostasse dos/as netos/as mais escuros/as, a parentela pressionou o casal até que a entrevistada resolvesse pôr um fim do relacionamento, passando então a criar sozinha o filho e a filha do casal. As pressões familiares resultaram na fragilização do relacionamento e na sua ruptura, e também na típica situação de monoparentalidade feminina –, segundo as estatísticas oficiais, mais comum entre mulheres negras.

Interessada em compreender melhor como a família de Itamar expressava suas restrições às mulheres negras como parceiras de seus/suas integrantes, continuei com as minhas indagações, e perguntei se falavam algo diretamente para Elza. Ela me contou que a parentela do companheiro falava de outras pessoas negras na frente dela: quando junto a seus cunhados, se passava uma outra mulher negra, eles logo se referiam à esta como "aquela negra beiçuda", ao invés de mencioná-la pelo nome. Todos eles se relacionavam com mulheres brancas. Aliás, falavam abertamente que não se relacionariam como uma "neguinha do cabelo duro" e que o irmão deveria fazer o mesmo.

As pressões de famílias negras para que seus integrantes contraíssem víncu-los afetivos com pessoas brancas já foram documentadas por diversas pesqui-sas, e aparecem em expressões típicas tais como "melhorar a raça", "limpar a família" e "clarear a família" (Barbosa 1983; Bastide e Fernandes [1955] 2008; Bicudo [1945] 2010; Hordge-Freeman 2015; Oliveira, L. 2016; Pinto 2004; Sheriff 2001; Souza, N. 1983; Teixeira 1986). Como no cenário narrado por Elza, o ideal de branqueamento desdobra-se em pressões do núcleo familiar de origem para que seus integrantes escolham os/as parceiros/as "certos/as" – ou seja, brancos/as, ou ao menos mais claros do que eles/as. O ideal de embran-quecimento é vivido pelas famílias negras como um projeto, no sentido de uma conduta organizada para atingir finalidades particulares (Schutz 1979; Velho 1994). Embora não consistisse, a princípio, em um projeto individual de Ita-mar, "embranquecer" era um objetivo familiar importante, a ponto de mobili-zar outros membros para intervir sistematicamente quando a meta eleita pelo grupo se viu posta em risco pelo "desvio" de um de seus/suas integrantes.

Para além da transmissão da preferência pelo par branco durante a etapa da socialização, o caso de Elza indica que o ideal de branqueamento funciona de algumas maneiras particulares. Em primeiro lugar, os/as integrantes da família negra puseram em prática os princípios da moralidade sexual segundo os quais as mulheres negras são parceiras adequadas para se viver relações afetivo-se-xuais efêmeras e/ou informais, mas não oficiais e que resultem em filhos/as. Quando um de seus membros transgrediu tal "norma" e passou a constituir um relacionamento sério e com filhos/as, houve um acirramento das animosida-des. Além disso, foram tecidas críticas abertas à estética de mulheres negras por parte dos homens do grupo familiar, inclusive em frente à consorte negra. Os comentários e críticas desvalorizavam o integrante da família por sua escolha e criavam, para Elza, um clima desconfortável e, por vezes, francamente hos-til. Por fim, os estratagemas de familiares basearam-se na ideia de sexualidade masculina incontrolável e na consequente "oferta" de outras mulheres, brancas, ao companheiro de Elza, incentivando-o a traí-la e "lembrando-lhe" de que ele teria acesso a opções "melhores" – no sentido de socialmente mais valorizadas.

A noção de que o par ideal para os membros da família é alguém branco cir-cula, portanto, entre famílias brancas e negras. A razão para a preferência por parceiras brancas em cada grupo é, no entanto, distinta. O que motiva as famí-lias brancas é a tentativa de resguardar o seu patrimônio material das investi-das da "negra oportunista", bem como o seu patrimônio simbólico, ensejado pela branquitude. Elas se orientam por intuitos de manutenção, de preservação do passado, de continuidade. Já as famílias negras são mobilizadas a partir da internalização dos valores hegemonizados da supremacia branca, e orientam-se pela busca de transformação do status social e das condições de vida do grupo. O grupo quer deixar para trás, com sua negritude, as agruras e infortúnios que o assolam há gerações (Moura 1988), tendo em vista um projeto de futuro que se vale da "esperança branca" (Gonzalez 1982a). Embranquecer é então um pro-jeto subversivo, no sentido de que romperia com a posição social que a família tem historicamente ocupado. É, no entanto, simultaneamente uma meta con-servadora, no sentido de que reproduz a ideia de superioridade branca.

Ao longo do livro, indico que, das primeiras etapas da socialização ao contato com instituições e outras pessoas no decorrer de sua trajetória de vida, os/as negros/as aprendem a significar a si mesmos/as e sua posição perante outras pessoas a partir de um universo simbólico que institui diferentes significados e posições para a branquitude e para a negritude. Negritude está simbolicamente associada a atraso, primitividade, pobreza, feiura, doença, sujeira, desvio moral e servidão (Bicudo [1945] 2010; Fanon 2008; Souza, N. 1983); branquitude remete a riqueza, inteligência, beleza, saúde, prestígio e poder. Ideias, valores e representações racistas e relativos à supremacia branca são compartilha-dos também pelos/as negros/as, e interiorizados em maior ou menor medida (Fanon 2008; Nogueira, I. 1998; Souza, N. 1983). Assim como a imagem da mulher negra hipersexualizada (e do homem negro hipersexualizado) (Mou-tinho 2004), a noção de que a negritude pode ser diluída através das gerações desponta como um "motor" da proposta de embranquecimento populacional, promovida pelas elites nacionais dos países latino-americanos de maiores con-tingentes populacionais não brancos a partir do século XIX (Andrews 2014; Schwarcz 1993; Stepan 2005).

Os/As familiares de Itamar, ao falar depreciativamente sobre mulheres negras, expressavam impressões pejorativas que também lhes diziam respeito. Nesse contexto, atrair e manter um par branco adquiria o status de uma façanha. Um relacionamento com uma pessoa branca era visto como um bem simbólico, que elevava a pessoa negra aos próprios olhos e aos olhos de seu grupo racial. Já a relação com uma mulher negra significava um atavismo, uma fixação nas condições de vida passada e do presente, dos quais queriam se distanciar. De maneira contígua, o par branco era investido de um valor estratégico, pois a prática da mestiçagem figurava para a família negra como uma solução, um caminho de redenção que, pela reprodução biológica, levaria aos resultados desejados no longo prazo. Longe de ter origem na insignificância da raça em um relacionamento inter-racial, a importância conferida ao/à parceiro/a bran-co/a aponta para uma preocupação acentuada e perene com ela.

Ainda que o caso em análise seja significativo em si mesmo, esse foi o único relato de tensões com a família negra do par com base na pertença racial das entrevistadas. Me parece que o mais comum é que tais preferências se expres-sem, no meio familiar, de formas mais brandas, sem chegar a gerar um conflito aberto. Sandra, por exemplo, me disse que suas tias tinham "preconceito com caras negros", pois expressavam receio de nascer "um menino com cabelo ruim", preferindo por isso procurar "um cara branco, de cabelo liso". Por outro lado, ela achava que as tias jamais lhe diriam "não fique com esse cara porque ele é negro".

No mais, mesmo as famílias negras de classe média, às quais se atribui um fortalecimento do ideal de branqueamento, foram retratadas como amisto-sas e afáveis para com as entrevistadas. As relações das entrevistadas com a família negra do par mostraram-se, assim, muito mais amenas do que aquelas constituídas entre elas e as famílias brancas dos/as seus/suas parceiros/as. De fato, seja com base em um discurso antirracista ou como estratégia para evitar a discriminação, algumas famílias negras recomendam aos seus membros que se relacionem com pessoas negras (Barbosa 1983). Por outro lado, é possível que as famílias das entrevistadas, cientes das resistências sociais à união afetiva com mulheres negras, valorizassem os seus pares quando elas constituíam um relacionamento – ao menos, quando as entrevistadas adentravam um relacionamento heterossexual. Assim, as participantes da pesquisa também não descreveram, mesmo quando instigadas, situações em que, advindas de família negra, tenham observado contrariedade de seus/suas parentes quando se relacionaram com um par igualmente negro.

Entretanto, não se pode dizer que os pares brancos tenham se deparado, de maneira uniforme, com uma atmosfera receptiva no âmbito das famílias negras. Luiza me contou que, quando começaram o namoro, Cássio foi recebido com estranhamento por sua parentela. Ela entendia que a aversão inicial aconteceu porque as pessoas de sua família sempre haviam se relacionado com pessoas negras. Ela mesma, antes de se envolver com Cássio, havia vivido um longo relacionamento com um homem negro, Tiago, que caíra nas graças de sua família. O novo namorado foi introduzido à parentela logo que começaram a se relacionar, sem muito tempo para que houvesse algum tipo de "preparação" para a notícia. Cássio compareceu a uma festa familiar, levantando as suspeitas de toda a parentela e, sobretudo, do irmão de Luiza.

Tal qual as famílias brancas, a família negra via com reservas o relacionamento de Luiza com um homem de outro grupo racial. Ao contrário daquelas, no entanto, as intervenções não decorriam de suposições baseadas na inferioridade racial do "intruso". Pelo contrário, foi pelo status de superioridade racial associado à branquitude, lido à luz dos parâmetros históricos de envolvimento afetivo-sexual de homens brancos com mulheres negras, que Cássio foi tomado como uma ameaça, como um potencial predador. Tratava-se, primordialmente, de uma postura defensiva frente aos/às brancos/as (Alves 2010; Ianni 1960; Pinto 2004) – e sobretudo aos homens brancos.

Se nas famílias brancas as mães eram as principais interventoras, nas circunstâncias em questão, foi um homem negro quem desempenhou o papel de protetor ou guardião. O que se buscava resguardar era menos a continuidade genético-fenotípica da família negra do que a honra do grupo e os sentimentos de Luiza, postos em risco por supostos interesses "escusos" do homem branco, que, tipicamente, procura na união com uma mulher negra uma "aventura" sexual, mas não um relacionamento sério. A família preocupava-se com que o vínculo viesse a se converter numa versão contemporânea do romance "Clara dos Anjos" (Lima Barreto [1948] 2011), no qual a protagonista "mulatinha" é seduzida por um homem branco que depois a abandona em desgraça. O irmão assumia o papel patriarcal de protetor da irmã e da honra familiar.

A parentela de Luiza me pareceu dispor de um perfil liberal mais do que do conservador, inclusive no que tange ao gênero. Mesmo assim, o irmão presumia uma certa inocência de Luiza quanto às intenções do par branco: ser mulher era o que parecia deixá-la vulnerável à ameaça representada pela figura do homem branco "corruptor". Um homem da família que buscava assegurar que a irmã não fosse sexualmente "explorada" por um homem branco instituía a imagem de uma "mulher de família", oposta aos estereótipos da "mulata" "avulsa" e sexualmente disponível (Giacomini 1994). O homem negro que agia tendo em vista a proteção da irmã e da honra familiar ajudava a compor a imagem de uma família negra de classe média que, se não ia tão longe a ponto de adotar um comportamento "puritano" (Barbosa 1983; Ianni 1960; Viveros Vigoya 2000), como outras, ao menos lançava mão de uma política de respeitabilidade em que a promoção da "dignidade" do grupo, em contraponto a estereótipos racistas, valia-se do desempenho dos papéis modelares de gênero (Giacomini 2006).

Em se tratando de entrevistadas que viviam relacionamentos homoafetivos e que relataram ter apresentado suas parceiras ou terem sido apresentadas à família negra, a pertença racial não foi referida como problemática. Em partes, a ausência de repercussão quanto ao aspecto racial derivou da ausência de representações quanto ao envolvimento afetivo-sexual entre mulheres do universo simbólico nacional e das narrativas sobre constituição da nação (Aidoo 2018; Curiel 2013). Ao mesmo tempo, a orientação sexual apareceu como um fator preponderante de conflito (potencial ou deflagrado) e exclusão por parte das famílias – a própria ou a da parceira. Ivone, por exemplo, me contou que os pais de Dalila não a aceitavam, e que "sogros/as de casal homoafetivo" eram "sempre difíceis", porque tinham que "lidar com a aceitação, aceitar a filha dela ou o filho dela, e aí você ainda tem que aceitar uma outra pessoa".

Segundo me contou Aurora, sua orientação sexual nunca foi discutida abertamente em família, a não ser numa única ocasião, quando sua mãe lhe perguntou se ela se relacionava com mulheres, ao que ela respondeu que sim. Depois disso, não tocaram mais no assunto, embora Aurora achasse que todos/as na sua família soubessem sua orientação sexual. Mesmo já tendo vivido outras relações, Dora, sua companheira, foi a primeira namorada integrada à rede de relações familiares. Quando o irmão de Aurora se casou, ela e Dora compareceram à cerimônia como um casal, e foram o primeiro par de madrinhas/padrinhos a entrar, como parte dos ritos da celebração. Aurora ficou aliviada e feliz ao ver Dora ser aceita, embora tenha me confessado que, mesmo depois do evento, elas não transitem tão à vontade quanto seu irmão e a esposa pelos espaços familiares.

Ivone – que, no momento da entrevista, contava 31 anos, tem a pele clara e estava alocada na classe baixa – enfrentou hostilidades contundentes ao circular e conviver com as famílias de suas parceiras – todas negras. Com a família inter-racial de Dalila, os conflitos versaram também em torno da diferença de classe: Ivone já tinha deixado de morar nas ruas, mas residia em um setor empobrecido do Plano Piloto, exercendo funções precárias de trabalho. Já Dalila, então com 27 anos, vivia com os pais em um bairro de classe média também no Plano. Adotada, ela era negra, como o irmão e a mãe. O pai, por sua vez, é branco "dos olhos azuis". Quando começaram a se relacionar, Dalila não trabalhava e era um tanto superprotegida. Segundo Ivone, antes de se relacionar com ela, Dalila "saía de segunda a segunda, enchendo o pote de cachaça, fez dois abortos e não sabe nem quem era o pai". Ivone não se conformava em ser odiada pela sogra mesmo o comportamento da namorada tendo mudado para melhor depois que se envolveram. A situação de hostilidade, me disse, persistiu por 4 anos.

O restante da família de Dalila tinha outra postura, e as animosidades abertas partiam somente do pai e da mãe da parceira de Ivone. Parentes dos dois lados da família da namorada a convidavam para festas e outras reuniões familiares. Além disso, ela me disse que o cunhado, apesar de abertamente homofóbico, nunca a havia maltratado.

As ressalvas a Ivone e ao relacionamento restringiam a circulação do casal no ambiente familiar e submetiam a entrevistada a uma rotina em que a aversão a ela era exibida em todos os momentos de contato – como quando o pai e a mãe buscavam Dalila em sua casa e fechavam os vidros do carro. Segundo Ivone, a relação terminou porque Dalila se recusava a sair da casa de sua família e morar com ela, e a situação hostil tornara-se, para ela, insustentável.

Não é possível saber se uma parceira branca e/ou de classe média teria melhor recepção, ou se o tratamento seria outro. Mesmo assim, embora a homofobia se destaque, com efeito, como principal elemento visível do atrito, é plausível supor que raça e classe contribuíram para a discriminação de que Ivone foi alvo. Negra, lésbica e pobre, tendo crescido nas ruas, Ivone encarnava a imagem, se não da oportunista, ao menos da corruptora, daquela que, desviante em relação à moralidade sexual referencial, desvirtuava Dalila e a distanciava dos planos e projetos nutridos por sua família.

## Sob o olhar de terceiros

Para além dos/as familiares, outras pessoas interagem com os pares. Não raro, amigos/as, vizinhos/as e mesmo desconhecidos/as interferem no relacionamento do casal e dão seus pareceres quanto ao que consideram ser a pertinência ou, principalmente, o despropósito da configuração racial de um par específico. Ainda que tenham se mostrado menos impactantes para as entrevistadas do que as interações com familiares, as abordagens de terceiros – amigos/as e desconhecidos/as – mostraram-se também relevantes para as suas vivências afetivo-sexuais.

Como no caso das famílias, as entrevistas apontaram que os tipos de comentários e intervenções se sobrepunham consideravelmente com o perfil racial de quem interferia. Por isso, organizo minhas análises nesta seção tendo em vista esse critério.

*Interações com brancos/as*

Filha de mãe branca e pai negro, desde criança tenho a oportunidade de observar as reações das pessoas frente ao casal que compõem. São comuns os comentários e piadas por parte de amigos/as e conhecidos/as. Quanto aos/as desconhecidos/as, amiúde, algum traço de surpresa ou reprovação mal contida se deixa revelar no semblante de vendedores/as ou transeuntes quando percebem que minha mãe e meu pai são um casal. Em algumas situações, a indignação resultou mesmo em intervenções bastante desagradáveis, como na ocasião em que saímos para um jantar em família em algum restaurante frequentado pela classe média baixa na cidade em que vivíamos no interior de São Paulo. Um homem branco em outra mesa enviou um bilhete a minha mãe pelo garçom, no qual se lia algo do tipo: "O que você está fazendo com esse negão? Larga ele e vem aqui ficar comigo". A interferência nefasta arruinou o clima do evento para toda a família e, ainda crianças, eu e minhas irmãs recebíamos mais uma amarga lição sobre o significado de ser negro/a numa sociedade racista.

Ressoando as impressões retiradas da anedota impressa como memória de minha infância, as entrevistas indicaram que o casal inter-racial é o principal alvo das atenções alheias, e que os homens brancos são os/as principais "interventores". Da mesma forma como relatado por mulheres negras entrevistadas por Virgínia Bicudo ([1945] 2010) na São Paulo da década de 1940, circular como um casal inter-racial significa ainda hoje ter de lidar com certos tipos de reação e intervenção alheia.

A interação mais frequente de terceiros com o casal inter-racial se deu pelo olhar (Hernton 1973; Moutinho 2004; Osuji 2013b; Sheriff 2001), e partiu primordialmente de pessoas brancas. A mirada demorada ou sorrateira que avaliava o corpo negro e o seu par branco revelou-se eficiente expressão de julgamento das circunstâncias, servindo como um veredito de inadequação. Teresa, por exemplo, me disse que sempre comentava com sua mãe que Fortaleza é uma cidade "profundamente racista", pois as pessoas "olham muito" e de maneira hostil quando ela transita com Paulo.

Carla, referindo-se a Brasília, me contou que o mesmo acontecia com ela e o marido, Eduardo.

Por vezes, no entanto, como no episódio do jantar em família, as intervenções foram incisivas. Uma situação narrada por Conceição adquiriu esse perfil mais evidente, mas partiu de um amigo de seu parceiro – e não de um desconhecido. A entrevistada ainda estava magoada com seu parceiro anterior, branco, que a havia deixado para ficar com uma mulher branca. Como indiquei anteriormente, envolvendo-se com Juliano, homem branco que viria a ser seu marido, Conceição avaliava cada uma de suas atitudes, na tentativa de evitar uma nova decepção. Depois de ter "ficado" com Juliano uma vez, se afastou dele. Um dia, se encontraram novamente por acaso e "ficaram de novo", quando ela ouviu um dos amigos que o acompanhava dizer que Juliano estava "com uma macaquinha". Por isso, afastou-se novamente dele. Entre si, os amigos brancos de

Juliano reprovavam a opção de um dos seus, repreendendo-o em sua escolha e, usando termos clássicos do vocabulário racista em sua presença, não pareciam especialmente preocupados em evitar que Conceição ouvisse o comentário que a humilhava e ofendia.

Para além de ferir os sentimentos de Conceição, a crítica proferida pelo amigo de Juliano a fazia ponderar sobre o caráter do parceiro, interferindo no rumo de suas decisões sobre se relacionar ou não com ele. Ela se indagava se ele também não partilharia das crenças racistas dos amigos. O relacionamento só engatou de vez quando se encontraram por acaso uma terceira vez e ela expressou seu desconforto ao rapaz. Conceição disse que só então certificou-se que Juliano era "diferente" e passou a confiar nele.

Não fossem o reencontro por acaso e a disposição de Conceição em continuar a lidar com a questão, talvez o comentário racista tivesse por consequência o fim do relacionamento.

No decorrer da pesquisa, compilei relatos sobre e de homens brancos que, como Juliano, foram interpelados por amigos também brancos que questionavam seu relacionamento com mulheres negras. Já relatei o caso em que Carla ficou com um cara branco em uma boate, tendo o rapaz sido imediatamente repreendido pelos amigos. Situações como essas começaram a emergir em conversas informais quando eu mencionava alguns achados da minha pesquisa. Os termos empregados para se referir às mulheres foram sempre racialmente ofensivos, tais como "macaca" ou "negona". Numa das histórias que colecionei, Leonardo, um homem branco de classe média alta que vivia em uma capital do Sudeste, confessou a um amigo (negro) que preferia se relacionar afetiva e sexualmente com mulheres negras, mas que só namorava mulheres brancas por causa da pressão dos pares (homens brancos). No entanto, ele frequentava "sambas da periferia" da cidade onde morava para ter a chance de viver relações – clandestinas – com mulheres negras.

Se nas famílias brancas as mulheres eram as principais responsáveis por gerir e zelar pela preservação do capital racial representado pela branquitude, entre os/as amigos/as, os homens brancos foram os que apareceram mais significativamente como figura interventora, sempre em relação a outros homens brancos[106]. Eles apelavam então a uma noção de coletividade articulada racialmente:

---

[106] Embora uma análise aprofundada sobre dinâmicas raciais estabelecidas entre brancos/as fuja aos objetivos deste estudo, levanto aqui a hipótese de que, para casais inter-raciais heterossexuais, a intervenção de pessoas brancas se dê de acordo com o gênero, com homens intercedendo junto a outros homens e mulheres junto a outras mulheres. Um caso narrado por minha mãe sugere que esse tipo de monitoramento das fronteiras raciais pela vigilância do grupo branco não acontece exclusivamente entre homens brancos. Minha mãe engravidou de mim e de minha irmã gêmea quando namorava o meu pai. Antes de se casarem, duas mulheres brancas casadas com amigos de meu pai – um deles, "moreno" (não branco); o outro, descendente de japoneses – a interpelaram quanto ao matrimônio, alegando que, como uma moça branca, ela não deveria se casar

junto com o amigo "interditado", comporiam um grupo superior, demarcando a inferioridade – estética ou de natureza geral – da pretendente negra. Com o seu chamado, apontavam que o amigo violava princípios relativos à moralidade sexual aos quais o grupo aderia e cujas regras defendiam. Tentando constrangê--lo e envergonhá-lo pela escolha da parceira, os amigos brancos esforçavam-se para preservar a "pureza" de seu grupo racial. Ter um dos seus junto a uma parceira negra era visto como uma transgressão que feria não apenas a honra pessoal, mas toda a coletividade, ao contrariar um projeto (Schutz 1979; Velho 1994) coletivo.

A pertença racial da parceira negra foi mencionada por amigos do par branco também em um outro sentido. Luiza me contou que, em certa ocasião, um conhecido de Cássio disse ao casal que o rapaz era "esperto de ter casado com ela", insinuando que Luiza seria "boa de cama" e que assim ele teria "sexo bom pro resto da vida". Luiza sentiu-se então chamada "de puta".

A noção de superioridade da mulher negra no aspecto sexual despontou, novamente, como fator aceitável de atração para o homem branco, constituindo mesmo um elemento que favorecia a aprovação da relação inter-racial entre seus semelhantes. Ao mesmo tempo em que a ideia de inferioridade racial e estética constitui o motivador da repulsa e da separação entre grupos, quando o par inter-racial é aceito, o apelo sexual atribuído à mulher negra é tomado como a justificativa plausível para a transposição das fronteiras do próprio grupo racial e mesmo para a relativização da moralidade sexual, no que se refere à proscrição do casamento entre homem branco e mulher negra.

Luiza, ao empregar o termo "puta", não o faz de maneira ocasional ou figurativa. A palavra captura, de maneira fidedigna, significados comumente atribuídos à mulher negra que circula com um par branco. De fato, tanto Luiza quanto Teresa me disseram que já haviam sido abordadas nas ruas como se fossem prostitutas quando estavam com seus maridos. Com Luiza, o fato se passou no rio de Janeiro; com Teresa, em Salvador. Luiza indicou que se trata de um fato corriqueiro, "um clássico". Teresa afirmou que a possibilidade de ser confundida com uma prostituta era para ela "muito desagradável", e como "um fantasma" que vivia a persegui-la.

Como para o contexto de flerte e abordagem, aqui também o lugar – ou cenário (Goffman 2013) – toma parte na inferência de terceiros sobre o tipo de vínculo existente entre as entrevistadas e seus pares brancos/as. Luiza e Teresa circulavam por espaços de consumo e sociabilidade das classes médias e altas. Por serem mulheres negras e pela negritude estar associada à pobreza no imaginário racista, desconhecidos/as supunham que seu acesso a tais espaços se dava pela mediação do homem branco. Além disso, Salvador e Rio de Janeiro,

---

com um negro – mesmo ele sendo um "cara legal". Para elas, a estigmatização por se tornar uma "mãe solteira", situação tradicionalmente associada à desonra feminina, seria menor do que a causada pela união oficial com um homem negro.

regiões que concentram atenções e visitas de turistas estrangeiros/as e advindos/
as das classes médias e altas nacionais, foram identificadas pelas entrevistadas
em relacionamentos inter-raciais como territórios onde elas foram frequentemente lidas como prostitutas[107]. Mesmo em se tratando de cidades com índices
significativos de uniões inter-raciais e com expressiva classe média negra, aos
olhos do público, seu envolvimento com um homem branco, em conjunto com
a circulação do casal em ambientes mais abastados, ganhava inteligibilidade
como um vínculo pautado naquilo que cada termo do par teria a oferecer e de
que a outra parte quereria desfrutar: sexo e dinheiro. Importante notar que esta
é a mesma imagem que atravessou as atitudes das famílias brancas. No caso
mencionado por Teresa, os significados atribuídos ao par desdobraram-se na
abordagem "acintosa" de um homem branco desconhecido, sedento dos serviços que ela, supostamente, poderia lhe oferecer, interrompendo violentamente
o momento de lazer de que a entrevistada desfrutava.

Situações semelhantes acontecem também no DF, e manifestam-se sobretudo pelos "olhares inquisidores" – para empregar um termo utilizado por
Teresa. A visita a hotéis requintados da capital é uma circunstância que gera
sempre maior nível de apreensão a mulheres negras minhas conhecidas. Além
de serem espaços de circulação das camadas mais enriquecidas, tais lugares
concentram serviços de prostituição de luxo. Ao circular por tais recintos, frequentemente as representações quanto à sexualidade de mulheres negras conferem sentido ao par inter-racial como uma relação entre prostituta e cliente.

Algumas das entrevistadas, sobretudo aquelas mais afinadas com o discurso
antirracista, mostraram-se especialmente atentas e sensíveis às atitudes de par-
ceiros/as brancos/as frente a posturas discriminatórias de outras pessoas brancas.
Essa foi, para elas, uma fonte contínua de expectativas, mágoas e ressentimentos
– nem sempre vocalizados. Um dos sinais de ansiedade que captei durante a
pesquisa foi a pressa das entrevistadas em me contar a reação do parceiro frente
a situações em que elas foram discriminadas ou ofendidas. Por exemplo, quando
Luiza discorreu sobre o "elogio" advindo de um conhecido de Cássio, ela rapidamente emendou que o marido tinha fechado a cara e mudado de assunto, mas
que não tinha dito nada porque se tratava de um amigo do pai dele.

Tal foi, de fato, a expectativa predominante: que os/as parceiros/as fossem
capazes de ao menos perceber as situações em que elas eram discriminadas,
apoiando-as, e talvez até mesmo reagindo. Impossível dizer se tais anseios decorriam da demanda por proteção masculina ou da condição racial do parceiro, que,

---

[107] A associação da figura da mulher negra que compõe um casal inter-racial ou transita
sozinha à imagem da prostituta foi relatada também por outros trabalhos acadêmicos.
Ver, quanto à questão, os escritos de France Twine (1998), sobre pesquisa conduzida em
Valença, no Rio de Janeiro; de Moutinho (2004) e de Chinyere Osuji (2013b), realizadas
na cidade do Rio de Janeiro; e também os de Angela Gilliam e Onik'a Gilliam (1995) e
de Erika Williams (2013), sobre investigações conduzidas em Salvador.

como branco, teria maior condições de se impor ou maior responsabilidade de lidar com a situação; talvez ambos os fatores estivessem presentes. A questão é que por vezes a reação aconteceu. Outras vezes, não.

Em outra situação, Luiza e Cássio visitaram a irmã dele em um condomínio de luxo. Ao interfonar para a casa, o porteiro disse: "Seu irmão tá aqui com uma morenona". Luiza sentiu-se ofendida e, ao chegar à casa da cunhada, encontrou-a também tremendo, indignada. A irmã de Cássio ligou então para a portaria e disse que o que havia acontecido era racismo, que poderiam ser processados. Cássio, por sua vez, não se manifestou; Luiza entendia que ele não havia notado a gravidade da situação. Não poder contar que o marido sempre perceberia e reagiria a situações racistas era algo que a chateava.

Quando o parceiro branco aderia em maior medida ao discurso de democracia racial, sua sensibilidade a situações discriminatórias mostrou-se menor, e as divergências de percepção entre o casal foram mais marcadas. Carla considerava que, para Eduardo, "nunca teve essa questão de ser negro, ser branco... isso não existe. Todo mundo é igual". Isso o levava a "não perceber" situações em que ela sofria racismo. Carla buscava sensibilizá-lo, dizendo que não podiam fechar os olhos, embora tenha dito que não se incomodava com sua abstenção.

A postura de Eduardo ressoa uma atitude comum entre brancos/as que integram casais inter-raciais frente a situações de racismo: "ignorar sua existência para amenizar ou eliminar seus efeitos" (Barros, Z. 2003, 137). Embora afirmasse não se importar com a atitude do parceiro, Carla empenhava-se para que ele notasse e desse o peso que ela considerava devido às situações de racismo, que lhe passariam, de outra forma, completamente despercebidas.

A questão emerge como um ponto de negociação e talvez de disputa ou tensão dentro do relacionamento, que, no entanto, gerou mais frustrações para as entrevistadas do que efetivamente um conflito, já que parceiros com o mesmo perfil de Eduardo em geral minimizam a situação ou se abstêm de fazer comentários sobre elas, desengajando-se das conversas sobre o tema. Nos episódios, as entrevistadas reivindicavam o reconhecimento do parceiro branco quanto à existência do racismo na sociedade brasileira e, em particular, de situações específicas de discriminação enfrentadas por elas, em uma ação pessoal e cotidiana de resistência dentro de um relacionamento íntimo. Com isso, elas buscavam construir um espaço de escuta e acolhimento, que não estava dado somente pelo fato da existência da união, mas que dependia de sua capacidade e vontade de ensinar e da disponibilidade do/a parceiro/a de aprender.

Que esse processo de aprendizado tenha que existir e nem sempre seja viável é um indicativo de um distanciamento social entre as experiências sociais de brancos/as e negros/as, que se alimenta tanto da segregação socioespacial quanto – e sobretudo – da etiqueta racial, que recomenda às pessoas negras o silêncio e outorga às brancas a capacidade de silenciá-las quando falam sobre racismo. Quando não houve disponibilidade para escuta e ação por parte do/a parceiro/a branco/a, por vezes, o par negro passou a "sufocar" as suas próprias percepções: ou incorporava as opiniões do par branco como as suas próprias, ou evitava tratar do assunto com ele/a. A experiência de vulnerabilidade e discriminação tornava-se então incomunicável, convertendo-se em experiência de solidão ou mesmo em tentativas de negar as próprias impressões e sentimentos e o próprio julgamento, frente a circunstâncias discriminatórias – uma espécie de *gaslighting*[108].

Na pesquisa, encontrei ainda algo da "batalha de cores" mencionada por Roger Bastide (Bastide e Fernandes [1955] 2008) – porém, entre as mulheres. Segundo as entrevistadas, tal qual os homens brancos, as mulheres brancas se engajavam em olhares e buchichos que expressam o seu estranhamento ou desaprovação dos casais inter-raciais. Ressoando as lógicas de competição feminina instituídas pela valorização do olhar masculino (Zanello 2018), e também as tendências estatísticas apresentadas por Elza Berquó[109] (1987), a relação entre mulheres heterossexuais negras e brancas foi descrita como relação de disputa e competição.

Com efeito, nas falas das entrevistadas, algumas mulheres brancas foram retratadas como enxergando as mulheres negras como figuras intimidadoras. Berenice – de tez escura, 56 anos e de classe alta – me contou que, durante algum tempo, frequentou uma escola de idiomas. Quando resolveram fazer uma festa de final de semestre, a professora, branca, ofereceu sua casa, mas alegou "ter medo" de Berenice porque seu marido era "chegado numa negra". Por isso, a entrevistada deixou de comparecer ao evento. Além disso, Berenice disse perceber que muitas de suas amigas brancas apresentavam o mesmo tipo de apreensão. Elas não questionavam a postura dos maridos; porém, a simples presença da mulher negra no espaço doméstico da mulher branca foi tomada como uma ameaça aos seus relacionamentos – mesmo quando ambas dispunham de uma relação de amizade. As mulheres negras foram consideradas como sexualmente atraentes e moralmente desviantes, pois tidas como incapazes de agir para preservar a relação de amizade, em detrimento de um potencial envolvimento erótico.

---

[108] Em tempos recentes, *gaslighting* passou a designar um tipo de violência psicológica em que a vítima é manipulada pelo/a agressor/a para questionar a realidade que percebe, duvidando da própria sanidade mental. O termo já foi utilizado anteriormente para fazer referência à negação do racismo: *gaslighting* racial, para Angelique Davis e Rose Ernst, refere-se "ao processo político, social, econômico e cultural que perpetua e normaliza a realidade da supremacia branca ao patologizar aqueles/a que [a ela] resistem" (Davis e Ernst 2017, 3, tradução minha). No original: "*the political, social, economic and cultural process that perpetuates and normalizes a white supremacist reality through pathologizing those who resist*".

[109] Laura Moutinho assinala que Elza Berquó destoa de autores clássicos do campo das relações raciais porque "concede preponderância à disputa entre mulheres" – e não entre homens. Segundo Moutinho (2004, 305), os dados de Berquó "indicam que 'mulheres brancas' *competem* com sucesso nesse mercado com as 'pretas' e 'pardas'" (grifos da autora).

Ao mesmo tempo, mulheres brancas também foram acusadas pelas entrevistadas de tentarem conquistar os parceiros das mulheres negras. Nina (de 23 anos, tez escura e da classe média), por exemplo, me disse que notava uma forte competição, e que muitas mulheres brancas "chegavam" em seu namorado, Arthur, e fingiam não notar que ele a acompanhava. Segundo a entrevistada, as "piores" seriam as "do rolê gratidão, sororidade", o "povo de saião".

Segundo Nina, uma moça em especial jogava charme para Arthur, ignorando deliberadamente a sua presença e o relacionamento do casal. Como as amigas de Berenice, Nina mostrou-se mais preocupada com a postura da outra mulher do que com a atitude de seu parceiro. A descrição do perfil da garota em termos pejorativos tinha por intuito apontar que esse tipo de competição emergia mesmo em circuitos considerados alternativos e feministas: Nina via lemas como "sororidade" como esvaziados de significado. Para ela, na situação em questão, o racismo emergia quando as mulheres brancas se valiam de seu maior status como potencial parceira, com base no quesito racial, e agiam embasadas pela consciência de estarem dotadas de atrativos superiores àqueles de uma parceira negra. A mesma percepção apareceu na fala de Teresa. Para ela, a rivalidade das mulheres brancas aparece quando as negras estão "pau a pau", já que as primeiras nunca acham que estas estão "no mesmo nível de competição".

Para as entrevistadas, as mulheres brancas heterossexuais tanto as viam como uma ameaça, considerando os atributos sexuais e morais associados às mulheres negras, quanto eram ameaçadoras, porque manipulavam conscientemente a percepção de superioridade de seu status racial. Em suma, entre mulheres heterossexuais brancas e negras, as interações relativas ao casal foram retratadas como orbitando em torno de dinâmicas gendradas de competição por homens, com a mediação de representações e valorações articuladas por raça.

Ao frequentar espaços de samba da cidade, pude observar em primeira mão dinâmicas acentuadas de competição entre mulheres negras e brancas. Os sambas "autênticos" – em oposição aos sambas "de branco" –, eram organizados e frequentados por (ex-)estudantes da Universidade de Brasília e/ou militantes ou simpatizantes do movimento negro, com adesão também ao ideário da esquerda, e recorriam a algum tipo de discurso sobre as "raízes negras" do samba – perfilando o discurso antirracista. Na seleção musical, predominavam os sambas de partido alto de compositores/as negros/as – principalmente daqueles/as que tiveram algum tipo de ação ativista, como Candeia e Clementina de Jesus –, canções que ficaram famosas nas vozes de artistas negros/as, composições que destacavam a vinculação do gênero musical com o Candomblé, e ainda, esporadicamente, um ou outro funk, forró ou pagode.

Mesmo em tais ambientes, se fazia vigente a superioridade estética das mulheres brancas – talvez um tanto enfraquecida, contudo, pela proposta ativista da festa. Para além de uma disputa afetiva, as mulheres negras e brancas rivalizavam, nesse contexto, pela legitimidade da ocupação do espaço e posição de destaque nele. Via de regra, eram as mulheres negras que dominavam o centro da pista de dança, em performances espontâneas, porém elaboradas, individuais ou na típica e amistosa "disputa" travada na roda de samba. Quando mulheres brancas buscavam adquirir protagonismo em tais espaços, eram rapidamente informadas pelas mulheres negras, por meio de olhares fulminante ou movimentos corporais hostis, de que não eram bem-vindas. As mulheres negras reivindicavam aquele espaço como seu: quanto à presença das mulheres brancas e a sua hegemonia junto às preferências masculinas, não havia o que fazer, deveriam ser toleradas; mas a posição de destaque na dança, particularmente nos sambas "autênticos", talvez a única dimensão em que prevalecessem, seria defendida com ardor. Em tais ocasiões, as mulheres brancas pareciam muito ofendidas e completamente desorientadas quanto ao motivo das hostilidades. Afinal, a possibilidade de navegar pelo mundo ignorando os conflitos raciais e a maneira como eles configuram a ocupação dos espaços constitui um dos privilégios de quem ocupa as posições dominantes. Assim, a breve suspensão da posição de proeminência resultava em interpretações de "hostilidade gratuita".

## Interações com "patrícios"[110]

Destaquei anteriormente a importância dos gestos, olhares e mesmo comentários de aprovação ao casal negro, sobretudo em espaços alinhados ao ativismo, como significativos na construção e reforço de um imaginário contra-hegemônico. Mesmo assim, as interferências positivas ou negativas dos "patrícios", isto é, de homens negros e mulheres negras que integram a rede de sociabilidade dos casais ou que interagem com o par na qualidade de desconhecidos/as, foram muito menos mencionadas pelas entrevistadas, em termos de frequência e importância, em comparação às alusões e às intervenções de pessoas brancas. É possível que tais intervenções positivas se esmaeçam da memória frente ao significado atribuído aos conflitos com os/as brancos/as, mais marcantes; pode-se ainda cogitar que o grau de ingerência do grupo negro é, de fato, relativamente menor, como resultado de um sentimento de grupo mais afrouxado entre os/as negros/as do que entre os/as brancos/as; que não se valorize um projeto comum, no sentido de um plano de destino compartilhado, entre os/as negro/as; ou ainda que, como segmento de menor status social, estes/as não se sintam impelidos/as a se mobilizar de modo a proteger bens simbólicos e materiais, de que estão, afinal, destituídos/as enquanto grupo. Essas são, no entanto, especulações, hipóteses que precisam de confirmação por outros estudos.

A esta altura, o/a leitor/a já deve estar ciente de que as relações raciais estão perpassadas por todo tipo de afeto. Elas despertam ódios e canalizam afeições; desenham possibilidades de desejo e repulsa; instituem relações de rivalidade e de cumplicidade. Numa pesquisa que emprega primordialmente o método

---

[110] Expressão utilizada, por exemplo, por pessoas negras entrevistadas por Virgínia Bicudo ([1945] 2010).

da entrevista, é difícil conseguir que as participantes discorram sobre sentimentos e comportamento próprios quando eles são considerados moralmente
condenáveis, sobretudo em relação a pessoas do mesmo grupo racial que elas.
Quando falam sobre as atitudes de outras pessoas negras, no entanto, outros
aspectos da dinâmica intragrupo se deixam flagrar.

As interações entre "patrícios" que foram, com efeito, mencionadas, foram
de dois tipos: pressão para que as entrevistadas se relacionassem com pessoas
negras ou dinâmica de competição entre mulheres.

Nas situações do primeiro tipo, relatadas primordialmente por entrevistadas de classe média/alta que circulavam por espaços relacionados ao ativismo,
compor um casal inter-racial significava lidar com cobranças explícitas por
parte de outras pessoas negras, que agiam embasadas pelo discurso antirracista. Já relatei em outro momento a maneira como Marcelo, negro, interpelava
mulheres negras questionando – ou melhor, repreendendo – o seu envolvimento com homens brancos.

A questão também emergiu para Aurora, como um problema, a partir do
momento em que ela começou a se relacionar com Dora, branca. Aurora disse
ter se sentido muito "tensionada" no passado, e que muitas pessoas negras
tinham hostilizado seu relacionamento. Ela afirmou existir uma "patrulha"
muito grande, e contou que Dora muitas vezes foi questionada sobre a razão
pela qual se relacionava com uma mulher negra.

Enquanto os questionamentos dos/as brancos/as ao casal inter-racial resultaram, da parte dos/as primeiros/as, em intervenções junto ao par branco, a
"interventora" negra questionou diretamente a parceira branca, que era considerada uma impostora. A lógica que orientava o primeiro tipo de interação
parece ser: a pessoa branca que se relaciona com uma pessoa negra viola regras
do próprio grupo, sendo por ele repreendida. A mesma lógica foi empregada
para a pessoa negra que se relacionava com uma pessoa branca; contudo, havia
ainda a noção de que a pessoa branca era ameaçadora porque, dotada de maior
status social em virtude de sua branquitude, explorava fragilidades do par
negro e agia de má-fé, motivada por interesses próprios.

Aurora também mencionou uma ocasião em que foi interpelada por uma
mulher negra que não a conhecia, e que dizia que a entrevistada namorava
Dora por ter uma "síndrome de cachorrinho" e correr atrás de brancas.

Nos circuitos militantes, expandem-se atualmente os debates sobre a interiorização de padrões de beleza branca pelos/as negros/as, e também as discussões
que que tratam da valorização "patológica" – para empregar a perspectiva de
Fanon (2008) – do par branco. A busca reiterada por um/a parceiro/a branco/a,
que passa a ser enaltecido mesmo quando despreza a pessoa negra, é descrita
pela expressão "síndrome de Cirilo"[111] – em geral, referida a homens negros

---

[111] Cirilo é um personagem da novela infantil mexicana *Carrusel*, exibida no Brasil pelo
canal SBT entre os anos de 1991 e 1992, sob o título de *Carrossel*. O garoto, negro e

heterossexuais que procuram mulheres brancas. Um discurso semelhante sobre constituição da subjetividade e do desejo foi acionado pela "interventora", que supunha que Aurora se relacionasse com Dora com base em um sentimento de inferioridade decorrente da vivência da opressão racial, que a levaria a "correr atrás" da parceira branca[112].

Frente ao questionamento, Aurora interpôs um discurso um tanto calcado no ideário moderno individualista. Em primeiro lugar, ressaltou o direito à própria história, a uma singularidade, que não poderia ser conhecida a partir de tendências grupais mais gerais. Em segundo lugar, defendeu que a sua trajetória e as suas escolhas seriam de âmbito privado, e não estariam abertas a comentários alheios, a menos que solicitados.

Também Luiza se deparou com algumas dificuldades ao compor um relacionamento inter-racial. Ela afirmou que, se vivesse em um relacionamento com um homem negro, teria outras possibilidades. Com Cássio, por vezes, era como se vivessem em "mundos paralelos". Por exemplo, não lhe agradava ir sozinha aos eventos do movimento negro, e ele não se sentia confortável em acompanhá-la. Recentemente, ela sentira a necessidade de "sair do armário" e a postar fotos com o marido nas redes sociais. Afinada com o discurso antirracista, Luiza enxergava a paixão por um homem branco e o envolvimento com ele como uma contradição; a estabelecer alguma coerência entre aquilo que acreditava e o modo como se relacionava, um par branco não seria viável. Contudo, Luiza defendia o direito de ser uma pessoa complexa e contraditória.

Embora recentemente estivesse mais disposta a enfrentar a desaprovação, Luiza ainda supunha que se defrontaria com reprimendas por sua escolha de parceiros em espaços do movimento negro. De fato, a questão dos relacionamentos inter-raciais vem ganhando corpo nos circuitos militantes pelo menos desde o final da década de 1970, impulsionado principalmente por ativistas negras que questionam a prevalência do envolvimento de homens negros em geral, e dos ativistas em específico, com mulheres brancas (Moutinho 2004; Osuji 2016).

Enxergar a reprovação dos relacionamentos inter-raciais apenas como uma vertente radicalizada do discurso antirracista mais recente seria, no entanto, uma avaliação imprecisa. Já na década de 1940, uma das mulheres entrevistadas por Virgínia Bicudo expressava suas intenções de se casar com "patrício" para que os/as outros/as negros/as não falassem mal dela (Bicudo [1945] 2010, 104).

---

pobre, apaixona-se por Maria Joaquina, menina branca e rica que o despreza por sua condição racial e social. A garota o humilha frequentemente, mas ele continua se esforçando para conseguir sua atenção. Sobre a "síndrome de Cirilo", ver o texto de Mabia Barros (2013).

[112] Osuji (2016) notou que, também entre militantes do movimento negro do Rio de Janeiro, o relacionamento com pessoas brancas era entendido como falta de autoestima ou vontade de embranquecer – e, por isso, estigmatizado.

Ideias concorrentes sobre o perfil do/a parceiro/a adequado/a resultam, portanto, em intervenções de aprovação ou reprovação de diferentes tipos. As entrevistadas deparavam-se, por um lado, com a insistência para que se relacionassem com pessoas brancas – seguindo a lógica de embranquecimento e partilhando do padrão estético hegemônico, que é branco –, e, por outro lado, lidavam com constrangimentos para optar por parceiros/as do mesmo grupo racial. O sentido das pressões grupais dependeu do discurso que prevalecia no meio onde circulavam: se o discurso da democracia racial ou se o ativista.

Ainda outro tipo de interferência que partia de outras mulheres negras foi referido como significativo. Elza disse que mulheres negras a olhavam com hostilidade quando ela se relacionava com um par branco; de fato, relatou já ter ouvido que "fez macumba" para conseguir seduzi-lo. Creditava a antipatia à rivalidade, pois me disse que muitas acham que "outra mulher negra tem que ficar sempre abaixo". O mesmo, afirmou, não acontecia quando circulava com um par negro.

Em um novo capítulo da "disputa entre mulheres" (Moutinho 2004), Elza afirmou que as negras competiam entre si pelo parceiro que dispunha de um perfil valorizado pelo grupo: homem e branco. Como um bem cobiçado, aquela que o alcançava passava a ser alvo de inveja das demais. Já as mulheres brancas, dotadas de prestígio social em virtude de sua branquitude, não eram tomadas como rivais, pois estariam em nível superior às negras. Além disso, o par (heterossexual) branco era visto como um casal "natural". O mesmo não se aplicava à união entre uma mulher negra e um homem branco, considerada uma anomalia a demandar, como tal, alguma explicação, uma justificativa da ordem do extraordinário. O desprestígio das mulheres negras foi apontado pela referência à estética, e representado como feiura. Suplantá-lo, na lógica dos comentários, só seria possível pelo emprego de "magia" – "macumba" – ou em decorrência de um problema que incapacitasse a percepção adequada – "cegueira" – do par branco.

Se as rivais se empenhavam em desacreditar a "vencedora" na disputa pelo afeto do homem branco, aquela que alcançava a meta também desempenharia um papel nos conflitos entre mulheres negras e no reforço das dinâmicas sociais que os sustentavam. Para Elza, as mulheres negras gostam de convidar outras mulheres negras para suas casas para exibir seus maridos, principalmente quando eles são brancos. Referia-se especificamente ao caso de uma vizinha, mas disse já ter visto outras situações semelhantes.

A fala de Elza indica que ser desvalorizada como parceira afetiva aumenta o prestígio social atribuído à constituição de um relacionamento. Um par afetivo pode ser, portanto, objeto de ostentação, como se aquela que foi "agraciada" pelas atenções de um parceiro quisesse mostrar que constitui uma singularidade dentro de um grupo desfavorecido. Se o parceiro for branco, os motivos para se gabar e ser invejada aumentam significativamente.

Como em outras situações já mencionadas, a branquitude do parceiro parece ser capaz de transmitir algo de seu prestígio à mulher que com ele constitui uma união. Essa transmissão viabilizava-se porque amparada pela ideia de que a superação das grandes assimetrias de status entre homem branco e mulher negra se dá pela capacidade da mulher negra em questão de seduzir e manter o interesse e a afeição do par branco, a despeito da desvalorização de mulheres de seu perfil enquanto parceiras afetivas. A conquista do par branco, sobretudo como marido, é tomada como uma façanha[113], um feito que se explicaria somente em termos de "poderes" e características (positivas) individuais da "felizarda", tão expressivos que superariam os "defeitos" imputados pelo ideário racista aos/às negros/as como grupo. Assim, mesmo que integrar um casal inter-racial signifique lidar com frequentes comentários racistas, constituir um relacionamento desse tipo pode emergir, para mulheres negras, como uma estratégia de contraposição ao seu menor status social.

Por fim, cabe resgatar a concorrência entre mulheres negras de tez clara e tez escura. Ao retomá-la, indico que, em um espaço ativista ou influenciado pela militância negra e antirracista, ao contrário do sugerido pelas circunstâncias descritas por Elza, o par masculino negro é aquele ao qual se atribui maior valor. Por outro lado, talvez por influência das discussões que propõem uma igualdade entre os gêneros, naquele cenário os homens negros foram também interpelados quanto às suas escolhas, o que reduzia a força das tramas e dinâmicas próprias relativas à "competição" entre mulheres.

---

[113] Osuji traz achados semelhantes em suas pesquisas sobre relacionamentos inter-raciais no Rio de Janeiro, e descreve como homens negros que se relacionavam com mulheres brancas relataram receber elogios de outras pessoas (Osuji 2016). Apesar das diferentes manifestações de terceiros, que obedecem a lógicas de gênero – elogio ou inveja/competição –, a autora também indica que o relacionamento com uma pessoa branca é entendido como uma conquista pessoal.

# CAPÍTULO 5

# Subjetividades em tela

"tem um som
um som que seu cabelo faz no meio do meus dedo
é quase um tom específico de crespo
guardado entre as camadas de uma voz
sua sampleando cada pétala de flores como na [sua boca
toda tragédia fosse
virar música de novo"

(nascimento, t. 2017. 40-41)

"Rosa Maria Rosa parecia ter um problema. A moça murchava toda quando mãos estendidas vinham à procura dela. Nunca correspondia ao gesto de busca da outra pessoa. Não se entregava. Mantinha os braços cruzados como grades de ferro sobre o próprio corpo, com as mãos fechadas, postava-se ereta. Nenhum movimento de rosto era perceptível. Nem um leve piscar de olhos indicava o acolhimento da oferta que o outro corpo lhe oferecia. O carinho parecia ser só devolvido por dentro. Enquanto isso muitos ficavam sonhando com o corpo da moça. Não com os seus seios, não com as pernas, nem com mais nada. Adivinhavam. Tudo deveria ser belo. Rosa era linda. Seria ela a legendária rosa negra? Homens e mulheres queriam apenas entender o motivo do trancamento do corpo dela. Diziam que só as mulheres, as mais velhas, e as crianças cruzavam sob os braços da moça. Contavam também que o aconchego de Rosa era tão doce, que, uma vez abraçados por ela, quando se achavam no regaço da moça, o sentimento de torpor era tão intenso, que ficava esquecido o desejo de olhar para o corpo dela. E assim seguia Rosa Maria Rosa, com seus abraços fechados para muitos e profundamente inebriantes para as crianças e as mulheres velhas. O que levara Rosa Maria Rosa a economizar o seu gesto de acolhimento ao mundo? E, mais ainda, por que Rosa jamais se lançava nos braços de outrem? Mas eis que em um dia de calor intenso a moça se distraiu, e calmamente levantou os braços

**Como citar este capítulo:**
Pereira, Bruna Cristina Jaquetto. *Dengos e zangas das mulheres-moringa: Vivências afetivo-sexuais de mulheres negras.* Pp. 161-205. Pittsburgh, Estados Unidos: Latin America Research Commons. DOI: https://10.25154/book6. Licença: CC BY-NC 4.0

como se fosse uma ave em ensaio de voo. Todas as pessoas que estavam por perto viram. A cada gota de suor que pingava das axilas de Rosa, pétalas de flores voavam ao vento. Foi descoberto o seu segredo."

(Evaristo 2017, 19-20)

No presente capítulo, mantendo o enfoque nas vivências travadas na vida adulta, retomo a análise do seu aspecto subjetivo, sempre tendo em vista o modo como gênero e raça configuram as experiências afetivo-sexuais das mulheres negras. Parto da compreensão de que suas vivências são experimentadas também subjetivamente, com a mediação de um imaginário social que comporta referências simbólicas e discursos conflitantes sobre gênero e raça. Em especial, examino como aquilo que foi experienciado pelas entrevistadas em suas interações esteve articulado dinamicamente a referências do universo simbólico nacional, desdobrando-se em percepções de si, impressões quanto à sua posição relativa frente a outros/as, avaliações sobre o que poderiam alcançar, preferências e escolhas, desejos e projetos. Analiso aqui como as participantes da pesquisa orientaram sua ação e como foram articulados os seus planos e aspirações dentro de um contexto social de gênero e raça específico, sondando as maneiras pelas quais elas se engajaram com tal configuração, seja para reproduzi-la, seja para contestá-la.

Embora a produção acadêmica sobre as relações raciais tradicionalmente reserve um lugar de destaque à análise dos relacionamentos inter-raciais, o estudo sociológico de como as vivências afetivo-sexuais são experimentadas subjetivamente por mulheres negras é bem mais raro. Algumas considerações dessa natureza são encontradas nos trabalhos de Virgínia Bicudo ([1945] 2010), Neusa de Santos Souza (1983) e Beatriz Nascimento (Ratts 2006). As reflexões sobre a questão são, no entanto, pontuais, já que as autoras não versam exclusiva ou primordialmente sobre experiências amorosas ou sobre o tema da sexualidade. Na produção mais atual, algo pode ser encontrado nos trabalhos de John Burdick (1999), Laura Moutinho (2004), Elisabete Pinto (2004), Claudete Alves da Silva Souza (2008) e Ana Cláudia Lemos Pacheco (2013). De maneira geral, o autor e as autoras apontam para as maneiras como mulheres negras lidam com os estereótipos relacionados à sua sexualidade: em alguma medida, podem incorporá-los, admitindo-os como um fato; podem procurar deles se distanciar, com o intuito de se aproximar da imagem da mulher virtuosa ou reivindicando o status de ser individual; podem empregá-los de maneira pragmática, com vistas a encontrar um/a parceiro/a. Tais trabalhos tangenciam ainda a questão das preferências e projetos de mulheres negras no âmbito da afetividade e da sexualidade. Contudo, cada um deles restringe-se a explorar aspectos restritos da questão, ou a analisam sem privilegiar as experiências de mulheres negras.

Na análise que se segue, abordo três aspectos da subjetividade que emergiram como particularmente relevantes para as vivências afetivo-sexuais das entrevistadas: corpo, sexualidade e preferências. Ao tratar do corpo, tenho a oportunidade de investigar como o imaginário social e as interações sociais de mulheres negras conformaram as experiências que as entrevistadas têm de si mesmas: como se viam e se percebiam, e como se sentiam consigo mesmas em relação à sua aparência – fator proeminente para mulheres no que diz respeito às vivências afetivo-sexuais[114] – e identidade racial. Ao discorrer sobre como percebiam e vivenciavam a própria sexualidade, direciono o foco da análise à dimensão relacional. Nesse ponto, minha prioridade é capturar aspectos dinâmicos e intersubjetivos das tramas sociais para compreender como as entrevistadas viveram – e "ajustaram" – o seu "eu" tendo em vista uma determinada ordem de interação. Por fim, ao discutir as suas preferências, considero como elas percebiam suas opções e como foram construídos os seus projetos e desejos, seja no âmbito dos valores e no plano do ideal, seja quanto ao modo como se projetavam concretamente no mundo social e com ele interagiam.

Este é, ainda um capítulo em que exploro a maneira como a minha própria subjetividade foi tocada pelo processo de pesquisa. Destino algum espaço para dar vazão a impressões e sentimentos que me foram suscitados em meus encontros com as entrevistadas, por seus relatos e pelo processo de elaboração deste livro. Faço isso de maneira algo experimental e também indireta, incluindo imagens e situações fictícias no decorrer de minhas análises. Espero que tais passagens sejam capazes de mexer com a sensibilidade do/a leitor/a, ao mobilizar identificações e estranhamentos análogos ao que experimentei ao longo da pesquisa. Exacerbando sentimentos de afinidade e também de desconforto, meu intuito é trazer a primeiro plano a compreensão que norteia este capítulo: que a combinação entre gênero e raça é vivida também como uma experiência subjetiva, parte indispensável da vivência social – e não apenas para as mulheres negras.

## Corpo

### Sofrer a negritude do corpo

De ônibus, percorri a distância que separa o abastado Plano Piloto e uma das regiões administrativas que, no planejamento original de Brasília, foi forjada como uma das cidades voltadas a abrigar aqueles/as que foram atraídos/as para

---

[114] Aqui, baseio-me na compreensão de que, tendo em vista a maneira como feminilidade é construída, a internalização do "mito da beleza" faz com que a identidade e a autoestima das mulheres dependa da aprovação externa de sua aparência e comportamento (Wolf 2002). Como resultado, nas sociedades ocidentais, a beleza e a aparência física dispõem de maior peso como fator de atratividade para mulheres do que para homens (Hakim 2010).

trabalhar na construção da nova capital do país na segunda metade da década de 1950, mas que não se destinavam a habitá-la. Depois de cruzar a paisagem de mato seco e árvores retorcidas, cheguei ao meu destino. O local, embora ainda conservasse algo da monotonia dos traços mais retos que curvos do núcleo central do Plano, dele diferia quando se notavam as práticas e estéticas tão características dos bairros populares. As pessoas na rua rapidamente me identificavam como uma forasteira: o cabelo usado crespo, mesmo que preso, destoava dos visíveis esforços das mulheres locais para manter os seus alisados; eu usava sapato fechado, enquanto quase todos/as que encontrei pelas ruas calçavam chinelos – coisa rara de ser ver no Plano. A cor da pele e textura dos cabelos me aproximava da maioria dos/as transeuntes; o uso do corpo e dos adereços marcavam as nossas diferentes posições quanto a classe.

Fui recebida por Solange (40 anos, de tez clara e classe baixa) no portão de sua casa no horário combinado. Desempregada, ela havia acabado de se mudar com as três filhas para um lugar menor, nas vizinhanças mesmo de onde antes residia. Atravessamos o corredor estreito que dava acesso à porta de sua casa, assim como à entrada de outras pequenas construções contíguas que também se alugavam. Cruzando o batente, recebi as boas-vindas festivas e atrapalhadas de um filhote de cachorro, que morderia a barra de minha calça durante toda a entrevista, e fui devidamente investigada pela gata da família, que minutos depois se deitaria em meu colo.

Sob o teto de eternit sem forro e de fios e vigas aparentes, abarrotavam-se na sala diminuta dois sofás, um aparador e uma cômoda. No canto em que se encostavam, em ângulo reto, o fim do aparador e o começo da cômoda, meus olhos se deixaram fixar em uma imagem um tanto bizarra. Sobre o primeiro, havia um grande retrato de Solange e suas filhas, todas negras. Elas estavam bonitas e era nítido que tinham se arrumado para fazer a foto. Sobre a cômoda – que, Solange justificou, não cabia no único quarto da casa –, uma coleção de bonecas Barbie reluzia suas peles-plástico alvas e seus cabelos--nylon lisos dourados, como bibelôs que adornavam o ambiente. Uma única Barbie negra portava um legítimo *black* e destacava-se do conjunto, tornando a cena ainda mais pitoresca: a boneca de tez escura era a peça que ligava o retrato de família à coleção, ao mesmo tempo em que evidenciava o contraste entre aquilo que se é e o que a sociedade considera ideal, aquilo que se desejaria ser. Permanecendo no meu campo de visão durante toda a entrevista, a cena expressava aquilo que, por diversas vezes, as palavras de Solange se recusavam a dizer.

Ao tentar apreender a autoimagem das entrevistadas, pareceu-me fundamental ter em mente que as percepções de si são constituídas pela socialização e pelas interações sociais. Por isso, busquei compreender como essas mulheres se viam a partir da sondagem daquilo que elas consideravam mais marcante na forma como são vistas pelos/as outros/as. Solange expressou, por diversas vezes, que os homens achavam que ela era "besta", e que esse era o motivo pelo qual se sentiam atraídos por ela. Ela sofrera violência em diversos de seus relacionamentos, circunstâncias que enxergava como um tipo particular de enganação: os homens não entregavam aquilo que prometiam e que ela buscava desde que fugira da cidade natal, no Nordeste, para Brasília. Solange partiu e deixou a família para concretizar um projeto de vida: ser tratada com respeito.

Por modéstia ou por desgosto, Solange hesitava em falar sobre o que considerava positivo e interessante em si mesma. Por fim, consegui que confessasse que não gostava "de nada" em sua própria aparência, e que gostaria de ser "mais alta", "mais magra" e "o cabelo diferente". Tive que insistir: "diferente como?", ao que ela me respondeu que gostaria que os cabelos fossem lisos. A hesitação de Solange se deu quando ela olhou para os meus cabelos antes de decidir se poderia continuar e o que seria adequado dizer. Aproveitei o gancho para encorajá-la e pedi que mencionasse uma mulher famosa que gostaria de ser, se pudesse. Ela me respondeu que gostaria de ser Patrícia França. Apontei que a atriz não tem os cabelos lisos. Solange me disse que gostaria de ser como ela, mesmo com os cabelos cacheados.

Patrícia França alcançou o auge do sucesso na televisão entre as décadas de 1980 e 1990. Por sua aparência, a atriz encarna perfeitamente a figura "morena" brasileira, a imagem arquitetada pelo ideal de branqueamento: para os padrões brasileiros, é um tanto ambígua racialmente e, embora seja visível em suas feições alguma ascendência africana, dificilmente pode-se dizer que ela é negra, mas também é difícil afirmar que seja branca. Seus cabelos, se não são lisos, estão mais para ondulados, e não chegam a ser cacheados – embora ela os traga quase sempre alisados. Na televisão e no cinema, interpretou personagens marcadamente negras – como Rosa, na novela *A Escrava Isaura*, a escravizada negra que tem inveja de Isaura, branca e moradora na casa-grande –, e outras para as quais a identidade racial não se mostrava relevante – o tipo de neutralidade possível apenas para atrizes e atores que, se não são brancos/as, estão dotados/as de certa "passabilidade".

Solange começou falando de um desagrado generalizado com sua aparência para logo mudar para uma insatisfação com os cabelos, quando insisti que se aprofundasse na questão. Quando indicou alguém que gostaria de ser, os cabelos deixaram de ser tão relevantes, e ficou evidente que o que ela gostaria de mudar, se pudesse, era a sua própria identidade racial, deslocando-se da posição de irrefutavelmente negra em direção a racialmente ambígua e dotada de passabilidade. Se o desejo de Solange não é o de uma branquitude indubitável, ela gostaria de alcançar uma "morenidade" que tende mais para branca. A verdade é que Solange não gostava de ser negra, e sua negritude fazia com que se visse como uma mulher feia – ou pelo menos contribuía para isso.

Para mim – também uma mulher negra, mas de tez mais clara do que a dela –, a sua fala não foi algo fácil de ouvir. Aquilo que Solange disse revolveu-me as entranhas, e me fez sentir tristeza e raiva frente às "aberrações afetivas" (Fanon 2008, 26) que constituem as subjetividades em uma sociedade racista. A melhor forma de identificar esse mal-estar que resulta de uma vivência compartilhada do racismo me parece ser pela alusão ao banzo[115]. Originalmente, a palavra designa "o desgosto causado pelo afastamento violento da África, a revolta decorrente da perda da liberdade e as reações aos pesados e injustos castigos", desalento e nostalgia que chegavam a levar à morte aqueles/as que foram sequestrados/as e aqui escravizados/as (Oda 2008, 737). Atualizando o termo, emprego-o em sua proximidade do sentimento de "desgosto do cativeiro" (Oda 2008, 737), ou seja, para qualificar um complexo de sentimentos, um tipo de melancolia que deriva da humilhação e do sentimento de impotência frente à experiência da subalternidade racial.

No canto oposto da sala, a coleção de Barbies me saltava aos olhos como uma moldura que complementava o que eu captava das palavras vacilantes e do olhar encabulado de Solange. Fitei o que me parecia ser, àquela altura, um mar de Barbies loiras, agrupadas como uma tropa a defender a supremacia branca. Tive a impressão de que elas estavam dotadas de vida própria e me encaravam de volta, com a expressão risonha de quem, exultante, diz com desaforo: "Vencemos!". Reparei então na Barbie negra e admirei sua resistência impassível, seus grandes olhos brilhantes e seu sorriso de sonhadora. Contra todas as evidências, ela ainda acreditava que poderia virar o jogo. Sua postura impecável revelava a convicção de que a sua presença naquela coleção era a prova mesma de que uma mudança, ainda que lenta, estava em pleno curso. Ainda nervosa, mas contagiada por seu ar esperançoso, encarnei a embaixadora das gerações de mulheres negras assombradas por Barbies desde a infância, e retruquei para as minhas alvas desafiantes: "Ainda não, queridinhas".

O incômodo com o aspecto e formato do próprio corpo emergiu em todas as entrevistas. Encontrei uma obsessão generalizada em relação à gordura, para não a ganhar ou para perdê-la, de maneira a manter ou alcançar o padrão de beleza feminino. Mais difícil foi conseguir que as entrevistadas falassem sobre a sua relação com os seus atributos raciais. No passado ou no presente, alguns ou todos os traços caracterizadores da negritude haviam sido ou ainda eram considerados problemáticos, causando um desconforto que, se difícil de ser expressado verbalmente, aflorava aqui e ali quando falavam de alguma parte do corpo em particular. Jurema (33 anos, tez clara e de classe alta) não gostava de seu nariz e de sua boca, os atributos que caracterizavam a sua ascendência negra. Embora afirmasse ter orgulho de ser negra, detestava os rasgos de seu semblante que a caracterizavam como tal.

Antônia (52 anos, classe baixa), por sua vez, dispunha de um autoconceito amplamente influenciado pelo fato de ser a irmã mais clara e pelo conflito permanente com a própria identidade racial, que tentava conjugar com fragmentos recém-adquiridos do discurso antirracista. Indicada por outra entrevistada, foi classificada por mim e pela conhecida como negra e classificou-se como tal antes do início da nossa conversa. No curso da entrevista, no entanto,

---

[115] Sigo aqui o exemplo e os passos de Denise Cruz (2017).

descreveu-se como branca quando relatava interações com pessoas mais escuras do que ela. Durante todo o tempo em que estivemos juntas, afirmou não se importar com raça, mas sua fala revelou uma preocupação constante com o tema e com a forma como a negritude marcava a sua aparência. De saída, justificou-se dizendo que aquela não era sua cor real, que estava mais escura porque tinha trabalhado ao sol em seu jardim. Em seguida, relatou que já usou tranças e que gostava "dessas coisas da África" porque tem "descendência africana". Depois revelou que, na verdade, tinha os cabelos como os meus; entretanto, eles começaram a cair em virtude dos procedimentos constantes de alisamento, mais uma baixa decorrente do "alisamento compulsório"[116] (Cruz, D. 2019). Com os cabelos danificados e ralos, passou a usar as tranças para disfarçar. A insatisfação com os próprios atributos raciais emergiu ainda quando ela falou sobre a mãe, que descreveu como uma "índia muito bonita", e que disse ter sido repreendida pelas amigas quando se casou com seu pai, um "nego feio".

Em diversos momentos, às vezes referindo-se ao meu cabelo, Antônia afirmou que o cabelo cacheado ou crespo era o que estava na moda. Isso não a impediu de defini-lo como "duro", e de alisar o seu próprio até ser impossibilitada de fazê-lo por um problema de saúde decorrente dos procedimentos agressivos a que recorria.

O conflito e a oscilação de Antônia em relação à sua identidade racial me irritavam. Como pesquisadora, eu buscava me conter e encorajá-la a falar. Mas eu achava hipócrita o que me parecia ser a sua tentativa de não deixar transparecer o seu desprezo e sua raiva pela própria negritude e o sentimento de superioridade em relação às pessoas negras mais escuras do que ela. Seria mais honesto de sua parte assumi-los – eu pensava então. O que mais me exasperava, contudo, era a nossa semelhança dentro do espectro de cores na "palheta" brasileira. Como cresci em meio aos/às brancos/as, as disputas entre negros/as de tez clara com os/as de tez escura para sair ou entrar na categoria "negros/as" constituem um incômodo a ruir minhas esperanças de encontrar pertencimento, acolhimento e sentimento de coletividade junto a uma idílica comunidade negra unida e destituída de hostilidades. Naquele momento, senti como se Antônia encarnasse o motivo e a razão dos meus desenganos, pois sua postura exemplificava uma fragmentação a me recordar que as expectativas de unidade são muitas vezes apenas isso, aspiracionais e contextuais, articuladas na realidade de maneira sempre mais ou menos efêmera e complexa.

Ao mesmo tempo, eu me compadecia de seu sofrimento. Não devia ser fácil viver em um estado incessante de tensão em relação ao corpo que se habita e que representa parte significativa do que se é. Eu sabia da origem de suas

---

[116] Embora o alisamento nem sempre decorra exclusivamente da tentativa de "embranquecer", Denise Cruz (2017), tratando dos usos dos cabelos entre mulheres negras brasileiras e moçambicanas, indica que, para suas interlocutoras de pesquisa brasileiras, "alisar o cabelo é ser menos negra" ( 110). Esse me parece ser o caso de Antônia.

aflições. Como mulheres negras, "Carregamos em nosso corpo um signo ruim. O ruim, além de um julgamento moral, é um julgamento estético e fala sobre formas de sentir. Aquilo que é ruim se aproxima do feio e assim sendo nos sentimos inadequadas, desajustadas, indesejadas" (Cruz, D. 2019, 119). Lembrei-me então de uma passagem escrita por Beatriz Nascimento, que me recordou da distância entre o meu desejo e a realidade:

> "Pelos menos aqui no Brasil não é mais possível encontrar o homem negro "puro". Por enquanto ainda queremos nos "igualar", sermos "aceitos". Por enquanto ainda impera em nós o ideal estético do branco. Por enquanto há de nos ver com "alma branca", porque nós fazemos parte de um todo em que domina a ideologia do dominador, nós não somos 'belos' como o negro americano e não queremos, nem podemos ser." (Nascimento, B. 2006, 100).

O ideal do embranquecimento constitui-se não apenas como um projeto político das elites brancas e como uma dinâmica social posta em prática a partir de projetos nacionais, familiares e individuais. Ele só se torna viável porque abrange a dimensão subjetiva, porque internalizado pelos/as negros/as como um *sentimento* de incômodo com o próprio corpo, que se desenvolve como uma experiência de dor (Formiga 2015), de padecimento de si[117]. A negritude do corpo é vista como um problema em si e como fonte de problemas. Quando não está disponível um vocabulário para identificar o racismo como o fator problemático, é a própria negritude que passa a ser identificada como causa da feiura, da doença, da pobreza e do desprezo (Bicudo [1945] 2010), ou ainda, da rejeição da humanidade dos/as negros/as (Cruz, D. 2019).

O descontentamento ou ambivalência em relação à negritude inscrita no corpo mostraram-se mais acentuados para as entrevistadas de tez clara de classes mais baixas (ou delas oriundas): Antônia, Solange e Jurema. Com efeito, todas as três demonstraram menor acesso ou apropriação do discurso antirracista e, seduzidas pelas promessas não cumpridas de sua proximidade em relação à branquitude, pareciam incapazes de encontrar uma saída para o estado permanente de insatisfação consigo mesmas. Elas encarnavam a experiência de, como negro/a, "sofrer o próprio corpo" (Nogueira, I., 1999). Ao mesmo tempo, suas histórias, assim como a minha, indicam que a corporalidade negra é composta tanto pelo imaginário social comum – demonstrado aqui pelas bonecas e pela televisão – quanto gerada por trajetórias singulares, em contextos específicos – como mostram as diferenças entre a minha biografia, a de Antônia e a de Jurema.

---

[117] Discussões mais aprofundadas sobre os aspectos psicológicos da experiência da opressão racial por negros/as são encontradas nos trabalhos de Virgínia Bicudo ([1945] 2010), Neusa de Santos Souza (1983), Isildinha Nogueira (1998) e também nos escritos de Frantz Fanon (2008).

*Cabelos e negritude*

Sem dúvida, o cabelo é o atributo relacionado à identidade racial do qual as entrevistadas se sentiram mais à vontade para falar. Mesmo não constando no questionário, o tópico emergiu espontaneamente na pesquisa. A maioria das entrevistadas passou a alisar os cabelos ainda durante a infância ou no início da adolescência, quando o auto-ódio tende a se consolidar em resultado das dinâmicas interativas de rejeição baseadas no racismo (Cruz, D. 2019). Uma ocasião crítica para a maneira como se enxergavam, como se sentiam em relação a si mesmas e em relação ao mundo social mais amplo foi o momento da transição capilar, quando deixaram de usar química e de empregar procedimentos para alterar a estrutura dos cabelos, tornando-os lisos. As mudanças, quando adotadas, demonstraram ter profundos impactos subjetivos[118]. Entre as participantes da pesquisa, elas decorreram de duas razões distintas: dos problemas de saúde resultantes da química para alisamento ou da adoção de um novo referencial simbólico-discursivo.

Atualmente, assistimos a uma progressiva ressignificação e valorização dos cabelos crespos e cacheados que, iniciada pelos movimentos negros, ganhou primeiro as ruas, para só depois, e muito lentamente, ser incorporada pela mídia e pelo mercado. Cada vez mais, as mulheres brasileiras vêm deixando de alisar os cabelos, com as transformações se operando a olhos vistos. Desde a década de 1990, o mercado brasileiro vem se atentando para as demandas do público negro (Figueiredo 2002a). Mesmo assim, há ainda uma lacuna em termos daquilo que esse segmento da população deseja e o que está, de fato, disponível. Apenas recentemente os produtos e técnicas para cabelos crespos e cacheados tornaram-se disponíveis em maior escala.

Frente à escassez de alternativas, os salões étnicos, os coletivos dedicados à questão, a Internet e as redes sociais constituem importantes fontes de informação e encorajamento para aquelas que decidem passar pela "transição capilar" (Cruz, D. 2019; Gomes 2008). Segundo o Google, o principal site de buscas da internet, um indício do fim da "ditadura do alisamento" – ou do "liso compulsório" (Cruz, D. 2019) – seria o número crescente das buscas por "cabelos afro", que aumentou em 309% entre 2015 e 2017. De fato, a procura por informações sobre cabelos cacheados ultrapassou pela primeira vez a busca quanto aos lisos em 2017 (BRANDLAB 2017).

Além das informações obtidas pela Internet, para a maioria das entrevistadas que tiveram acesso ao ensino superior, a entrada na universidade constituiu um marco importante. Isso aconteceu com Aurora, para quem o acesso à

---

[118] A qualidade emotiva das transformações relacionadas ao cabelo crespo é encontrada em diversas sociedades configuradas, de formas distintas, pelo racismo. Para leituras sobre o contexto estadunidense, brasileiro e moçambicano, ver os trabalhos de bell hooks (1989), Nilma Lino Gomes (2008) e Denise Cruz (2017).

universidade propiciou um entendimento do "processo como negra na socie-dade", sobre os seus cabelos "e tudo mais".

Principalmente nas universidades públicas, sobretudo nos cursos de ciências humanas e sociais, as entrevistadas tiveram acesso a um discurso alternativo, que valoriza tanto a negritude quanto uma estética "negra" que se traduz na utilização de roupas, adereços e estilos relacionados a uma concepção de afri-canidade e do fenótipo negro. Tranças, *dreads*, turbantes e o cabelo "natural"[119] constituem parte de um estilo que algumas passaram a adotar.

Optando pelo uso do cabelo natural, as mulheres que os traziam alisados precisam encarar os eventos cotidianos e deslocamentos emocionais provo-cados pela transformação física, que vão dos olhares e ofensas nos espaços públicos à liberação de memórias traumáticas da infância[120]. As mudanças intensificam as fricções raciais e os encontros das mulheres negras com a dis-criminação e o racismo[121] (Cruz, D. 2019; Gomes 2008). O *big chop,* ou grande corte, em que se remove toda a parte alisada dos fios, é reconhecido como um momento dramático, e dificilmente ocorre sem que muitas lágrimas cor-ram pelo rosto da "iniciada". Além disso, aparecem as questões da lida com o cabelo (Cruz, D. 2019; Gomes 2008): a descoberta da textura dos fios e da sensação de tocá-los; os produtos e adereços a usar; como e onde cortar; as técnicas de processamento e modelação. Em interações pela Internet ou face a face, o aprendizado se dá entre mulheres negras, e constitui um momento de identificação, encorajamento, acolhimento e troca de afetos entre conhecidas e estranhas – aquilo que Denise Cruz nomeou de "fraternidade crespa" (Cruz, D. 2019). As influências para adotar o cabelo natural também fazem parte dessa fraternidade.

Na época da entrevista, Teresa, de tez clara e pertencente à classe alta, contava 32 anos. Ela relatou que a própria transição teve consequências para a sua mãe, que havia deixado de usar os cabelos escovados (alisados) depois dos 60 anos, por influência da filha.

A conexão e a influência em torno do uso do cabelo natural se dão tam-bém entre desconhecidas. Teresa afirmou ser comum ser parada por mulheres negras mais velhas na rua, que, satisfeitas, afirmam que não poderiam ter usado os cabelos "como os dela" – ou seja, crespos – em sua época. Sua fala me trouxe à memória uma ocasião transcorrida durante o período da pesquisa, quando eu

---

[119] Ângela Figueiredo destaca que também o cabelo "natural" passa pelo uso de produtos e técnicas que o modificam, e que a noção de naturalidade está associada, na verdade, à aparência. "Assim, o cabelo tido como natural é aquele que parece não manipulado" (Figueiredo 2002a, 3).

[120] Denise Cruz (2017) descreve a transição capilar como um ritual de passagem, que demanda tempo, coragem e transformações no *self.*

[121] Por experiência própria, sei que circular por espaços públicos usando os cabelos crespos e soltos se desdobra em reações no mínimo inusitadas e, por vezes, agressivas, que vão de olhares de nojo e estranhamento a xingamentos, toques não autorizados e puxões.

andava pela rua de cabelos soltos e vestindo uma saia estampada com pequenos círculos, e uma senhora negra idosa me parou para dizer, com uma voz terna e sorrindo: "As rodinhas da sua saia combinam com as do seu cabelo". A mim se dirigiu como se eu fosse uma sua neta. Uma troca tão rápida, mas tão intensa, me trouxe mesmo aquele sentimento de aconchego de colo de vó, de deitar minha cabeça sobre suas pernas e sentir os seus dedos enrijecidos a correr as voltas dos meus cabelos, a sensação de tempo parado, preguiça e afeto que é a do cafuné. Sorri e agradeci, inundada pela surpresa de encontrar um afeto tão gracioso quanto inesperado. Como ela trazia os cabelos alisados, instiguei-a, dizendo que os cabelos dela deveriam ser bonitos como os meus, ao que ela me respondeu que já estava muito velha para mudar, antes de nos despedirmos e seguirmos nossos caminhos.

Se proporcionam encontros e afetos, os cabelos naturais também apresentam às entrevistadas alguns desafios. Carla, que à época da entrevista usava os cabelos cacheados, me disse que sempre havia achado "lindo" o seu cabelo natural, mas que, durante certo tempo, preferira "fazer uma escova", "que durava a semana toda", sendo portanto "mais fácil". O cabelo cacheado, me disse, tem que ser molhado e cuidado com creme.

Mesmo quando "assumidos", os cabelos crespos ou cacheados exigem cuidados e produtos específicos, porque "embaraçam demais". Eles são vistos como "trabalhosos" e "rebeldes", cabelos que precisam ser manejados e administrados com muito cuidado e tempo para que fiquem devidamente "arrumados". São cabelos que, segundo as noções correntes, exigem muito empenho e também o gasto de dinheiro (Figueiredo 2002a), implicando mesmo numa "lida", um trabalho árduo e duro que remete ao tempo de escravidão (Cruz, D. 2019; Gomes 2008). Por oposição, fica implícito que o cabelo naturalmente liso é aquele que já está sempre pronto e ajeitado.

Junto à cor da pele, a textura dos cabelos é o atributo mais importante para a avaliação da classificação e da identidade racial (Figueiredo 2002a). Dentre os traços que caracterizam a negritude, as madeixas são os que dispõem de maior possibilidade de manipulação. Alisamentos, permanentes afro e mesmo o uso de tranças possibilitam mesmo que mulheres negras, até as de tez escura, transitem para uma categoria de cor mais clara aos olhos alheios (Gomes 2008). Talvez por isso, os cabelos são aquilo que muitos/as negros/as mais gostariam que fosse modificado em seu fenótipo (Figueiredo 2002a).

Ao falar sobre seus cabelos, as entrevistadas descortinaram a sua relação com a própria negritude – e também com a própria sexualidade, como indicarei mais à frente. O cabelo, como metáfora, lhes permitiu dizer que a negritude, como noção de identidade pessoal e coletiva e como realidade do corpo, pode ser vivida como um lugar de conexão, troca, prazer e afeto. Mesmo quando positivamente valorizada, ela é também experimentada como algo complexo e trabalhoso, que precisa ser gerenciado, que não pode ser deixado por si só e apenas "existir". Há sempre muito a ser feito, é preciso estar sempre atenta aos mínimos detalhes. É preciso administrar a negritude do corpo.

## Cheiro e vigilância, gordura e redenção

A preocupação das entrevistadas com a manutenção dos cabelos estendeu-se também para o restante de seu corpo, cujas mais básicas funções estiveram submetidas à vigilância e ao controle. A questão veio à tona na fala de Nina, 23 anos (de pele escura e alocada na classe média). Ela me contou que tinha "agonia do cheiro" do corpo e que não suportava ficar suada, tomando dois ou três banhos por dia. Via tais preocupações como uma questão de preferência pessoal que aprendera com a família e, nesse sentido, como uma "herança". Afinal, afirmou, transpirava muito.

A atribuição de mau cheiro ao corpo negro, como um elemento que o diferencia do branco, faz parte do imaginário do racismo científico e do senso comum. A tentativa de se afastar do estereótipo discriminatório configurava a relação de Nina – e de seus/suas familiares – com o próprio corpo. Em sua fala, tanto a transpiração considerada excessiva quanto o zelo em disfarçá-la foram compreendidas como "heranças".

Todas as regiões do país são assoladas pelo calor, ao menos durante certo período do ano. Embora Brasília não seja tão quente como, por exemplo, o Rio de Janeiro, o sol forte e as altas temperaturas são, em certas épocas, um desafio. Nesse cenário, impor-se a meta de parecer não suar significa submeter-se a um itinerário particular, de muitos banhos, aplicação frequente de desodorante e perfume. Nina atendia a um imperativo para se livrar de qualquer traço que evocasse a sujeira e o desleixo, a anormalidade ou a doença – ainda que isso significasse adotar e naturalizar rotinas quase desumanas, porque visavam inibir ou mascarar funções próprias do corpo humano que são significadas tendo em vista sentidos racializados. Como apontado por Fanon (2008), há uma fixação em provar que não se é aquilo de negativo que foi definido pelo/a dominador/a, que, no entanto, acaba aprisionando os sujeitos naquele mesmo lugar de que tentam se distanciar.

Como essa preocupação se desdobra nas interações de Nina com outras pessoas? Que peso tem para seus envolvimentos afetivo-sexuais, nos quais o corpo em geral tem uma participação tão central?

Essas são questões que eu não coloquei para Nina. Também não me senti à vontade para indagar outras entrevistadas sobre o assunto, talvez porque a minha própria história familiar me indique que se trata de um tema que devemos, nós negros/as, carregar como um segredo a ser bem guardado, envolto em ansiedade e vergonha. Por ser um segredo compartilhado, entre nós, por vezes podemos fazemos referências rápidas e superficiais ao que entendemos ser uma tendência a suar excessivamente e a "feder". Entretanto, a regra é não ir além da superfície. Estão autorizadas apenas as breves reclamações sobre nosso "problema" comum ou comentários e trocas sobre técnicas e práticas que visem aprimorar nossos rituais diários. Mas falar sobre o sofrimento que tal narrativa nos causa e os efeitos que tem para nossas experiências cotidianas – eróticas e afetivas, inclusive – é ainda um tabu.

Nenhum imaginário alternativo mostrou-se capaz de extinguir completamente os conflitos subjetivos instituído pelas interações sociais das entrevistadas com sua rede de sociabilidade e com a sociedade mais ampla, revisando o repertório simbólico hegemônico. Contudo, como no caso do cabelo natural, algumas representações alternativas impactaram positivamente a sua percepção de si.

Já indiquei que a preocupação com a gordura perpassava a relação de todas as entrevistadas com seu corpo. Se a gordura corporal é avaliada como feiura de uma forma geral, é para as mulheres que a ditadura da magreza revela sua faceta mais cruel (Novaes e Vilhena 2003). Para Aurora (29 anos, pele escura e alocada na classe média), as insatisfações com o peso tiveram início já na infância, culminando em um episódio de distúrbio alimentar na adolescência. Na época da entrevista, ela tentava adotar uma postura mais tranquila em relação à própria gordura. Ela me confessou que, embora ainda desejasse ser mais magra, não se dispunha a "fazer todos os sacrifícios necessários para isso". Cirurgia e remédio, disse, estavam fora de cogitação. Para os seus 30 anos, planejava "fazer as pazes com essa existência". Nesse processo, reparou que as primas, a mãe, as tias dos dois lados da família tinham o corpo do mesmo formato que o seu, com gordura acumulada nos quadris e nas pernas – as partes que mais a incomodavam. Percebeu que não poderia ter outro formato de corpo, mesmo que emagrecesse 40 quilos.

Embora as questões da gordura e da obsessão pelo corpo magro possam ser consideradas uma questão de gênero, é visível que ela ganha, no caso de Aurora, contornos raciais: seu desagrado não decorria apenas da gordura em si, mas também do formato do corpo, com o acúmulo de gordura no quadril e nas pernas. Esse tipo de silhueta, considerado distintivo das mulheres africanas ou de ascendência africana, destoa da feição mais retilínea tomada como ideal. Mesmo se fosse ou se tornasse magra – Aurora apontou –, as proporções que caracterizam seu corpo seriam mantidas e, provavelmente, também algo das suas insatisfações. Assim, ainda que não haja um desgosto deliberado em relação à própria negritude, traços a ela associado são, novamente, considerados problemáticos, desencadeando uma relação conflituosa com o corpo.

Olhando para as outras mulheres da família, Aurora refletiu sobre os legados trazidos pela linhagem de mulheres que integrava. Pensando sobre as heranças dentro de uma perspectiva histórica, dentro de uma longa trajetória de subordinação e exploração, de histórias e narrativas apagadas, mas também de resistência ao discurso racista hegemônico, ela desenvolveu um olhar crítico à leitura tradicional, graças ao qual encontrou outras possibilidades de interpretação. Aurora me contou que o corpo das mulheres da família era "muito fino em cima, que chega na cintura ele abre, como se fosse uma moringa". Este formato de corpo, ela me disse, "faz parte de uma história". A entrevistada o via como um legado transmitido a cada geração, transportado em suas pernas, quadris e "bundas enormes". A repetição não seria obra do acaso, mas antes um ato de resistência.

As mulheres-moringa, com suas "bundas enormes" e "pernas grossas", carregam em si um legado que se recusa a ser suprimido, resistindo através do tempo às diferentes padronizações assumidas pela supremacia branca e pela ditadura da beleza feminina enquanto ideais estéticos. Seus corpos, com suas gorduras, registram fatos e capturam sentidos outros, contando uma história que não é falada, mas que é vista e que é visível – e que, por isso, pode ser resgatada. E essa história não é apenas uma história de opressão, de perda, de ódio. Ela é também uma história de resistência. Revisitando o próprio corpo a partir de uma história de luta coletiva, Aurora encontrava em si uma formosura até então ignorada.

Numa tarde de chuva fina e suaves brisas, as palavras de Aurora soaram por toda a cidade. Quando as escutaram, as mulheres-moringa correram para se olhar mais uma vez no espelho, como haviam feito por tantas vezes. Agora, já não se entristeciam com o que viam. Depois de se demorarem fixando a silhueta interpretada por seu novo olhar, apressaram-se em rasgar as folhas de papel com as dietas milagrosas presas à geladeira, que lhes prometiam, em vão, o exíguo corpo dos sonhos e os amores tão desejados. Nuas, pisavam o chão com toda a força de suas enormes bundas e de suas pernas largas, das quais, daqui para frente, não se envergonhariam mais. No meio da rua, queimaram os lenços e as blusas largas, as calças jeans e calcinhas apertadas que, durante toda uma vida, tinham servido para esconder seus quadris ou oprimi-los com os seus elásticos que se atarraxavam às gorduras como o antigo chicote do feitor a puni-las. Na praça no centro da cidade, as mulheres-moringa vingavam Saartjie Baartman e declaravam a morte de Cuvier. Dançavam em êxtase e assim libertavam os seus corpos que a chuva lavava, levando pela correnteza os desgostos, os desamores, o banzo.

## Sexualidade

### *"Um negócio meio constrangido"*

Volto-me por um momento à história de Teresa. Ainda criança, a entrevistada sofreu violência sexual por parte de vários meninos – à exceção de um deles, todos brancos –, e diz ter percebido se tratar de uma agressão motivada não apenas pela maneira como eles a viam quanto a gênero, mas também quanto a raça. Do episódio, Teresa compreendeu que o seu corpo de mulher negra era lido como um corpo associado ao sexo e que isso a colocava em risco. No decorrer de sua trajetória, Teresa envolveu-se com poucos homens negros, e sua narrativa esteve bastante centrada nos homens brancos. Esse era, de fato, o perfil do seu "outro generalizado" no âmbito afetivo-sexual, ou seja, a imagem abstrata e referencial de parceiro que ela incorporava.

O acontecimento traumático orientou a maneira como a sua relação com o próprio corpo e a própria sexualidade foi se desenvolvendo. Ela me disse que, durante o ensino médio, começou a perceber o interesse dos garotos e homens. Foi então que desenvolveu um "pavor" de "parecer uma mulher sensual", e passou a se sentir "travada". Começou a usar óculos, atrás dos quais "se escondia"; usava os cabelos sempre "muito presos"; não usava decote.

Teresa aprendera que o erótico em si era algo a ser temido (Lorde 2007), e trazia o medo para suas interações com outras pessoas. Evitar riscos pressupunha controlar e esconder tudo que fosse tido como capaz de evocar a sensualidade associada ao corpo feminino negro, desdobrando-se em "retraimento, constrangimento e autoexclusão" (Moutinho 2004, 290). Além esconder o corpo com roupas e óculos, Teresa se devotava a regular com rigidez uma parte do corpo que, entre as mulheres negras, já indiquei ser crítica para a própria identidade racial e de gênero: os cabelos. Como bem identifica bell hooks (1989), a entrevistada teceu uma conexão entre o controle estrito dos cabelos crespos e a repressão da própria sexualidade. Mais à frente, indicarei como tal associação apareceu na trajetória das entrevistadas.

A violência sexual, embora marcante, não era o único fator que provocava os temores de Teresa. Ela me disse que, por ser "travada", às vezes sentia "os caras" sinceramente interessados, mas não "abria a guarda". Teresa afirmou que tinha medo de se "ferrar", "dessa coisa de mulher pra comer, mulher pra namorar", de ser "sempre encarada como mulher que era pra comer", mas não para uma "relação duradoura". Tal medo, ela entendia, foi condicionando suas relações ao longo do tempo.

A preocupação em não ser vista exclusivamente como "mulher pra comer" veio à tona como um elemento central da fala de outras entrevistadas heterossexuais, como na de Glória (24 anos, tez clara e de classe média). Ela me contou que várias pessoas a "queriam" porque ela "era gostosa". Em determinado momento, Glória passou a se incomodar com a situação, pois não queria ser "só o sexo". A entrevistada queria ser reconhecida também por "outras coisas": por ser "uma pessoa legal e comunicativa", pelos seus princípios de vida e gostos.

Ao contrário de Teresa, Glória aceitava e fazia uso do apelo sexual que percebia exercer junto aos homens. A associação entre cor negra e erotismo funcionava como um elemento de prestígio na arena sexual[122] (Moutinho 2004), de que a entrevistada se valia dentro dos códigos modernos de sexualidade "fluída". Mas tal associação configurava-se como uma vantagem somente para um envolvimento estritamente sexual. A se tratar de um vínculo que considerasse a sua personalidade, ela constituía um "estigma" (Moutinho 2004). Glória considerava que o problema era ser vista a partir de um único atributo, apagando outras características que, a seu ver, também definiam quem ela era: um complexo de coisas, uma pessoa singular. Sua qualidade de sujeito particular

---

[122] Literalmente, Moutinho (2004) afirma que a cor negra opera como um "capital" no mercado afetivo-sexual.

era anulada pelo apelo sexual atribuído ao seu corpo, e ela reivindicava a sua subjetividade como um patrimônio, uma faceta sua que não poderia ser desconsiderada na interação. Além disso, lhe incomodava que o estereótipo a confinasse a uma modalidade particular de experiência junto aos homens que por ela se interessavam e por quem ela se atraía. Tipicamente, a "gostosa" desperta interesse para o sexo, mas não outros afetos – particularmente, amor. Criar possibilidades distintas demandava certos esforços de sua parte.

As entrevistadas lançaram mão de diferentes estratégias com vistas a se opor ao estereótipo que associa a mulher negra ao erotismo e a uma sexualidade exacerbada, com o intuito de mitigar os seus efeitos. Como vimos, Teresa escondia-se atrás das roupas e do controle exacerbado exercido sobre seus cabelos, buscando apagar de seu corpo os predicados associados à sexualidade feminina e à erotização do corpo negro. Glória tornou-se mais seletiva em relação aos homens com que se envolvia, prolongando o tempo de interação antes de baixar a guarda para a construção de algum tipo de vínculo. Recuperando a história de Conceição – de tez de tom médio, 38 anos e de classe média –, recordo que ela hesitou em se relacionar com o seu futuro marido, logo que se conheceram, por ele ser um homem branco e de classe alta, tendo em vista a experiência negativa de ser confinada a espaços bem delimitados – senão escondida – em um relacionamento anterior com um homem de perfil semelhante. Com suas estratégias, elas negavam a imposição alheia de um interesse específico e da separação do aspecto sexual do afetivo. Explorando brechas, elas buscavam negociar a maneira como eram vistas, e assim contrariavam um *script* tradicional da moralidade sexual brasileira.

As ansiedades que, para Conceição, se desdobraram em hesitação em se envolver com Juliano, para Teresa tiveram um resultado mais definitivo. Aos 16 anos, quando participara de uma festa de São João no interior da Bahia, "ficou" pela primeira vez com um garoto que considerava bonito e interessante. De fato, me disse ter se surpreendido por ser "capaz" de atraí-lo. Depois da festa, ele voltou a procurá-la. Contudo, ela não permitiu que ele se aproximasse, mesmo estando apaixonada, pois tinha muito medo de "encarnar a negra sensual". A situação se agravava porque ele era francês, já que ela não gostaria de seguir o roteiro da mulher negra "objeto de desejo" do europeu. Causava-lhe angústia a possibilidade de cumprir um roteiro reforçado pelos protocolos do turismo sexual.

Para Teresa, raça, gênero, nacionalidade e lugar compunham um cenário de interação dotado de sentidos particulares e que posicionavam distintamente os sujeitos presentes. Teresa admitiu a maneira como seu próprio desejo se constituía a partir da valorização da imagem do europeu branco, o que aumentava o interesse em obter o reconhecimento do parceiro que se sentisse atraído por vê-la como uma pessoa "legal, interessante e bacana". Com isso, sentia-se entusiasmada. Porém, a interação com o parceiro em potencial lhe parecia dotada de um significado engessado, no qual a ela caberia um papel específico – e negativo: o da prostituta, em seu sentido literal – tendo em vista a incidência do turismo sexual na região em que aconteceu o encontro – ou figurativo[123]. O envolvimento entre uma mulher negra brasileira e um homem branco estrangeiro está impregnado de sentidos muito pouco maleáveis, e as posições relativas entre os sujeitos e o significado do vínculo dificilmente poderiam ser alterados pela sua atuação. A expectativa era alta; entretanto, a chance de concretizar seu desejo lhe parecia muito remota.

Esse momento da trajetória de Teresa é indicativo de como a lubricidade atribuída às mulheres negras impacta as suas experiências e as suas subjetividades. A ansiedade em relação à imagem da mulher negra sensual ou prostituta é um fator levado em consideração para a decisão de se envolver ou não com um determinado par em potencial, e também para as atitudes que desenvolvem em relação à sua própria sexualidade. O caso de Teresa é exemplar da postura que chamo de "recatada", que se traduz no retraimento, na vivência pautada pelo medo e pela tentativa perene de se afastar da experiência tão típica quanto indesejada. A atitude recatada é análoga àquela muitas vezes identificada como um estilo de vida "puritano" adotado sobretudo pela classe média negra em diversas esferas da vida[124] (Bastide e Fernandes [1955] 2008; Bicudo [1945] 2010; Moutinho 2004; Twine 1998; Viveros Vigoya 2000), e manifesta-se como um sofrido autoisolamento.

As "recatadas" não tomam iniciativa para demonstrar interesse por outras pessoas e também não aceitam as investidas de pretendentes. Vivendo em eterna desconfiança de que, ao agir, cumprirão o destino que lhes reservou o imaginário nacional hegemônico, que rejeitam, experimentam a própria sexualidade como "um negócio meio constrangido" – para repetir uma expressão empregada por Teresa. A arena afetivo-sexual é vista como um jogo do qual anseiam por participar, mas no qual se sentem subordinadas a regras que lhes

---

[123] No capítulo anterior, mencionei que Rio de Janeiro e Salvador são duas cidades apontadas pelas entrevistadas como lugares em que elas já foram tomadas por prostitutas. Abordagens indesejadas são frequentes para mulheres negras desacompanhadas (Osuji 2016), e circular por tais espaços com parceiros brancos, sobretudo, estrangeiros, resulta em um risco ainda maior de ser vista como profissional do sexo. Em seu estudo sobre relações inter-raciais, também Moutinho (2004, 346) apontou que algumas de suas entrevistadas negras, tal como Teresa, evitavam se relacionar com "gringos" pelo medo de serem confundidas com prostitutas.

[124] Uma postura de certa forma análoga foi relatada por uma pesquisa sobre a sexualidade entre jovens brasileiros que apontou uma atitude mais conservadora por parte dos homens pretos em relação à homossexualidade e à masturbação (Heilborn; Cabral e Bozon 2006). Essa atitude "puritana" encontrada entre negros/as brasileiros/as assemelha-se à "política da respeitabilidade" dos/as negros/as estadunidenses, que se opõe aos estereótipos racistas sobre a sexualidade (lasciva e desviante) das mulheres negras ao promover e incorporar o ideal patriarcal de virtude feminina (Miller-Young 2014). De maneira geral, o recurso aos papéis tradicionais de gênero constitui uma forma de oposição à representação do erotismo negro exacerbado e desviante.

desfavoreçam, e que não conseguem mudar. Assim, retirar-se de campo lhes parece ser a melhor estratégia. Aqui, o banzo emerge como sofrimento e sentimento de impotência.

Se vivenciadas de acordo com a classe da entrevistada, as mesmas ansiedades emergem também, de outras maneiras, para um grupo mais amplo de mulheres negras. Pesquisando o culto à Escrava Anastácia, John Burdick (1999) encontrou diferentes versões narradas para a história de tal personalidade religiosa, que se sobrepunham à autoclassificação racial de suas entrevistadas. As "morenas ou mulatas" relataram uma história de "amor verdadeiro" entre o senhor e Anastácia. Para o autor, estas mulheres dignificavam assim a narrativa do encontro histórico de que "são herdeiras". A meu ver, elas também destacavam a possibilidade de envolvimento entre homem branco e mulher negra com base no afeto – em oposição ao apelo primordialmente sexual atribuído pelo imaginário nacional ao corpo das mulheres negras. Já as mulheres "pretas e negras" contaram uma versão em que Anastácia preferiu ser torturada e morta a ceder à tentativa de estupro do senhor. Para Burdick, tal narrativa contestava a ideia de valor da mulher negra com base em sua sexualidade. Sobre a versão das mulheres brancas, basta dizer que não ressaltavam fatores como "amor" ou "dignidade". Em minha leitura, as versões das mulheres "morenas" e "negras" projetavam no mito de Anastácia ansiedades comuns às mulheres negras: o temor de ser tomada apenas como objeto sexual, mas não alvo de afetos "verdadeiros"; o incômodo por, representada como um corpo lascivo, ser considerada uma mulher "desonrada" ou não "virtuosa", independentemente de seu comportamento; a preocupação de, em seus envolvimentos afetivo-sexuais, não ser vista em sua subjetividade/humanidade.

Tais apreensões, mesmo tendo por intuito a fuga do estigma imposto pelo estereótipo, não deixam de constituir uma prisão subjetiva, um grilhão que limita o exercício e a experiência da própria sexualidade. Como Anastácias modernas, viam-se sufocadas pelo terror provocado pelo tolher de seu desejo, capturado pelo olhar branco e masculino e a ele submetido.

Com a máscara de Flandres a encerrar-lhe parte do rosto, Anastácia mal podia falar e não conseguia comer. Estava confinada pelo poder de seus donos, reduzida aos projetos e caprichos alheios, tolhida em suas necessidades físicas, mas também em suas vontades e em sua possibilidade de expressão de si. A Anastácia moderna não precisa de máscara de metal fechada a cadeado. Ela a carrega dentro de si, refém das imagens que controlam quem ela é e limita o que ela quer, fazendo, de seus sonhos, sonhos pelo negativo. Sonha pelo avesso. Sufocada, mal respira; aflita, labuta incessantemente para fugir daquilo que não quer ser. O que sua máscara de flandres invisível aprisiona é o seu próprio desejo.

*"Vendida para a indústria pornográfica"*

Retomo agora a história de Nina. A entrevistada tem a pele escura, cabelos crespos e descreveu-se como "grande": alta e curvilínea, me disse ter engordado nos últimos anos, sem nunca ter sido magra. Na infância e na adolescência, Nina viveu majoritariamente experiências de rejeição e de envolvimentos pontuais. Sua trajetória afetivo-sexual foi marcada por ligações informais quase sempre estabelecidas com homens mais velhos e brancos, além de um namoro com um homem negro.

Seu primeiro envolvimento afetivo-sexual aconteceu quando tinha 13 anos e deu-se com um homem branco que tinha então 24, um seu parente distante. Ele foi o seu "primeiro": foi o primeiro homem que Nina beijou e também o primeiro com quem teve relações sexuais. Nina se apaixonou, no que não foi correspondida, e relatou que sofreu por anos porque ele "não a queria". Somada às rejeições anteriores, tal experiência consolidou para Nina uma ideia sobre como ela era vista pelos homens em geral, e o que eles buscavam. Segundo ela, "os caras não queriam se relacionar", apenas "comê-la".

Nina percebeu que sua tez escura e seu corpo volumoso constituíam estigmas que afastavam as atenções dos homens para viver relacionamentos oficiais, públicos e calcados primordialmente no afeto ou ao menos baseado em laços outros para além da atração erótica, ao mesmo tempo em que incitavam um tipo particular de interesse, sobretudo da parte de homens brancos mais velhos do que ela. As expectativas da entrevistada, nesse sentido, se aproximavam das de Teresa: ambas supunham que o apelo sexual constituía a única possibilidade ou o eixo primordial de interesse masculino – menos da parte dos negros, por quem se sentiam rejeitadas, e mais da parte dos brancos. Porém, Nina desenvolveu uma atitude em relação à própria sexualidade distinta daquela relatada por Teresa. Frente à constatação, tomou a decisão que lhe parecia mais ajustada às possibilidades que se lhe apresentavam. Ao invés de tentar se distanciar do estereótipo, como "as recatadas", Nina procurou aderir à postura "lasciva" que o imaginário nacional – segundo o discurso da democracia racial – atribui às mulheres negras. Ela resolveu ser "proativa" e esforçar-se para performar, como parceira, aquilo que percebia que os homens brancos geralmente buscavam junto a ela. Assim, poderia obter parcialmente o que queria: prazer sexual e envolvimento erótico. Em certa medida, Nina explorava as intrincadas e delicadas sobreposições e fronteiras entre poder (articulados aqui por raça e gênero) e prazer sexual. Mobilizava, dessa maneira, os "prazeres indizíveis" acionados a partir da "abjeção racializada" do corpo feminino negro, do imaginário escravista e da negritude como "um lugar de trauma e arrebatamento" (Cruz, A. 2016, 23).

Tal postura exigia, contudo, que ela desenvolvesse uma estratégia para lidar com aquilo que não queria, e que abrisse mão, em grande medida, de algo que almejava – um envolvimento que também pudesse ser emocional. Como outras entrevistadas, percebia que sua subjetividade, para além de sua sexualidade, era apagada nessas relações. Seus envolvimentos estavam informados por um padrão sócio-histórico que configurava uma assimetria de poder entre ela e seus parceiros no contexto de suas interações afetivo-sexuais. Nina encontrava pouco ou nenhum espaço para renegociar papéis e formatos de acordo com a sua vontade – conformadas, em grande medida, por um ideal moderno –, pois deparava-se com cenas, posições relativas e interesses que já estavam majoritariamente pré-determinados.

Frente a essas circunstâncias, Nina passou a adotar uma postura um tanto pragmática, e decidiu tentar atender à separação entre a dimensão afetiva e a sexual na qual tão frequentemente esbarravam os seus envolvimentos, renunciando à primeira para poder desfrutar da segunda. Essa era também uma atitude defensiva, pois a entrevistada entendia que, focando apenas no aspecto sexual, ela não se iludiria com relação a algo que lhe parecia impossível de obter de seus parceiros – afeto, reconhecimento pessoal e reconhecimento público da relação –, e seus sentimentos estariam protegidos. Os resultados não foram exatamente aqueles que ela esperava. Nina acabava se apaixonando e sofria porque não podia "ficar junto" do alvo de seus afetos. Por vezes, continuava saindo com o parceiro que a desejava apenas sexualmente, pois, como disse, "não conseguia" sair da relação. A repetição dessas situações, me disse, levou-a a "perder o romantismo muito cedo". Mesmo assim, ela nutria o desejo secreto de que um parceiro se apaixonasse de fato por ela e propusesse "assumi-la".

O naufrágio de sua estratégia indica que as formas de reconhecimento individual que a sociedade moderna destina à arena afetiva, por integrarem o processo de constituição das subjetividades, não são assim tão facilmente abafadas, tampouco simples de serem deslocadas a outras arenas da vida. Um ato de racionalidade nem sempre é suficiente para controlar processos emocionais interpessoais complexos.

Além disso, ao tentar aceitar o que lhe pareciam ser as "regras do jogo", Nina acabava por contribuir para que se acentuassem as decepções e sofrimentos dos quais buscava se livrar. Ela me falou que sua postura de certa forma permitia que os homens a tratassem "com mais violência e com menos cuidado do que eles tratam as mulheres que eles consideram frágeis". Sendo uma mulher gorda, grande, "empoderada", inteligente e que falava o que pensava, Nina me disse que os homens se sentiam desafiados, e se assustavam. Por tudo isso, ela argumentou, não a tratavam bem.

Para Nina, a adesão a um comportamento "moderno" frente à sexualidade, em que sexo e laços afetivos podem ser desconectados em prol de uma expressão mais livre da sexualidade e da busca pelo prazer sexual (Giddens 1993), foi impulsionada pela rejeição afetiva. Ela não aconteceu como uma tentativa de explorar o potencial provocativo e regenerador do próprio erotismo (Lorde 2007), pois resvalava em encontros enraizados nas representações tradicionais sobre feminilidade e negritude, nas quais o feminino aparece como frágil, pequeno e passivo (e branco), frente a um masculino retratado como forte, grande e ativo, em um esquema ao qual o seu corpo feminino, negro e grande e seu proceder intelectualizado, altivo e enérgico não se enquadram. A negritude figura, em sua fala, como um componente que a afasta da imagem de fragilidade que, a seu ver, favorece o tratamento cuidadoso dos homens às mulheres (brancas). A "robustez" que "desafia" os parceiros de Nina, em oposição à fragilidade atribuída à "mulher" (branca), emerge não como um elemento de equiparação entre a entrevistada e seus parceiros, mas como um fator que a torna mais vulnerável à violência, tanto porque decorrente da representação de negritude como uma humanidade menos humana – e, portanto, menos digna – quanto por ser lida como maior capacidade de tolerância – emocional (cuidado e falta de cuidado) e física (sexual)[125].

Ao considerar a dimensão física da representação das mulheres negras em seu vínculo com práticas sexuais, nota-se que não são apenas os tipos de envolvimento – formal ou informal, público ou secreto, baseado primordialmente no apelo sexual ou na possibilidade de afeto – que gênero e raça delineiam e favorecem. Nina me contou que os homens com quem se envolvia demonstravam fetiches racializados, tais como sexo anal e "sexo mais *hardcore*", pois pensavam que as mulheres negras "davam conta", pelo que "metiam" como se elas fossem "um buraco".

Para Nina, o corpo das mulheres negras era atrativo para os homens que a procuravam também por lhes apresentar a possibilidade de experimentar e desempenhar um tipo determinado de erotismo, de exercitar certos comportamentos sexuais que não são considerados como viáveis – adequados ou desejáveis – junto a qualquer parceira – às brancas e respeitáveis, por exemplo. A imagem das mulheres negras as constitui como mulheres dotadas de atributos físicos e sexuais específicos, como mulheres "diferentes".

Essa diferença está associada a procedimentos particulares. O sexo anal, muitas vezes visto como tabu ou perversão pela influência da perspectiva cristã (Parker 1991), é uma prática frequentemente requisitada por parceiros sexuais junto a mulheres negras (Moutinho 2004), tendo em vista a noção de opulência de suas nádegas. Além disso, Nina indicou que seu corpo é visto pelos seus parceiros como um território de liberdade, no qual estariam suspensas as regras sociais e a necessidade de negociação mútua. O corpo da mulher negra enseja uma promessa ilimitada de gozo ao homem branco porque o par evoca e recria contextualmente uma situação dilatada de dominação conforme configurada na cena colonial, que exacerba e leva aos limites a relação erótica entre sujeito e objeto. Como tal, a liberdade e o gozo dele emergem a partir de uma fantasia

---

[125] Lélia Gonzalez afirma que o outro lado da exaltação do corpo da mulher negra, tendo em vista os seus supostos atributos sexuais, é a violência masculina ocasionada pelo sentimento de culpa de quem transgride as normas sociais. Em outros termos, a autora propõe que os homens que se envolvem com mulheres negras podem lhes tratar com violência por se sentirem insatisfeitos consigo mesmos ao estabelecerem um vínculo estigmatizado, ou para evitar que ele se consolide como uma relação de afeto (Gonzalez 1984).

de infinito poder sobre outrem. A atividade sexual era tomada por Nina como algo que não a levava em conta enquanto uma pessoa. Como um "buraco", ela se sentia tratada como um objeto de satisfação da vontade alheia. Por isso, não só sofria e se ressentia, como também tratava de se vingar: ela usava o sexo "como uma arma", como se fosse "punir os homens por eles a tratarem daquela forma". Em suas palavras, agia em relação a eles segundo a seguinte lógica: "vou te fazer gozar, mas você não vai me ter; você não vai me atingir".

Ao mesmo tempo em que se manter emocionalmente afastada de seus parceiros figurava como uma estratégia de proteção, a esquiva frente ao envolvimento afetivo constituía-se também como um esforço de retrucar uma violência e, como tal, uma tentativa de agir a partir da condição de sujeito – e não apenas de objeto. Sentindo-se incapaz de alterar as posições relativas desiguais dos sujeitos dentro de uma interação, Nina buscava negar aquilo de subjetivo que nem seus parceiros dotados de maior grau de poder, nem as representações sobre mulheres negras poderiam tirar dela: o seu afeto. Negando-se a amá-los, ela tentava retribuir na mesma moeda e ignorar a subjetividade de seus parceiros, desumanizando-os da mesma maneira como se sentia desumanizada.

Em relação ao perfil de seus parceiros, é interessante acompanhar o desenvolvimento da trajetória de Nina. Nos seus primeiros envolvimentos, circulando por espaços de classe média e dizendo-se rejeitada pelos poucos homens negros que encontrava, suas experiências foram travadas quase que exclusivamente com homens brancos e mais velhos. Depois que incorporou o discurso antirracista como perspectiva interpretativa sobre suas vivências afetivo-sexuais, Nina passou a se relacionar primordialmente com homens negros. No entanto, a figura que predomina como "outro generalizado", em termos de parceiro, permaneceu sendo a do homem branco. Quando falando genericamente sobre homens, Nina deu indícios de que esta era sua imagem de referência, ainda que com algumas oscilações.

As vivências iniciais de Nina consolidaram um "outro generalizado" que não foi muito alterado quando ela adotou outro ponto de vista e outro comportamento. Para tomar de empréstimo um fragmento da proposta de Bourdieu, suas experiências passadas parecem ter consolidado uma "matriz de percepções, apreciações e ações" em um sistema de disposições (Bourdieu 2013, 57) que orientava o seu engajamento com seus parceiros. Manteve, assim, uma certa fixação na figura dos brancos, que esteve presente mesmo quando eles estavam literalmente fora de cena. Ao mesmo tempo, é possível que os parceiros negros de Nina tenham adotado frente a ela uma postura não muito distante daquela adotada pelos homens brancos, ou ao menos não distante o suficiente a ponto de provocar, para Nina, uma quebra ou revisão dos seus esquemas interpretativos e parâmetros de engajamento com seus parceiros.

Pode-se dizer então que a sexualidade de Nina se configurava apenas a partir da objetificação e do sofrimento? Não se deve subestimar a violência que perpassa tais encontros, que se constitui, como venho indicando, a partir da anulação simbólica e prática da subjetividade/humanidade das mulheres negras por seus parceiros sexuais. Os impactos subjetivos destas experiências são, novamente, bem traduzidos pela noção de banzo: tristeza, humilhação, sofrimento, impotência. Isso dito, a sexualidade, como espectro da subjetividade, mostra-se complexa e mesmo contraditória no que se refere à constituição de gostos e possibilidades de prazer.

Nesse sentido, Nina afirmou gostar de sexo anal e de sexo *hard core*, ou seja, de uma "pegada mais forte". Brincando, me disse ter sido "vendida pra indústria pornográfica". Entendia suas preferências como resultado de sua reprodução do machismo e de sua relação geral com o sexo. Não necessariamente tais práticas lhe causavam sofrimento. Mesmo assim, estava certa de que as preferências de seus parceiros na cama estavam vinculadas ao fato de ser uma mulher negra.

As experiências sexuais de Nina congregam um misto de sofrimento, prazer e poder, no qual os estereótipos raciais figuram como estímulo à fantasia e como canalizadores do desejo sexual (Cruz, A. 2016). Ainda que sejam percebidos como relacionados a um imaginário racista, mobilizadores de dinâmicas opressivas, os estereótipos figuram como mediadores do próprio erotismo. A contradição aparente entre opressão e prazer desempenha aqui um papel central na articulação do desejo como força de subversão: ao admitir que práticas sexuais consideradas racializadas podem ser uma fonte de prazer sexual, Nina reivindica também o seu direito de desejar e de ter prazer, mobilizando assim uma política que contradiz a desvalorização generalizada da vida das mulheres negras (Miller-Young 2014) – e, acrescento, de sua subjetividade.

Como ilustra o caso de Nina, a sexualidade das entrevistadas constituiu-se não apenas como negação da forma como as mulheres negras estão representadas no imaginário nacional, mas também pela incorporação parcial e pela performance contextual dos atributos eróticos associados às mulheres negras. Foi sobretudo quanto à experiência sexual – mas não quanto à afetiva, como apontei acima – que as entrevistadas encontraram uma certa "margem de manobra" frente ao estigma instituído pela cor negra (Moutinho 2004, 290) quando, para afastar a rejeição, passaram a executar deliberadamente o papel da mulher negra sensual, ou engajaram-se pontualmente em flertes com pessoas por quem se sentiam atraídas a partir dele. Numa analogia a cenas BDSM[126], pode-se dizer que o *race play*[127] integra a gramática mais ampla das aproximações e

---

[126] Acrônimo para "*Bondage*, Disciplina, Dominação, Submissão, Sadismo e Masoquismo".

[127] *Race play* é uma prática do BDSM que explora abertamente posições de poder baseadas na raça. Ainda, sobre a participação de mulheres negras em BDSM, ver o interessante livro *The Color of Kink*, de Ariane Cruz (2016), que inspira algumas de minhas reflexões nesta seção. Um apontamento importante feito pela autora, e que incorporo aqui, é de que *race play* "não é uma prática sexual relegada às margens perversas do BDSM e da pornografia, mas antes uma metáfora poderosa da sexualidade de mulheres negras que evidencia a interação de raça, prazer, trauma e abjeção que a compõe" (Cruz, A. 2016, 21, tradução minha). (No original: "[...] *is not a peripheral sexual practice relegated to the perverse margins of BDSM and pornography but is rather a powerful*

interações sexuais, também em virtude de como as noções de raça e negritude são internalizadas ou pragmaticamente empregadas pelas mulheres negras.

Ainda que a associação entre negritude e sexualidade exacerbada tenha se mostrado muito significativa para a trajetória afetivo-sexual das entrevistadas heterossexuais, desdobrando-se em dinâmicas e movimentos um tanto repetitivos, a perspectiva das entrevistadas sobre a própria sexualidade passou muito longe de mostrar-se estanque. De maneira geral, foi o contato com algum tipo de imaginário alternativo sobre raça, negritude, sobre corpo ou sobre feminilidade que lhes permitiu agregar novos olhares sobre si e sobre o sexo.

Para Nina, o ponto de inflexão foi a iniciação no Candomblé. Como é de praxe, após "fazer o santo" – ou seja, iniciar-se na religião –, em 2013, a entrevistada teve que ficar algum tempo recolhida e focada na espiritualidade, abstendo-se de qualquer tipo de contato sexual. Esse foi, para ela, um momento importante, em que ela internalizou a noção de que seu corpo seria sagrado e que não deveria ser usado "dessa forma". Afinal, refletiu, sexo é energia e troca. Percebeu que "aquela rotatividade de pessoas" e a falta de "cuidado e discernimento" para escolher parceiros, junto ao "desespero por ficar com alguém" estavam lhe fazendo mal. Mesmo se sentindo "desesperada" pelos cinco longos meses que passou sem sexo, disse ter entendido que seu corpo "é um templo". Ao consagrar-se a um orixá, ele passava a ser a "morada de uma deusa", o que exigia que tomasse cuidado das energias das quais ela se aproximava.

O corpo que é do orixá é sagrado e não poderia estar mais distante da ideia de corpo feminino negro objetificado. O divino lhe restituía a dignidade pessoal que a hipérbole sexual lhe negava. A frase "sexo é troca" marca, na fala de Nina, o despontar da leitura do sexo como uma transação entre iguais. Até então, o envolvimento sexual era essencialmente uma interação constituída e vivida tendo por pilar a desigualdade. Na relação com seu orixá, Nina encontrou uma forma de tratar-se com o cuidado e o carinho que percebia lhe serem negados por seus parceiros, passando de objeto a sujeito. No centro dessa relação consigo mesma, estava a maneira de viver a sua própria sexualidade.

Na casa de deusa só entra quem merece, e depois de ter aceitas as ofrendas levadas ao seu altar. No seu templo, não tem vez o desespero, e é preciso ter cuidado. Cuidado para entrar, ficar ou sair. O corpo sagrado do orixá dá e recebe prazer, mas, como propriedade divina, não pode ser banalizado. Os orixás viajam do Orun ao Aiyê para salvar as mulheres negras do sexo colonial contemporâneo.

---

*metaphor of black women sexuality that evinces its constituency interplay of race, pleasure, trauma, and abjection.*"). Numa tradução aproximada, *race play* seria a atuação segundo papéis estabelecidos a partir da raça, tais como, por exemplo, a reconstrução de um cenário na qual o/a parceiro/a negro/a desempenha o papel de escravo/a e o/a branco/a, de senhor/a.

*Cabelos e sexualidade*

Como indicam as mudanças pautadas pela iniciação de Nina no Candomblé, ao longo de suas trajetórias, a relação das entrevistadas com a própria sexualidade quase sempre sofreu transformações significativas. Mesmo as "recatadas" não raro adotaram posturas variáveis quanto ao erotismo – ainda que a "assombração" da prostituição e o seu pilar oculto, o medo de não ser amada, nunca tenham deixado completamente de rondar as suas percepções, experiências e decisões no âmbito da sexualidade. Também as entrevistadas que se relacionavam com outras mulheres, mesmo escapando das mais perversas armadilhas da narrativa colonial atualizada, enfrentaram desafios quanto a encontrar uma linguagem que codificasse os seus desejos e lhes permitissem vivê-los.

Ao analisar os momentos de virada nas trajetórias afetivo-sexuais, percebi que as transformações subjetivas quanto à sexualidade foram muitas vezes concomitantes e interligadas às mudanças no visual, particularmente quanto ao estilo com que as entrevistadas usavam os seus cabelos.

Teresa, por exemplo, me disse que, com o tempo, tornou-se mais "relaxada" em relação ao sexo. Mais ou menos no mesmo período em que sua postura quanto à própria sexualidade se transformou, as suas madeixas se deixaram soltar e ganharam gradualmente um maior grau de liberdade. Ela passou a usar o cabelo em sua textura crespa e volumosa. No entanto, mesmo após a mudança, algumas de suas preocupações persistiram.

Em sua textura natural, os cabelos eram tidos por Teresa como "complicados": são "difíceis", embaraçam muito, e por isso demandam o emprego de métodos e químicas de controle, que tornem mais fácil a "lida" com o cabelo (Cruz, D. 2019; Gomes 2008) – ainda que ela tenha deixado de alisá-los. A postura mais aberta de Teresa em relação à própria sexualidade foi bastante semelhante: no passado, ela se definiu como "careta" e "travada", como alguém que "fechou a porta" para possíveis parceiros. Agora, ela se via como muito mais "tranquila", mas preservava algo do embaraço e do controle em sua "lida" com a própria sexualidade.

Essa relação entre cabelo e sexualidade (hooks 1989) mostrou-se, com efeito, bastante expressiva quando observei alguns dos momentos que foram considerados como pontos de transição pelas entrevistas. Cabe indicar que não foi para todas as entrevistadas que o estilo de uso dos cabelos e a atitude quanto à própria sexualidade se mostraram entrelaçados. Jurema, por exemplo, passou a admitir e a adotar novas práticas sexuais a partir do envolvimento com um determinado parceiro, tendo mantido o uso dos cabelos alisados. Porém, para as entrevistadas que tiveram acesso ao discurso antirracista, essa associação revelou-se consistente em alguns aspectos.

Luiza (33 anos, de pele mais clara e alocada na classe alta) discorreu como se deram, para ela, tais mudanças. A entrada na universidade marcou para Luiza uma época de transformações muito significativas, em que seu "universo afetivo, estético e corporal" "se abriu" e "mudou". Ela se sentiu à vontade para usar os cabelos crespos, e passou a usar "o cabelo bem selvagem". No mesmo período, a entrevistada, que "tinha um corpo muito bonito", passou a usar roupas que exibiam mais seu corpo, e disse que se descobriu "supersensual". Luiza viveu então "o momento mais confortável" de sua vida, quando se achou "bonita" e "usou" toda a sua "sensualidade".

Luiza cursou a graduação antes da instituição das ações afirmativas para acesso ao ensino superior, sendo uma das únicas estudantes negras do curso. Ainda assim, esse foi um espaço que marcou importantes transições. Em sua fala, a sobreposição entre sexo e cabelo crespo decorre de algumas aproximações nas elaborações simbólicas de uma e outra coisa. Quando Luiza passou a se ver como uma mulher bonita e sensual e a se permitir explorar a sua sexualidade, ela também "liberou" os cabelos, que, despojados do exercício contínuo de vigilância e controle, foram rotulados de "selvagem". O sexo e o desejo, assim como os cabelos crespos e a negritude em si, foram vistos como algo da ordem da natureza, como que se existindo em estado "bruto", em oposição à civilização e às coisas mais "elevadas" do "espírito". Na fala de Luiza, ela reconstrói a sua transformação como um processo de deixar emergir e operar uma "natureza" que estava até então reprimida, como se antes a sua sexualidade e sua negritude estivessem "domesticadas" em prol da adequação à cultura, tal qual em um esforço "civilizatório". A atitude de Luiza em relação à sua sexualidade e a um traço crítico de sua negritude alteraram-se significativamente, de uma valorização negativa para positiva. Mas os termos em que são entendidos em relação à díade natureza/civilização, conquanto ressignificados, foram mantidos.

As mudanças subjetivas, é preciso dizer, não decorreram apenas do contato com o referencial simbólico veiculado pelo discurso antirracista, mas também de suas interações afetivo-sexuais. O acesso à universidade marcou, muitas vezes, uma mudança na maneira como as entrevistadas eram vistas enquanto potenciais parceiras, sobretudo quando seguiam carreiras nas ciências humanas e sociais, em que há uma valorização do que – e de quem – é considerado/a "alternativo". Quando deixaram de lado o alisamento para usar o cabelo natural ou *rasta* (tranças), as entrevistadas passavam ao status de parceiras cobiçadas por colegas brancos/as de uma forma que não eram anteriormente, e não apenas na universidade, mas também em outros espaços de sociabilidade pelos quais transitavam. Trata-se de um enaltecimento do exotismo atribuído às pessoas negras e à cultura "afro", que, ao mesmo tempo em que confere um certo prestígio às mulheres negras como parceiras sexuais, também as marca como "diferentes".

Se celebravam a novidade de serem consideradas bonitas e interessantes, as entrevistadas até então acostumadas a serem rejeitadas como parceiras (pelos/as colegas de escola e vizinhos/as, por exemplo) deparavam-se com outro tipo de dinâmica baseada em gênero e raça, com a qual precisaram aprender a lidar. Glória, por exemplo, disse que, quando colocou o "rasta", passou a se sentir "a mais desejada da face da Terra", pois "chovia homem cabulosamente". Ao mesmo tempo, ela afirmou que homens veem "a mulher negra como objeto", o que ela achava "escroto". Algo semelhante se passou com Aurora, que me disse encarar as mudanças como uma "dualidade". A entrevistada afirmou ser "massa" ter, pela primeira vez, pessoas que a "queriam" e que se apaixonavam por ela. Contudo, ficava incomodada que o fizessem somente como base em seus cabelos, sem a conhecerem.

Não há dúvidas de que o seu novo status é considerado uma ascensão, vivido com alguma satisfação ou ao menos visto como melhor do que o anterior. Porém, como indica a fala de Glória, quando sua negritude passou a funcionar como um elemento de prestígio, as entrevistadas começaram a ser assombradas pelo temor de que fossem atraentes somente por seus atributos físicos e pela forma como eles eram lidos em associação ao sexo.

Os cabelos apareceram nas entrevistas como um ponto de articulação entre a maneira como as participantes da pesquisa eram vistas como potenciais parceiras e a sua atitude em relação à própria sexualidade e à própria negritude. Eles codificam e ilustram de forma exemplar o funcionamento de alguns aspectos da interseccionalidade de gênero e raça, já que, na situação em análise, não se pode separar uma coisa de outra. A adesão ao cabelo natural é vista como uma libertação e como um acerto de contas, no sentido positivo, com a própria negritude – um "assumir-se". A mudança é acompanhada pela emergência do apelo sexual de que o cabelo crespo ou tranças estão simbolicamente investidos. Para as entrevistadas, passar a ser objeto de desejo sexual desencadeou sentimentos contraditórios: por um lado, a transformação permitiu deixar para trás a fase "platônica", estimulando a admissão do próprio desejo e, como tal, da própria sexualidade, favorecendo o seu despontar enquanto sujeito erótico; por outro, a sensação de atrair as atenções alheias com base em um estereótipo quanto à sua sexualidade fez com que se sentissem confinadas à posição de objeto. Elas perceberam e se frustraram com um desequilíbrio proeminente na sua possibilidade de ocupar, em suas interações, uma e outra posição, como se aspirassem a um meio termo, ou a uma circulação mais dinâmica entre os dois polos.

Suas satisfações e ansiedades indicam a aspiração – e reivindicação – de poder ser sujeito tanto quanto objeto, e objeto de interesse pelo reconhecimento de traços diferentes ou para além daqueles que são atribuídos à sua sexualidade.

Rebeldes com causa, aqueles eram cabelos insubmissos. Se cortados, cresciam ainda mais crespos. Qualquer tentativa de alisá-los era em vão. Lâmina, ferro, prancha, creme alisante, formol... que se escolhesse o chicote e o tronco: mal os tocavam, eram destruídos por sua obstinada força, desaparecendo no encarapinhado volume. Diziam-nos "duros", mas só eram duros na queda. Aliás, eram dados a crescer para cima, e não havia creme ou mão molhada às pressas que os fizesse mudar de ideia – e de sentido. Diziam-nos "ruins", mas eram tão bons que só se deixavam ser tocados se fosse para o cafuné, e dos bem-feitos. Abraçavam apenas os dedos que lhes seguissem os movimentos de rodinha e as formas de nuvem. Só deixavam entrar mãos de dar carinho; só acolhiam aquelas que sabiam fazer gozar de prazer.

## Preferências

As entrevistadas, ao ocupar o polo subordinado de gênero e raça, tiveram que lidar muitas vezes com diversas limitações: a sensação de estar "presa" a um corpo esteticamente desvalorizado; de estar confinada a determinadas modalidades de envolvimento e espaços de circulação, de acordo com os códigos da moralidade sexual; de ter sua subjetividade ignorada pelo/a parceiro/a. Em muitos sentidos, mulheres negras experimentam a feminilidade negra como uma restrição em termos de possibilidade e escopo de ação em suas interações sociais.

Entretanto, ressaltar os constrangimentos à sua agência no âmbito afetivo--sexual em decorrência de como funcionam hierarquias de gênero e de raça na sociedade brasileira não deve encobrir o fato de que elas também escolhem, desejam e sonham, de que dispõem de preferências e elaboram criativamente projetos nos quais os dilemas e modos de viver contemporâneos entremeiam--se a visões de mundo, gostos e aspirações influenciados pelos valores simbólicos perpetuados por seus grupos de origem, pela mídia e pelo universo simbólico mais geral de nossos tempos, no decorrer de trajetórias pessoais que são sempre singulares.

Com efeito, a capacidade de fazer escolhas e de decidir com quem ficar, como e quando, por vezes foi ressaltada pelas entrevistadas como uma habilidade e como um direito, e mesmo como uma característica pessoal digna de enaltecimento. Nesse sentido, Elza (de 50 anos, pele escura e pertencente à classe baixa) foi contundente ao afirmar que só "fica" com um homem quando ela quer, e não apenas com base na vontade dele. "A minha vontade que prevalece. [...]. Eu sempre que quero escolher, eu nunca deixo que a pessoa escolha. Eu que sempre decido", frisou. A entrevistada fez uma referência indireta a uma regra do jogo afetivo, em sua versão tradicional e conservadora (machista), segundo a qual o homem é aquele que escolhe; à mulher, caberia ser escolhida e aceitar o que fosse proposto pelo parceiro (Maia 2007). Recorrendo a um ideário moderno que prioriza a autonomia pessoal, Elza contestava a normativa, valorizando as próprias vontades como o fio condutor de suas vivências e interações afetivo-sexuais – a despeito de ser uma mulher negra de tez escura.

Adentrando essa complexa articulação entre limitações estruturais e escolhas individuais, dedico-me na presente seção a explorar as predileções das entrevistadas em termos de perfil de parceiros/as e modalidade de envolvimento afetivo-sexual.

### Parceiros/as

#### Os/As brancos/as

Indiquei anteriormente ter encontrado entre as entrevistadas uma tendência a se atrair por pessoas brancas nas primeiras vezes em que se apaixonaram.

Seus enamoramentos iniciais, assim como os que vieram depois, estiveram informados – embora não determinados – por um imaginário social que valoriza esteticamente a branquitude, e por arranjos societais que, articulados por gênero e raça, promovem o embranquecimento como um projeto familiar de longo prazo, atribuindo à conquista do par branco um status de façanha, capaz de garantir maior prestígio àquele/a que conquista tal meta. Logo no início de suas trajetórias afetivo-sexuais, sobretudo entrevistadas de classe média e alta, circulando pelo "mundo dos brancos", estiveram propensas a desenvolver uma certa fixação pela figura do "loiro", fortalecida pela tendência à rejeição pelo objeto de seus afetos, que resultava numa certa "magnetização" da figura do homem branco como um parceiro almejado.

Apesar dessa atração pela branquitude ter emergido de maneira consistente ao longo da pesquisa, uma única vez a preferência por pares brancos foi explicitamente admitida como uma predileção que vigorava ainda no momento da entrevista. Solange me disse que gostava de homens altos e "de preferência, de cor clara". Arrematou dizendo que foram poucos os "escurinhos" com quem se envolveu. Quando perguntei o motivo, ela me disse que os "de cor clara" lhe chamavam mais atenção, mas afirmou não saber precisar o porquê. Sua preferência foi declarada em tom de confissão, e seu constrangimento se deixou flagrar pelos seus gestos, principalmente na hesitação da fala e no riso encabulado que se seguiu à revelação. Afinal, a admissão do favorecimento contraria a máxima do "todo mundo é igual, independentemente da cor" – um postulado caro ao discurso da democracia racial.

Quando instigadas, sobretudo as entrevistadas que diziam que a raça/cor não era um atributo importante na escolha de parceiros/as indicavam pessoas brancas para designar a aparência do que seria o seu par "dos sonhos". Jurema escolheu como homem dos sonhos Antonio Banderas. Para Carla, o homem ideal seria Paulo Zulu, "não pelo *nude* que apareceu, mas o *nude* reforçou" – afirmou, referindo-se ao vazamento de fotos íntimas do ator. A preferência, me disse, devia-se "ao ritmo dele, natural, praia", e ao fato de que passaria "uma visão de que é um paizão, família", mas também "da *night*, da baladinha".

A valorização simbólica da branquitude impactou a configuração de preferências ainda de outras formas. Na fase mais inicial da vida das entrevistadas, como raça e racismo não eram discutidos na casa ou na escola, e como a cor negra implica em desprestígio no âmbito afetivo-sexual (Moutinho 2004), foram as experiências reiteradas de rejeição que resultaram em um entendimento progressivo quanto ao próprio status de inferioridade enquanto potencial parceira e, como tal, em certas impressões sobre a viabilidade ou não de se viver certos envolvimentos. Nesse sentido, Aurora me contou que se apaixonou por um menino "muito branco" de sua escola. Ela afirmou ter se desiludido com o garoto, que teve muitas namoradas, mas todas brancas. A entrevistada me disse que foi gradualmente entendendo que esse "não era um espaço possível pra mim", e que "não cumpria nenhum dos requisitos de namorada dele, que eram os mesmos dos outros meninos".

Aurora avaliava o perfil daquelas que eram escolhidas como parceiras, comparava-se às namoradas de Albino e, a partir daí, gradualmente ia calculando o que ela mesma poderia ou não alcançar.

Esse processo de aprendizado repetiu-se com outras entrevistadas, que, vivenciando situações semelhantes, foram aos poucos compreendendo e interiorizando hierarquias simbólicas, ajustando avaliações de si segundo o olhar alheio e, a partir dele, afinando a sua interpretação sobre a posição dos/as outros/as e também os seus próprios interesses. Ainda criança, Luiza, por exemplo, apaixonou-se seguidamente "pelo louro da turma". Porém, depois viu "que não dava certo essa história", passando a se interessar "pelo *diferente*" da turma – no caso, "por um *japonês*". Novamente, a noção de "diferença" emergiu constituída e marcada com base em atributos raciais: o que não está relacionado à branquitude e quem não é branco/a é classificado/a como "diferente", e diferença remete a inferioridade. Como Aurora, Luiza acabou por perceber que, sendo "diferente"/inferior, não teria possibilidade de correspondência junto ao par "louro"/superior almejado. Aprendia assim que existem expectativas de homogamia na formação do casal (Maia 2007) – se não quanto à pertença racial de seus componentes, ao menos quanto ao status simbólico que ocupam em relação a ela. Ao direcionar os seus afetos para uma pessoa, como ela, "diferente", Luiza calculava que suas chances de conquistar o parceiro desejado seriam maiores, forjando dessa forma condições de sucesso em sua empreitada, de modo que pudesse deixar o território dos amores platônicos no qual se via, até então, exilada.

Também Nina indicou ter redirecionado seus interesses com base nos aprendizados práticos sobre suas chances de conquistar o par almejado. Ela disse que, desde a época da escola, não se interessava "pelos bonitos" ou "pelos meninos queridinhos da turma", pois "sabia que nunca teria chance com esses meninos". Como alternativa, tentava se aproximar das pessoas que, assim como ela, "eram consideradas meio que à margem ou que estavam um pouco excluídas desse *hall* de pessoas". Foi assim, por exemplo, que se apaixonou por um menino na sexta série que descreveu como "meio tosco" e mais velho, emendando que ele "não era uma pessoa bonita".

Além da "diferença" racial, há outros fatores que "desvalorizam" alguém enquanto potencial parceiro/a afetivo/a. No caso em questão, Nina entendia que ser "tosco", mais velho, ter "repetido de ano", não ser uma pessoa "bonita" e ser marginalizado no ambiente de convivência equipararia o garoto a ela, em termos de desejabilidade. O "recálculo" das preferências tendo em vista as possibilidades que aprendeu a considerar mais viáveis do que outras orientou-se, em certa medida, por essa noção de que ela deveria se conformar em contrair um relacionamento com alguém, de certa forma, não apenas "inferior" como ela, mas também "inferior" a ela, a não ser pelo quesito racial. E esse é um mecanismo central para a dinâmica de troca de status. Afinal, frente à compreensão da inferioridade atribuída à própria pertença racial, a possibilidade de encontrar um parceiro viável parecia-lhe subordinada à sua disposição a "se rebaixar". Nina abordou a questão explicitamente, ao afirmar ser pessimista: não via possibilidade um homem como ela, "um Nino", e me desencorajou a procurar "um Bruno". "Não vai rolar", afirmou.

Em suma, as entrevistadas tenderam a desenvolver seus gostos a partir de um viés pragmático: um tanto resignadas, elas passaram a direcionar suas atenções e afetos para pessoas que dispunham de perfis considerados menos valorizados socialmente. Internalizavam, assim, o desprestígio da cor negra no âmbito afetivo-sexual, reconhecendo-o e, ao menos em termos práticos, aceitando-o. Com isso, o status racial inferior tornou-se um elemento central para a sua subjetividade, dado que influenciava suas escolhas e ações em termos de quem se tentava atrair e quem se evitava, porque considerado/a fora de sua alçada, e também em termos de perfil das pessoas a quem dedicavam os seus afetos. Nesse esquema, não há necessariamente uma revisão do perfil de parceiro/a considerado ideal, e por isso a trajetória afetivo-sexual pode incluir envolvimento com diversos/as parceiros/as negros/as sem que isso signifique uma reelaboração da preferência pelo par branco/a – como bem ilustrado pela fala de Solange.

Por outro lado, a hipervalorização das pessoas brancas pode desdobrar-se em um fator de afastamento em relação a potenciais parceiros/as com tal perfil. As avaliações de cada pessoa que compõe um casal quanto ao próprio status social e quanto ao status social do/a parceiro/a, bem como o julgamento de terceiros/as quanto ao "valor" de cada componente do par, têm consequências palpáveis para o desenrolar do relacionamento: as posições relativas de cada parceiro/a dentro do vínculo tem consequências em termos de expectativas e práticas em relação ao par e também se reflete na atitude adotada por outras pessoas frente ao relacionamento. No caso de Luiza, a percepção de diferença de status em relação ao marido branco, se não chegou a configurar um afastamento definitivo, implicou em dificuldades para o casal. A entrevistada cogitou que, se fosse branca, seu marido, Cássio, não teria que lidar "com um peso" que ela carregava, "inseguranças" "que têm a ver com a questão racial". Comentei que Luiza falava como se fosse culpada, e ela então me contou de um momento de crise, em que gritava para o marido "Tá vendo, ninguém mandou se casar com uma mulher negra! Você que quis, você que quis levar isso adiante".

Durante a entrevista, comentei com Luiza que existiria outra possibilidade de leitura da situação. Seria possível considerar, por exemplo, que a sua presença conferia ao parceiro a oportunidade de ver para além do que lhe seria possível se ele estivesse confinado ao "mundo dos brancos". Através do relacionamento – sugeri –, ele tinha a oportunidade de atravessar a distância espacial, social e experiencial que permite aos/às brancos/as ignorar as vivências típicas dos/as negros/as na sociedade brasileira, e de ter acesso ao outro lado do "véu"[128] (Du Bois 2015).

---

[128] Emprego aqui o termo cunhado por W.E.B. Du Bois na obra *The Souls of Black Folk* (Du Bois 2015) para se referir à separação entre brancos/as e negros/as na sociedade americana.

Essa não foi, no entanto, a perspectiva que Luiza adotou inicialmente. No contexto de seu relato, a entrevistada propôs que a experiência de subordinação vivida pelos/as negros/as numa sociedade racista resultaria em complexidades e problemas de ordem subjetiva para as pessoas negras. Contrair um relacionamento inter-racial, ainda segundo sua ótica, implicaria em impor ao par branco problemas com os quais ele/a não precisaria, a princípio, lidar, ou dos quais não precisaria nem mesmo tomar conhecimento. O que o caso ilustra em relação ao meu argumento é que a noção de trazer um "peso" ao relacionamento inter-racial, se não figurou como um impeditivo para a constituição do relacionamento entre Luiza e Cássio, pode em outras ocasiões desencorajar mulheres negras a construir vínculos afetivos com pares brancos.

As entrevistadas também imputaram desvantagens específicas aos homens brancos, valendo-se das associações articuladas em torno de raça e sexualidade. Luiza me disse que, quando começou a viver mais livremente suas afetividades e sexualidades, não se sentia atraída por homens brancos, pois tinha "um preconceito": "achava que homem branco não era bom de cama". Ancorava-se, para tanto, em certas representações vigentes no universo simbólico nacional, conforme a maneira como ele retrata tipicamente a relação entre raça e erotismo (Moutinho 2004).

A circulação das entrevistadas pelos ambientes de militância também resultou em uma reavaliação negativa do envolvimento com pessoas brancas, tendo em vista a moralidade sexual peculiar ao discurso antirracista. Em tais espaços, o relacionamento com um par branco é interpretado como decorrente da falta de autoestima ou como vontade de embranquecer – sendo, portanto, estigmatizado (Osuji 2016). Por isso, a possibilidade de viver um relacionamento inter-racial foi descreditada por Nina com um tom de gracejo, na tentativa reativa de inverter o desprestígio da cor negra. Quando perguntei sobre a possibilidade de ela se envolver com homens brancos, ela me respondeu que fazia com ele "o que eles fazem com a gente", que "dava" "pra cara branco numa boa", mas que não sairia com ele "na sociedade" ou ficaria de casalzinho. "Não vou sair com ele pro barzinho, não vou pro cinema de mão dada, não faço essas coisas", me disse. "E não pode ter piroca rosa. Odeio piroca rosa" – complementou. Perguntei então o que ela faria se se apaixonasse por um homem branco, ao que me respondeu que "teria uma da vida". Afirmou, entre risos, que se mudaria para a Dinamarca, onde não conhecia ninguém, que nunca deixaria o relacionamento público nas redes sociais e que só voltaria ao Brasil "quando acabasse o amor".

Ao espelhar o comportamento dos homens brancos em relação às mulheres negras, pode ser que Nina, vez ou outra, magoasse alguns de seus parceiros brancos. Contudo, tal atitude prescinde de um sentido "estrutural", por assim dizer, porque não existe uma experiência histórica de subordinação dos/as brancos/as pelos/as negros/as que inclua a dimensão afetivo-sexual capaz de lhe conferir um significado social robusto. A falta de um suporte simbólico significativo, conquanto limite o alcance da inversão, não anula a tentativa de promover a desvalorização do par branco, ou ao menos de usar o humor como válvula de escape para a situação de opressão (Goldstein 2003). Assim, o discurso antirracista contrapõe-se à supervalorização do par branco e ao enaltecimento do/a parceiro/a branco/a como um projeto do grupo negro, alavancando o alijamento do par branco.

Já as reservas decorrentes das suspeitas quanto ao caráter e as intenções dos homens brancos tiveram origem principalmente em experiências vividas, que foram adquirindo sentido dentro de referências simbólicas relativas ao par mulher negra-homem branco. Conceição, por exemplo, hesitou em engatar um relacionamento com Juliano, tendo em vista um vínculo anterior com um homem branco que, ela sentia, não havia lhe tratado com respeito e que não "assumira" a relação. Luiza viveu dúvidas semelhantes quando conheceu Cássio. Recuperando seu primeiro encontro, ela me disse que tiveram "uma química incrível", um "sexo lindo", "romanticíssimo". Apesar disso, me contou que os dois tiveram "algumas coisas pra acertar", já que ela "tinha muita desconfiança dele", "por ele ser branco". Luiza desconfiava que Cássio só quisesse "usá-la", uma suspeita que decorria de seus envolvimentos anteriores, em que alguns homens demonstravam ter "uma coisa do fetiche da negra".

Luiza não se opunha ao sexo casual, mas não se sentia à vontade em ser objetificada. Suas suspeitas quanto aos homens brancos diziam respeito ao risco percebido de se envolver e se entregar afetivamente a alguém que buscava exclusivamente determinado tipo de experiência sexual. Como Conceição, tendo em vista situações pregressas, Luiza suspeitava das intenções e do caráter dos homens brancos, frente aos quais se enxergava como vulnerável. Tanto uma quanto outra entrevistada desconfiavam de seus parceiros. Por isso, adotavam a estratégia de iniciar o relacionamento com uma certa cautela e submetê-los a algumas provas. Conceição só aceitou se envolver com Juliano depois de uma conversa em que o interpelou quanto ao amigo que fez um comentário racista. Por sua vez, na primeira noite em que ficaram juntos, Luiza submeteu Cássio a um tipo de teste. Ela sondou o posicionamento político dele, inquirindo sobre sua posição sobre a política de cotas. Quando Cássio afirmou ser a favor das "cotas econômicas", ela expôs os motivos para apoiar as cotas raciais, e o convenceu. Se Cássio não tivesse mudado de ideia, Luiza me disse, "não teria insistido nele".

Além disso, o medo da rejeição dos pais de Cássio foi outro motivo de insegurança para Luiza logo no início do relacionamento. De fato, medo da rejeição pela família do par branco figurou como outro fator desmotivante para adentrar uma relação inter-racial[129]. Tal qual entre algumas famílias negras, entre mulheres negras vigora o entendimento de que o status social conferido ao homem branco – com base no poder atribuído à branquitude e à masculinidade e às dinâmicas de moralidade sexual – pode representar, para elas, uma

---

[129] Junto a algumas de suas entrevistadas, Virgínia Bicudo ([1945] 2010) encontrou a preferência por se envolver com homens mais escuros do que elas, de modo a evitar problemas com a família do marido.

ameaça. Como tal, a diferença percebida de poder e de status eventualmente configura um elemento de afastamento delas em relação a eles.

Entre as entrevistadas que se relacionavam com outras mulheres, não encontrei a mesma sensação de perigo atribuída às mulheres brancas, e as suspeitas, ainda que não totalmente afastadas, mostraram-se mais brandas.

Numa manhã qualquer, Álvaro despertou no corpo de sua amante de muitos anos, Morena. Precisou de alguns minutos para entender o que estava acontecendo, e depois fechou os olhos para absorver de alguma forma aquela muito estranha sensação de ter peitos que lhe pendiam das costelas, de ter vulva e vagina. Quando os abriu novamente, aterrorizou-se ao ver a pele marrom e passou os dedos pelos cabelos crespos. Não sabia como tocá-los, nunca aprendera – de fato, reclamava sempre com Morena porque ela não os alisava. "Dá um jeito nesse seu cabelo duro, mulher!". De alguma forma, ele não conseguia resistir a seguir a rotina daquela cujo corpo ocupava: levantou-se, fez o café da manhã para as crianças, arrumou-se – os cabelos, não muito bem. Saiu para o trabalho, lutando para se esquivar das encoxadas no ônibus e surpreso ao ouvir os gritos de "vem cá, morena gostosa!" enquanto andava na rua. No escritório, percebeu quando sobre o seu corpo se estacionaram os olhos de ave de rapina do patrão, que se fixavam nos seus quadris. Sentiu nojo, mas não sabia se da situação ou se do corpo que o hospedava. Quando notou a mão do chefe tocar-lhe a perna, fingindo mal um toque casual, não se conteve. A resposta veio cortante: "Quem você pensa que é para me rejeitar, sua negrinha?". Chorou, e seu desespero agora era tão intenso que causava quase que uma dor física, despertando-o do pesadelo.

Ainda atordoado, sentou-se na cama. Levou as mãos ao rosto e foi então tomado de assalto por um pensamento: tantos anos ao lado de Morena e nunca antes tinha sequer imaginado como era a vida da companheira.

*Os/As negros/as*

Quando as entrevistadas expressaram preferência por se relacionar com homens negros, uma das suas justificativas para a predileção valeu-se das já bem conhecidas imagens sobre a pretensa "potência sexual" dos homens negros, tal como defendida por Berenice. Baseavam-se, então, no entendimento de que haveria uma coerência entre raça/cor, formato de corpo e desempenho sexual (Moutinho 2004; Souza, C. 2008), atribuindo um maior apelo sexual ao corpo do homem negro. Entre aquelas que se relacionavam com mulheres, não encontrei, contudo, qualquer referência no mesmo sentido.

Também o viés pragmático na conformação de preferências quanto ao perfil do/a parceiro/a foi mencionado como outro motivo para o envolvimento com homens negros. Luiza, por exemplo, lembrou-se do período da adolescência em que foi apaixonada por um "branquelo nerd", que depois descobriu ser gay. Na lista de pessoas que namoraria, este era o seu "número um", afirmou. No entanto, acabou apaixonando-se por Clóvis, "porque [ele] era o negro e era a possibilidade".

A questão estética, ainda, mostrou-se constitutiva do jogo que configura as dinâmicas de atração e rejeição. Sandra (de 27 anos, tez clara e classe média), por exemplo, afirmou que por muito tempo não se sentia atraída por homens negros. Suas preferências vinham se alterando "de um tempo pra cá", quando começou a se aproximar do ativismo. Na época da entrevista, me disse, passou a interessar-se pela "beleza dos caras negros". Como outras entrevistadas, Sandra, indicou que o gosto não é estático, e pode variar no decorrer das trajetórias afetivo-sexuais. Enquanto Sandra se ancorava no discurso racial hegemônico, negritude esteve associada a feiura, levando-a a se afastar dos homens negros. O contato com o discurso antirracista lhe proporcionou a oportunidade de revisar seus critérios de julgamento.

Glória relatou ter enfrentado uma transição similar na maneira de apreciar os homens negros. Ela me disse que, quando conversamos, "ficava" mais com homens negros, e que se alegrava por isso, por ter havido um tempo em que "não conseguia ver o homem negro como bonito". Relatou também sentir-se orgulhosa quando outras pessoas elogiam um casal negro. As transformações destacadas por Glória dizem respeito não apenas aos parâmetros de que ela se valia para apreciar possíveis parceiros, mas também a uma valorização coletiva do par negro e a um enaltecimento mais geral daqueles/as que iam na contramão das dinâmicas raciais hegemônicas e subvertiam o ideal de embranquecimento. Cabe aqui destacar que a celebração do par negro alcançou recentemente até mesmo a mídia brasileira, que ainda apresenta grande resistência em incluir atores/atrizes negros/as, no seriado Mr. Brau[130]. Circular com penteados e adereços associados à estética afro como um casal negro, cada vez mais, ganha a conotação de orgulho negro e de resistência. Aqui, definitivamente, estética e política são indissociáveis (Gomes 2011).

A revisão das inclinações pessoais quanto ao perfil do/a parceiro/a a partir do contato com o discurso antirracista foi apresentada como um "abrir de olhos", mas também como um processo subjetivamente complicado, vivido em meio a muitas dúvidas, culpas e sofrimentos. As entrevistadas notaram que pensar o racismo é também refletir sobre como o discurso racial hegemônico configurava a sua própria subjetividade, a percepção de si e dos/as outros/as, e colocavam-se perguntas para as quais não existem respostas simples, únicas ou definitivas.

Algumas dessas questões emergiram na entrevista de Aurora, que destacou os deslocamentos subjetivos que lhe possibilitaram interessar-se por outras mulheres negras. Ela me contou que o ambiente ativista lhe colocou em contato com o argumento de que a preferência de homens negros e brancos por mulheres brancas resulta na "solidão da mulher negra". Apesar de centrado no modelo heteronormativo, tal entendimento a levou a questionar sua trajetória

---

[130] Mister Brau foi uma série de televisão transmitida pela Rede Globo de 2015 a 2018, protagonizado pelo ator Lázaro Ramos (Mr. Brau) e pela atriz Taís Araújo (Michele Brau) – que formam um casal também na vida real.

afetivo-sexual. Por um lado, ele lhe permitiu revisar os seus próprios gostos. Por outro, possibilitou que ela passasse a se ver como "um alvo possível de desejo". Segundo Aurora, havia uma continuidade entre o seu autoconceito e o olhar que ela lançava para outras pessoas negras. A preferência por um par branco figurava também como uma possibilidade de escape de si e de todos os fatores negativos associados à negritude pelo discurso racista. O discurso antirracista precisou primeiro produzir mudanças na maneira como ela se via para que, esmaecida a necessidade de fuga, ela pudesse ser capaz de apreciar as mulheres negras como figuras desejáveis e do seu interesse.

Para as entrevistadas que se relacionavam com mulheres, o apelo da parceira negra ancorava-se ainda em outras oportunidades que foram consideradas valiosas. Quando entrevistei Luiza, ela e o marido, Cássio, tinham um relacionamento aberto. Recentemente, ela estava se envolvendo com Ângela, a primeira mulher negra com que se relacionou. O relacionamento foi descrito por ela como "simétrico", "horizontal" e "libertador". Além disso, relacionar-se com uma mulher negra ensejava, para Luiza, a chance de encontrar um entendimento, de viver um vínculo em que as explicações seriam dispensáveis. Novamente, emergiu aqui a ideia de que as pessoas brancas não compreenderiam como é a vida dos/as negros/as, o que instituiria um distanciamento em relação ao par branco em termos de experiência e compreensão do mundo. Superá-lo dependeria, segundo Luiza, de um esforço pedagógico de sua parte e de uma disposição da parte de seu parceiro a escutar – o que, no seu relacionamento com Cássio, acontecia. Simultaneamente, por se tratar de outra mulher, Luiza achava que não existiriam as diferenças e distâncias nas experiências instituídas pelo gênero. A possibilidade de um encontro mais fácil porque simétrico e desonerado em virtude do entendimento mútuo figurou como um atrativo para envolver-se com uma pessoa negra – e, nos casos em questão, com mulheres negras.

Notei, contudo, que esse fator de atração era vivido com certo idealismo. Luiza, por exemplo, achava que, se estivesse casada com um homem negro, "encontraria um outro conforto"; com uma mulher negra, acredita que se sentiria "plena", "fazendo a revolução" e "livre". Aurora, por sua vez, acreditava que um relacionamento com uma mulher negra propiciaria uma troca de "lembranças, memórias e dores muito próximas, com relação à infância, aos cabelos", e que teria uma natureza "restauradora". Como alguém que circulava por espaços majoritariamente brancos, ela considerava atraente a possiblidade de chegar nos lugares "em dupla" e, mais que tudo, de viver uma experiência diferente, que seria do "plano da troca" e sairia do "plano do didático". Afinal, me disse, em seus relacionamentos com mulheres brancas, estava sempre "dando um toque", isto é, sinalizando os momentos em que se via excluída ou isolada por conta do racismo.

Quando mencionado como um desejo, o encontro com um par negro foi descrito como um anseio por conforto, plenitude, liberdade, horizontalidade, simetria, companheirismo, entendimento mútuo e troca – experiências que não foram compreendidas como possíveis, ao menos da mesma forma e na mesma intensidade, junto a um par branco. Se relacionar com um par negro e, principalmente, com uma mulher negra, foi visto como possibilidade de simetria e também como um antídoto para o banzo, o mal-estar causado pelas invisibilidades, distanciamentos, humilhações, preterimentos e demais dinâmicas sociais de inferiorização experimentadas por mulheres negras na arena afetiva. O casal negro – sobretudo, feminino – aflorou nas entrevistas como uma utopia de plena realização. Entretanto, o desejo por viver esse tipo de envolvimento despontou como um sonho mais do que como uma vontade concreta, no sentido de que não necessariamente levou as entrevistadas a se relacionarem com uma pessoa negra. Era, assim, mais um ideal do que um projeto.

As entrevistadas justificaram esse caráter aspiracional e não concretizado do desejo pelo par negro recorrendo a alguns argumentos que se repetiram. Antônia, por exemplo, contou sempre ter gostado "de um morenão", mas disse que "o coração é inexplicável", e atribuiu a escolha do parceiro a Deus. No caso de Aurora, ela lamentou-se por ter se apaixonado algumas vezes por mulheres negras que já estavam em um relacionamento. Daí, chegou à conclusão que, quando a "pessoa preta" vinha "pra ela", "já está amarrada"; é alguém que "veio pra passar". Em ambas as explicações, o acaso desempenhou um papel importante em impedir que elas se relacionassem com pessoas negras. Interpondo-se entre elas e seus sonhos estariam também a escassez de pessoas negras em espaços de classe média e alta e a rejeição por parte de outras pessoas negras – sobretudo dos homens negros.

Encontrar um par negro foi ainda parte de um projeto que ia além do/a parceiro/a em si, e que se referia a aspirações – também mais idealizadas do que articuladas concretamente – que envolviam noções de família e descendência. Nina falou explicitamente sobre o desejo de se envolver "com homens pretos" e de formar uma "família preta, afrocentrada, que tenha filhos pretos" – uma escolha consciente por não embranquecer a família. Contudo, ela ainda não estava certa se queria ter filhos/as. Luiza, por sua vez, expressou uma preocupação em ter filhos/as com Cássio, pois disse que gostaria de ter "um filho pretinho". Por isso, achava que seria "legal ser um casal afro".

A família negra e o/a filho/a negro/a fazem parte de um imaginário contra-hegemônico em relação ao ideal de embranquecimento, e foram valorizados como um desejo pessoal e como um projeto de resistência antirracista do grupo negro. Dispõem, no entanto, dessa qualidade difusa, idealista, e que se deixa flagrar, na fala de Nina, pela incerteza quanto à vontade de ter filhos/as, e na de Luiza, pelo fato de que ela se relacionava com um homem branco, com quem queria ter o/a filho/a – sem mencionar, por exemplo, a possibilidade de adoção ou outra alternativa que lhe permitisse ter uma criança "pretinha"[131].

---

[131] Claudia Rezende (2016) indica que vem ganhando terreno entre gestantes negras o desejo de que seus/suas bebês tenham traços fenotípicos negros (pele escura, cabelo crespo, nariz arredondado).

Os sonhos de constituir um casal negro, de constituir uma família "afrocentrada" e de ter filhos/as "pretinhos/as" são, por um lado, o resultado de lutas simbólicas e de vitórias parciais dos movimentos negros e de mulheres negras e, por outro lado, indicativos de dificuldades e dilemas vividos por mulheres negras no âmbito dos afetos. Por contraste, os anseios por se envolver com um par negro, principalmente com uma parceira negra, revelam que sobretudo o vínculo com homens brancos, mas também com mulheres brancas e homens negros, é percebido como assimétrico, e que essa assimetria impede ou dificulta certos tipos de troca e de comunicação entre o casal. Se os trabalhos de autoras feministas contribuíram para desvelar o caráter assimétrico das relações afetivas heterossexuais – em especial, do regime de casamento –, com base nas hierarquias de gênero (Maia 2007; Pateman 1988; Zanello 2018), o fato de que raça também configura hierarquias e estabelece posições relativas entre os componentes do casal ainda carece de reconhecimento.

Além disso, desejar formar um par negro e construir uma família negra podem ter uma função compensatória. Tais aspirações têm origem também em ansiedades experimentadas pelas entrevistadas, que, tendo reavaliado suas experiências e preferências a partir do discurso antirracista, ainda assim viviam relacionamentos com pessoas brancas. Capturadas entre sentidos excludentes – o provido pelo discurso da democracia racial e o derivado do discurso antirracista –, a idealização parece ser o exercício que permite conciliar complexidades e contradições próprias da vida real, e que nenhum dos discursos raciais, por si só, comporta.

Minha amiga Carmen sonhava acordada com sua família afrocentrada: o marido grande e forte lhe trataria como uma rainha africana, valorizando sua tez tão escura, a fisionomia encorpada e curvilínea, nariz largo, boca carnuda e cabelos muito crespos. Ele a acordaria a cada dia tratando-lhe por "Deusa do Ébano". Todos os anos, sairiam juntos no Ilê Aiyê e, quando tivessem seus/suas filhotes/as pretinhos/as, andariam pelas ruas ostentando seus *blacks* e suas roupas feitas com o mesmo tecido africano/a. Já havia até escolhido os nomes, com a ajuda do Google: se fosse menina, Aduke (em iorubá, "muito amada") e Akin, se menino (também em iorubá, "guerreiro", "herói"). Preocupada com que seus sonhos não coubessem na vida real, eu lhe advertia. "Deixa disso, Carmen! Você fica alimentando esses sonhos infantis de princesa africana! Não tem nada mais machista e retrógrado que monogamia e família nuclear! Você está essencializando a negritude e se baseando numa africanidade mítica, isso não vai dar certo!". Carmem não me dava ouvidos. Estava mais feliz assim do que quando seus sonhos se limitavam a desejar aquele menino Cléber, que hoje ela via como um "branquelo horrível", e que se empenhava tanto em humilhá-la na frente das outras pessoas. Quando eu insistia em chamar-lhe a atenção, Carmen me jogava na cara aquela frase que não parava de repetir depois de ter lido aquele livro do de Assis: "Me deixe em paz! Antes cair das nuvens, que de um terceiro andar".

*Tipos de experiência*

Dois tipos de experiência afetivo-sexual são tipicamente associados às mulheres negras – principalmente, heterossexuais: a de ser a "concubina"/"amante" e a de solidão afetiva. Do ponto de vista social, ambos são estigmatizados e estigmatizantes para as mulheres que as vivenciam: a primeira é moralmente condenada pelo senso comum, e representa a transgressão da moralidade sexual pelo homem que não respeita os imperativos da homogamia – semelhança de status social (racial, inclusive) entre os componentes do casal – ou da monogamia, pois cede ao apelo erótico "irresistível" atribuído à mulher negra (Moutinho 2004; Poli 2006). Como o impulso sexual é entendido como "incontrolável" para o homem (Parker 1991), o estigma recai sobre a mulher que "o atraiu". Já o segundo tipo, a solidão afetiva, é considerado pejorativa porque vai na contramão da ideia de que tomar parte em um relacionamento afetivo – amar e ser amada por um homem, sobretudo em um casamento com filhos/as – é um objetivo a que todas as mulheres deveriam aspirar, um caminho para a realização pessoal. A "incapacidade" de conquistar um marido é vista como "fracasso pessoal" e caminho para o desamparo, a frustração, o rancor e a amargura (Maia 2007).

Para nenhuma das entrevistadas, ser a "amante" ou ser "solitária" configuraram exatamente preferências, no sentido de que, fossem outras as condições encontradas por elas no âmbito afetivo-sexual, uma coisa e outra não seriam as suas primeiras opções. Mesmo assim, essas são vivências que dependem de algum grau de decisão pessoal: no caso da "concubina"/amante, haveria, no mínimo, a opção alternativa da solteirice; já a solidão dificilmente deriva de não existir pessoa alguma disposta a se relacionar com a mulher: é preciso dizer "não". Nas páginas que se seguem, meu intento é discorrer sobre o porquê de as entrevistadas "escolherem" tais tipos de experiência, dando conta de como atribuíram sentido às suas "preferências", bem como compreender como tais experiências são vividas.

*A amante*

Viver um relacionamento clandestino com um par que integrava outra relação oficial com outra mulher foi uma situação experimentada sobretudo pelas entrevistadas heterossexuais de tez mais escura e de origem em qualquer segmento social, que circulavam por espaços dominados pelas camadas médias e altas. Anteriormente, abordei o caso de Conceição. Outras entrevistadas para quem tais vivências foram frequentes e marcantes foram Berenice (56 anos, classe alta) e Nina (23 anos, classe média).

No decorrer de sua infância e adolescência, ambas notaram ser indesejadas como parceiras em virtude da tez escura. Quando elas começaram a viver envolvimentos, eles repetiam um determinado tipo de enredo. Berenice me contou que, embora tivesse tido envolvimentos antes disso, foi só depois dos 28 anos que teve seu primeiro namorado. Por volta dos 15, tinha "um paquera" que só aceitava "ficar" com ela escondido, dentro do carro, pedindo que ela não comentasse com ninguém. Ele recusava a possibilidade de namoro. Casado com outra mulher, o tal "paquera" continuava a procurá-la no período da entrevista. Também para Nina, a primeira vez em que foi correspondida em seu interesse por alguém, o envolvimento teve um feitio clandestino.

Com o tempo, tais experiências se repetiram, e as entrevistadas passaram a compreender que a sua tez escura tinha duas implicações: o interesse de caráter sexual por parte dos homens somava-se à demanda deles por encobrir o vínculo. A combinação do desprestígio da cor negra no âmbito dos afetos ao apelo sexual atribuído ao corpo feminino negro, ao mesmo tempo que favorecia abordagens masculinas, lhes cobrava um preço, na medida em que não se tratavam de aproximações nos moldes tradicionais quanto ao *script* tradicional de gênero ou ao roteiro moderno-igualitário. Ansiando pela chance de viver relacionamentos afetivo-sexuais, percebendo-se como "atrasadas" em relação a outras mulheres de mesma faixa etária, tanto Berenice quanto Nina entenderam que suas opções seriam ceder às condições impostas pelos parceiros que se lhes mostravam viáveis, ou então recusá-las e permanecer só. Ao contrário de Conceição, por exemplo, elas não concebiam a possibilidade de negociar ou de negar as propostas para viver novos envolvimentos furtivos porque não enxergavam a opção de pactuar outro tipo de acordo. Entre ficar só ou ser "a outra", muitas vezes, elas preferiram a segunda opção.

A noção sobre o que lhes seria ou não possível no âmbito dos relacionamentos afetivos aflorou na descrição mais geral de suas trajetórias. Para Berenice, os homens nunca haviam sido muito carinhosos, e nenhum havia se apaixonado por ela. A entrevistada ficava na dúvida se o problema seria ela, ao mesmo tempo em que afirmou que "a mulher negra tem uma dificuldade muito grande". Na época em que conversamos, ela estava envolvida com um "ficante", um homem casado que, desde o início, havia ressaltado que o relacionamento se resumia ao sexo. Apesar da diferença de geração, Nina fez um relato bastante parecido. Ela me falou que suas histórias amorosas são geralmente longas, mas "não têm esse status de relacionamentos". Eram "eventos" que se repetiam e, por isso, acabavam "se tornando relacionamentos". Mas eram envolvimentos escondidos e, segundo ela, geralmente "paralelos a outras histórias". Nada era dito pelos homens com quem se envolviam a respeito da relação entre sua cor (da mulher) e o tipo de relacionamento estabelecido. Foi da recorrência desse tipo de experiência e da comparação com o que se passava com mulheres de outra raça e cor, associadas a ditos e representações difusas sobre as mulheres negras, que as entrevistadas foram aos poucos compreendendo que havia um padrão, contra o qual se sentiam impotentes.

Ser a "amante", mas não a namorada ou a esposa, decorreu menos de escolhas pessoais deliberadas do que da percepção da ausência de alternativas. Foi uma opção considerada a melhor possível, embora ainda ruim, dentro de uma situação que as desfavorecia. A assimetria de poder desempenhava, portanto, um papel crucial, pois suas escolhas estavam calcadas no sentimento de impossibilidade de negociar, com diversos de seus parceiros, os parâmetros e rumos da relação que constituíam.

Viver uma relação clandestina e paralela a outras integrava um quadro maior de negociação do status rebaixado da cor negra no âmbito afetivo. O desprestígio foi interpretado pelas entrevistadas como um fator que motivava os seus parceiros a lhes tratar com desconsideração – mesmo em contextos de relacionamentos sérios: Berenice, na fala acima, relatou que os homens não eram carinhosos com ela; Nina, em trecho da entrevista que citei anteriormente neste capítulo, ressentiu-se porque os homens achavam que ela não precisava de cuidados. Seus pares pareceram entender que poderiam lhes oferecer menos do que ofertariam a outras mulheres, negando-lhes, inclusive, a possibilidade de um relacionamento oficial e vivido em público. O afeto, quando existia, deveria manter-se em segredo, e eles pareciam se envergonhar do vínculo que teciam com elas. Se, ao se envolverem com tais parceiros, as entrevistadas não deixavam de se conformar, em alguma medida, com os termos do "acordo", nem por isso o vínculo deixou de ser vivido com mágoa e sofrimento. Durante os seus relatos das situações em questão, foi-me impossível não notar aquele sentimento de banzo: uma tristeza derivada da percepção de como o racismo afetava profundamente os seus afetos.

Por serem a "amante", as entrevistadas indicaram ainda padecer de outras aflições. Berenice me contou que se "preocupava muito com essa coisa da sexualidade do homem casado", recriminando-se constantemente. Entretanto, seguia com o envolvimento porque considerava que ela e o parceiro tinha uma "afinidade muito boa", e que seriam "almas afins". Nina também relatou ter se relacionado com homens casados. Achava-se "escrota" por isso. Contou-me que se sentia "envergonhada", principalmente por já ter se "colocado tantas vezes nesse lugar". Sobretudo, me disse, sentia-se culpada por saber que estava "causando sofrimento a uma outra mulher, principalmente se a mulher for negra".

Assim, ser "a outra" foi, para as entrevistadas, uma fonte de contundentes dilemas morais. Mesmo percebendo que esse tipo de arranjo era favorecido por circunstâncias sociais alheias à sua vontade, sua recorrência foi também percebida como um problema intrínseco a elas, pessoal. Ter ocupado tantas vezes "esse lugar" lhes causava vergonha e exigia a construção de narrativas que justificassem o caráter especial daquele vínculo e atenuassem o sentimento de culpa. Assim, ser a amante foi um tipo de vivência considerada positiva, na medida em que permitia tecer envolvimentos afetivos de outra forma considerados inviáveis; mas que foi experimentado com tristeza e humilhação, porque visto como resultado do status racial inferior; e também com culpa e vergonha.

*Solidão*

"Solidão da mulher negra" é um termo que vem sendo muito empregado em espaços do ativismo, e a expressão mais comumente empregada para indicar as formas como o racismo e o machismo impactam a vida afetiva das mulheres negras. A expressão é utilizada para designar uma variedade de fenômenos relacionados a tais questões: a rejeição e abandono da mulheres negras em virtude da preferência generalizada pelas brancas como parceiras; o interesse sexual, mas não afetivo, em relação às mulheres negras, principalmente – mas não apenas – por parte dos homens brancos; a prática comum dos homens, negros e brancos, de ter "casos", mas não relacionamentos "oficiais" com mulheres negras; o descaso e maus tratos à companheira negra; o preterimento de mulheres negras em outras esferas da vida que não a afetiva; e, mais frequentemente, a tendência dos homens negros a, muitas vezes, tecer relacionamentos afetivos com mulheres brancas, o que condenaria as mulheres negras à solidão afetiva (Pacheco 2013; Souza, C. 2008).

Sem dúvidas, os debates em torno do assunto vêm desbravando uma nova vereda para o ativismo, criando tanto novos tipos de demanda por reconhecimento (Fraser 2006; Honneth 2003) quanto um vocabulário capaz de codificar situações antes pouco visíveis e de expressar sentimentos que ficavam portanto abafados. Me parece que, ao falar da "solidão da mulher negra", as mulheres negras vão respondendo à célebre pergunta presente na obra de Du Bois (2015): "Qual é a sensação de ser um problema?"[132]. Elas vão tornando visíveis a vivência subjetiva de uma dinâmica que já foi percebida como demográfica[133], e que se insere em histórias mais amplas de vulnerabilidade, dores e abandonos (Formiga 2015). Mais do que isso, extrapolando a discussão para além da questão da afetividade, mas também pelo recurso a ela, vão incorporando ao debate público a experiência da vivência de opressões, reivindicando o seu sofrimento como uma questão política. De muitas formas, as reflexões que desenvolvo neste livro são herdeiras e tributárias desses debates e das transformações que eles vêm suscitando.

Outras obras acadêmicas citadas ao longo deste trabalho debruçaram-se mais detidamente sobre a questão (Pacheco 2013; Souza, C. 2008). Aqui, atenho-me aos propósitos do capítulo e, sem negar as contribuições de tais produções, considero um aspecto particular do fenômeno: as razões elencadas pelas entrevistadas para se abster de viver envolvimentos afetivos. ou então certas modalidades deles.

---

[132] No original, "*How does it feel to be a problem?*", que não tem tradução exata para o português. A tradução escolhida foi aquela que mais se aproxima do sentido da pergunta a ser resgatado nesta parte do trabalho.

[133] Refiro-me aqui ao trabalho de Elza Berquó (1987). Ver também, sobre as maiores taxas de "celibato" entre as mulheres negras (e, particularmente, para as pretas), os trabalhos de Nelson do Valle Silva (1991), Maria Celi Scalon (1992) e de José Luís Petruccelli (2001).

Em ressonância com estudos demográficos, a dificuldade para encontrar parceiros/as foi maior para as mulheres negras heterossexuais de tez mais escura, e também entre aquelas entrevistadas que se inseriam nas camadas média e alta. O tema veio à tona durante a pesquisa quando eu perguntava às entrevistadas o que elas gostariam de vivenciar, em termos de experiências afetivas, e com quem. Jurema me respondeu que gostaria de ter um companheiro, mas que não queria estar com alguém que exigisse que ela abrisse mão de sua carreira. Quando a inquiri sobre a origem dessa apreensão, ela me contou que um de seus parceiros passados a apoiava em seu trabalho, mas que havia mudado de postura quando ela começou a se destacar e a ministrar palestras. Ele se mostrou ciumento quando as pessoas a abordavam para conversar, pediam para tirar foto com ela, pediam seu cartão ou telefone, e chegou mesmo a agredi-la verbalmente. Jurema considerava quase impossível ter uma carreira e um relacionamento; no mínimo, teria que limitar suas ambições a funções e cargos que não incomodassem o par. A entrevistada não via possibilidades de fugir ao esquema machista em que "relacionamento" significa subordinação à figura masculina[134].

As expectativas masculinas quanto às suas tarefas dentro do relacionamento dissuadiam também Elza de buscar um vínculo afetivo mais sólido. Reclamando do falatório das vizinhas que insistiam que ela tinha que arrumar marido, ela me disse ser muito bem resolvida, que já tinha tido dois maridos e que não precisava de mais nenhum. "A única coisa que eu preciso de homem é pra cama. E, mesmo assim, olha lá, porque tem *sexy shop*. Quem tem *sexy shop* não fica na mão". Elza gostaria de constituir vínculos afetivos para além dos esporádicos encontros sexuais que mantinha; contudo, pesavam negativamente as expectativas quanto à divisão sexual do trabalho, que considerava injusto para o seu lado. Solteira, ela estava liberada das funções de cozinhar e lavar roupas, podendo agir como melhor entendesse e como lhe desse vontade. Com um marido, ela entendia, tudo seria diferente, e sua liberdade teria fim. Ao mesmo tempo, não encontrava homens dispostos a constituir um modelo diferente de relação, em que predominasse o companheirismo e que fosse destituído da exploração da mão de obra feminina para desempenho do trabalho doméstico.

Tal qual Jurema e Elza, Nina, que descreveu sua trajetória afetiva como uma série de envolvimentos informais, não atribuiu a escassez de vínculos formais apenas ao preterimento por parte dos homens. Ela se considerava uma pessoa "exigente" para relacionamentos, e disse que não assumiria um romance com

---

[134] Paula Balduíno de Melo encontrou uma postura semelhante entre mulheres afrocolombianas e afroequatorianas, que reclamavam dos impedimentos impostos por companheiros aos seus estudos, trabalho profissional e ativismo político. A autora ressalta que elas veem a conjugalidade como um aprisionamento da mulher. Nesse sentido, diz uma de suas entrevistadas: "Yo siempre me gustaba ser libre. No me gustaba tener pareja oficial. Acá el machismo es muy fuerte. Una de las principales razones de deserción escolar en la secundaria para las mujeres es el matrimonio. Si yo fuera madre, no hubiera estudiado – María Barbarita Lara Calderón" (Melo 2015, 145, grifos da autora).

alguém que não considerasse estar "à sua altura". Sem deixar de admitir que os homens que com ela se envolvia hesitavam em construir algo mais sério, Nina destacou as suas próprias demandas, como alguém exigente e que não se disporia a relacionar-se a qualquer custo ou com qualquer pessoa. Frente a opções consideradas menos do que dignas – cuja profusão certamente tinha a ver com o seu desprestígio no âmbito afetivo –, a entrevistada preferia ater-se aos vínculos mais furtivos.

Se a rejeição afetiva tendo em vista o desprestígio da cor negra contribuiu para que as experiências de solidão afetiva fossem recorrentes entre as mulheres negras heterossexuais, a escassez de oportunidades para constituir relacionamentos sérios também decorreu, para as entrevistadas, da sua própria opção por se afastar das expectativas que elas consideravam incongruentes com aquilo que desejavam para si. No quadro por elas descrito, os relacionamentos afetivos se configurariam para as mulheres, tendo em vista os papéis de gênero, como uma carga pesada de trabalhos domésticos, uma barreira aos avanços na carreira profissional e um cercear da liberdade pessoal. Suas falas se aproximam da produção de autoras feministas segundo as quais o pacto instituído pelo relacionamento heterossexual (sobretudo, o casamento) é um acordo que exige a submissão da mulher ao homem (Pateman 1988), frente ao qual manter-se solteira constitui um ato de rebeldia e autonomia frente ao machismo (Maia 2007).

Adicionalmente, é preciso considerar que as hierarquias raciais foram apontadas como um fator a exacerbar a situação de subordinação no escopo do relacionamento. Tendo em vista que a desvalorização, o desprestígio e a objetificação sexual das mulheres negras no âmbito afetivo-sexual, ensejados pelo racismo, exigiria da parte das entrevistadas esforços compensatórios, bem como a disposição para arcar com o peso de uma assimetria percebida como intransponível e também para se contentar com menos do que aquilo que os seus parceiros em potencial ofereciam a outras mulheres – de todo modo, com menos do que elas julgavam merecer. Esse era um preço que elas nem sempre se dispunham a pagar.

Assim, a se pensar a "solidão afetiva" a partir do prisma das preferências pessoais, o fenômeno pode ser lido também como um gesto de não conformismo e de insubordinação das mulheres negras. Ficar só emergiu como um exercício do direito de fazer escolhas em um quadro em que as outras opções disponíveis foram consideradas pelas entrevistadas como muito ruins e mesmo inaceitáveis, e no qual a amplitude da disparidade nas posições relativas entre as partes de um possível casal não lhes permitia vislumbrar, como polo subalterno do par, margens de negociação e de promoção de mudanças rumo a condições que lhes fossem mais favoráveis.

As entrevistadas demonstraram atitudes diversas em relação à própria solteirice. Elza, por exemplo, parecia muito tranquila com a situação que vivia. Ela discorreu com serenidade sobre os bons momentos que viveu junto a seus parceiros anteriores. Mas talvez ter sido casada por duas vezes e ter encarado situações difíceis, como violência por parte de um dos companheiros, assim como estar na faixa dos 50 anos, tenha desbastado para ela a imagem idílica dos relacionamentos. Já Berenice apresentou-se mais desgostosa e frustrada com a situação, sem ter, no entanto, desistido de encontrar o parceiro de seus sonhos. Nina, por sua vez, nos seus 20 e poucos anos, equilibrava-se entre o desgosto de quem entendeu as circunstâncias difíceis em que se encontrava e as esperanças próprias a quem sabe ter ainda um longo caminho pela frente.

Entre atitudes pragmáticas, desencantadas e esperançosas, o certo é que todas elas, se pudessem, optariam por um outro contexto, um que lhes proporcionasse mais e melhores possibilidades de escolha.

# Conclusão

Neste trabalho, dediquei-me a observar como gênero e raça configuram as vivências afetivo-sexuais de mulheres negras na sociedade brasileira contemporânea. Com esse intuito, realizei entrevistas sobre trajetórias afetivo-sexuais, apliquei um *survey* e conversei com colaboradoras, conduzindo a pesquisa junto a um total de 21 mulheres negras, de perfil variado quanto a geração, classe social, orientação sexual e tom de pele (claro ou escuro). Baseando-me sobretudo nas entrevistas, pude tecer contribuições originais para o estudo das relações raciais e de gênero na sociedade brasileira, bem como da combinação – ou interseccionalidade – entre ambas. São poucos os estudos empíricos recentes sobre o tema aqui abordado alicerçados sobre o "olhar oposicional" das mulheres negras (hooks 1996) para a realidade social. Sigo as trilhas de trabalhos como os de Elisabete Pinto (2004), Claudete Alves da Silva Souza (2008) e Ana Cláudia Lemos Pacheco (2013). Enquanto estes e outros estudos fazem referências mais restritas ou amplas a temáticas contempladas na presente obra, resgatar as narrativas das entrevistadas sobre suas trajetórias afetivo-sexuais me permitiu tanto atualizar os achados de pesquisas anteriores – como, por exemplo, as de Virgínia Bicudo ([1945] 2010) e as de Florestan Fernandes e Roger Bastide ([1955] 2008) – quanto avançar em relação a menções pontuais e a análises voltadas somente a determinadas dinâmicas – como o fazem os estudos sobre a solidão da mulher negra (Pacheco 2013; Souza, C. 2008). Pude, assim, delinear um quadro de experiências complexificado, mais próximo e mais representativo da maneira como os sujeitos as vivenciam, observando padrões e singularidades, eventos típicos e seus desdobramentos para as trajetórias individuais.

A partir dessa estratégia, indiquei que, na sua interseccionalidade na sociedade brasileira contemporânea, o discurso de gênero, explícito, possibilitou muitas vezes a articulação do discurso racial, em grande medida, de maneira implícita. Isso apareceu, por exemplo, no capítulo 2, no caso em que Aurora,

Como citar a conclusão:
Pereira, Bruna Cristina Jaquetto. *Dengos e zangas das mulheres-moringa: Vivências afetivo-sexuais de mulheres negras*. Pp. 207-213. Pittsburgh, Estados Unidos: Latin America Research Commons. DOI: https://10.25154/book6. Licença: CC BY-NC 4.0

ainda criança, "tornou-se negra" quando foi xingada de "puta" por um colega de escola, apreendendo simultaneamente uma ofensa que se referia ao modo como era racialmente classificada, ao menor status atribuído a seu grupo racial, aos significados sexuais atribuídos aos/às negros/as e à sexualidade desvirtuada como um indicador de status social inferior. Além disso, raça operou como um fator de normalização e de concessão de status de feminilidade, no sentido de que se desdobrou numa maior proximidade ou distanciamento das mulheres em relação à noção mais geral de "mulher". No capítulo 5, por exemplo, indiquei que Nina percebia que os homens não dispensavam a ela, uma mulher grande e preta, os tratamentos e cuidados que derivam da noção de fragilidade feminina, e que são reservados às mulheres (brancas) dentro dos papéis e relações de gênero. Esses modos de articulação só se mostram viáveis na medida em que gênero e raça, enquanto discursos/regimes de poder, dispõem de conteúdos e vocabulários parcialmente compartilhados e mutuamente referidos. No contexto do tema abordado, estética, sexualidade e moralidade sexual são os eixos em torno dos quais se realiza essa combinação – como apontei no capítulo 1.

No capítulo 2, mostrei que a socialização inicial das meninas negras nos ambientes da família e da escola (e, em menor medida, também outros espaços públicos, como a rua/vizinhança) abrange a transmissão, a compreensão e a internalização do significado social da feminilidade negra. Na família, instruções quanto à importância da beleza e da experiência afetivo-sexual, noções racializadas de beleza e ensinamentos e práticas de controle referidas à sexualidade contribuíram para a formação da identidade racial e de gênero das entrevistadas. Na escola e na rua, experiências repetidas de rejeição afetiva e sua associação à hipersexualidade ou à sexualidade desviante consolidaram para elas os significados atribuídos à negritude, colaborando para a formação de um autoconceito negativo e para o desenvolvimento de interesse por pares brancos (sobretudo, homens), que perdurou em etapas posteriores de suas trajetórias. Internalizando-os como "o outro generalizado" (Mead e Morris 1967), as entrevistadas incorporaram, em camadas profundas de sua subjetividade, a ideia de que devem buscar o reconhecimento do olhar masculino branco. Aprenderam, também, as regras básicas do campo afetivo-sexual, referentes a gênero e a raça, e sua posição frente aos/às demais.

No capítulo 3, atentando-me às dinâmicas de flerte e abordagem, assim como ao transcurso dos envolvimentos afetivo-sexuais, ressaltei elementos abordados pelas entrevistadas que indicam que as relações entre mulheres negras e homens brancos e (em menor medida, entre mulheres negras e mulheres brancas), em ressonância ao discurso hegemônico da democracia racial, estiveram condicionadas à demarcação da mulher negra como alguém *diferente*, tendo em vista primordialmente os seus supostos atributos (e atrativos) sexuais. Esse enquadramento resultou na demarcação do envolvimento inter-racial como uma transgressão do sujeito branco às fronteiras de seu grupo racial, sendo o contato para além de seu segmento de origem regulado por códigos da moralidade sexual – que prescrevem relações informais e baseadas no sexo, mas não casamentos ou vínculos afetivos – que lhes permitiam preservá-las. Quando estabelecido um relacionamento, as dinâmicas intracasal estiveram muitas vezes organizadas segundo dinâmicas de "troca de status" (Azevedo 1955; Moutinho 2004), conceito que revisei de modo a contemplar as experiências de mulheres negras, até então alijadas de relacionamentos, ao participar deles. A partir da percepção de menor status social da parceira negra, estabelecia-se uma compensação pela brancura do/a parceiro/a, executada em termos de dinheiro, idade, beleza ou cuidados. Já no capítulo 4, indiquei que o par inter-racial teve ainda que lidar com a hostilidade de terceiros, que agiam amparados pelos padrões tradicionais de moralidade sexual, reforçando-os. Pela intervenção de mulheres brancas, as famílias brancas buscaram desencorajar os/as seus/suas integrantes a contrair relacionamentos sérios com pessoas negras, agindo com base na imagem da mulher negra oportunista e do homem branco inocente. Da parte de amigos/as, conhecidos/as e estranhos/as, os homens brancos foram os que interferiram mais frequentemente, censurando seus "iguais". Com menor assiduidade, mulheres brancas e negras entraram em relação de competição com aquela que compunha o casal, seguindo lógicas de gênero que se baseavam nas percepções de status social associadas a raça: a percepção, pelas mulheres brancas, de que as mulheres negras guardavam menor status social no âmbito das relações afetivas as levavam a acreditar estar em melhores condições de conquistar seus parceiros ou parceiras.

Entre os/as negros/as, ainda no capítulo 3, indiquei que a valorização de uma estética associada à negritude, do "amor negro" (em oposição ao sexo inter--racial) e do casal negro em circuitos ativistas conviveu com entraves para o envolvimento através das classes sociais, com a associação da mulher negra ao sexo e com lógicas calcadas na subordinação feminina, que foram significativos tanto para as situações de flerte e abordagem quanto para os relacionamentos. Mesmo assim, compor um casal negro significou, por vezes, a possibilidade de encontrar afeto (em oposição ao interesse sexual exclusivo, percebido como fator que levava o par a desconsiderar a subjetividade das entrevistadas), acolhimento frente ao racismo e afinidade em termos de trajetória. As famílias negras, de que tratei no capítulo 4, poucas vezes interferiram nos relacionamentos das entrevistadas. Quando o fizeram, aquelas que abraçavam o embranquecimento transgeracional como um projeto coletivo viam na parceira negra uma ponte para um passado ruim ou, ao menos, um obstáculo para a construção de um futuro melhor. Outras vezes, foi a desconfiança em relação às intenções do homem branco – à la Clara dos Anjos – que levou a família a abordar o par que dispunha de tal perfil. Como para os casais inter-raciais, mulheres brancas e negras entraram em relação de competição com aquela que compunha o par negro.

A intervenção voltada a romper o relacionamento inter-racial ou entre negros/as tendo em vista o desprestígio social da parceira negra contribuiu para a fragilização dos laços e para a situação de monoparentalidade feminina – na sociedade brasileira, historicamente maior entre as mulheres negras.

No capítulo 5, o engajamento das mulheres negras com experiências afetivo-sexuais foi analisado considerando-se a sua subjetividade. Investiguei a relação das entrevistadas com o próprio corpo e com a própria sexualidade, assim como as suas preferências em relação ao perfil de parceiros/as e quanto a situações tipicamente vividas por mulheres negras. A partir dessas reflexões, examinei a maneira como vivências articuladas por gênero e raça foram interpretadas e sentidas, como foram internalizadas como referência subjetiva e intersubjetiva e também como foram disputadas – subvertidas e contestadas – em seu significado. Apontei que a (in)satisfação das entrevistadas com a sua aparência física esteve vinculada ao (des)contentamento com a própria identidade racial. Os traços físicos associados à negritude foram vividos com sofrimento, ou ao menos foram considerados como algo a ser administrado (vigiado e controlado), e mostraram-se centrais para a autoimagem. O cabelo foi o atributo racial do qual as mulheres trataram mais abertamente, e foi utilizado como uma metáfora para que falassem da negritude em geral: quando foram, eventualmente, ressignificados como positivos, não deixaram de ser algo a ser controlado de perto, administrado. Ademais, a relação das entrevistadas com os seus cabelos mostrou-se fortemente ligada à postura adotada em relação à sua sexualidade, numa vinculação que despontou com mais força nos momentos de transição que experimentaram ao longo de sua trajetória.

Assombradas pelo "fantasma" – ou seja, a representação – da mulher negra hipersexualizada e sexualmente desviante, as entrevistadas adotaram uma postura "recatada", negando-se a constituir vínculos secretos e calcados primordialmente no interesse sexual, ou então valeram-se da postura "lasciva" preconizada pelos estereótipos como meio para obter prazer sexual e inverter a tendência de rejeição, sem que, com isso, conseguissem constituir relacionamentos públicos e baseados primordialmente no afeto quando assim o desejavam. De uma forma ou de outra, as entrevistadas precisaram lidar com uma tendência ao apagamento de sua subjetividade em suas interações afetivo-sexuais e com o restrito espaço para negociação frente ao *script* da moralidade sexual tradicional.

A "escolha" entre viver experiências de ser a "amante" ou a solidão afetiva esteve ancorada no entendimento de que as hierarquias de gênero e raça moldavam as vivências afetivo-sexuais de mulheres negras como assimetrias que resultavam, para elas, em escolhas entre alternativas consideradas ruins. Ser "amante" foi visto como uma experiência desfavorável, mas, por vezes, como a única opção frente à solidão. Por outro lado, às vezes a solidão, também vista como desagradável, foi preferida frente à inserção em um relacionamento cujos parâmetros as entrevistadas não se sentiam capazes de negociar, e que lhes resultava em condições consideradas exploratórias e opressivas.

Ao levar em conta as experiências de mulheres que se relacionavam com mulheres e para os casais compostos por mulheres, desconsideradas pela bibliografia sobre relações raciais, notei que as dinâmicas apontadas foram significativas e estiveram presentes; contudo, a tendência foi que aparecessem bastante atenuadas. Por um lado, a homofobia despontou como um aspecto crítico em suas interações e relações com outras pessoas e também como elemento de impacto a suas subjetividades. Por outro lado, há um apagamento das experiências lésbicas do imaginário nacional que inviabiliza – ou, ao menos, minimiza – o acionamento de significados simbólicos que deem sentido à interação do par. Isso não significa que gênero e raça não possam funcionar como articuladores de dinâmicas intracasal – com a perpetuação de estereótipos raciais, inclusive –, mas apenas que tais dinâmicas não estão tão engessadas em torno de um vocabulário e de uma gramática particulares quanto aquelas observadas em relação aos casais heterossexuais.

Abordado sobretudo nos capítulos 3 e 5, o engajamento com as "novas" modalidades de envolvimento afetivo-sexual, inclusive a partir do recurso ao uso de aplicativos de paquera e das redes sociais, foi referido pelas entrevistadas mais jovens como relacionado às tendências contemporâneas de valorização do prazer sexual e de constituição de relacionamentos fluídos. Suas experiências nesse sentido foram ambíguas: em certo sentido, elas articularam alternativas frente à rejeição e encontraram parceiros/as sexuais; ao mesmo tempo, esbarravam em uma separação bem estabelecida entre subjetividade/humanidade e sexo, isto é, numa discrepância entre ausência de compromisso (que estava de acordo com o que muitas buscavam) e a desumanização ou desrespeito que sentiam por parte de quem as acionava, tendo em vista o pressuposto de que elas estariam sexualmente disponíveis ou o total desinteresse por sua subjetividade.

Nesta pesquisa, encontrei resultados que ora se aproximam, ora se distanciam de outros estudos sobre as relações raciais brasileiras. Assim como os estudos que deram visibilidade a dinâmicas racializadas na constituição dos casais – tais como os de Elza Berquó (1987) –, os resultados indicam a necessidade de se relativizar o uso das taxas de união inter-racial como indicador de ausência ou amenidade de conflito racial. Ao observar os pressupostos que amparavam as aproximações, quando elas existiram, indiquei como elas foram articuladas em torno de significados constituídos pelo imaginário racista moderno. Mostrei ainda que noções de inferioridade/superioridade baseados na raça – assim como no gênero – configuravam dinâmicas intracasal. O quadro geral que emergiu da pesquisa apontou como hegemônicas as seguintes tendências: dos/as brancos/as a se interessarem e se relacionarem majoritariamente entre si, ocasionalmente procurando mulheres negras com base em curiosidade ou atração de ordem sexual, em situações e tipos de envolvimento bem delimitados; e dos/as negros/as a se interessarem e a buscarem predominantemente relacionamentos com brancos/as, desprezando-se entre si ou adentrando relacionamento com pares negros como uma segunda opção. A brancura foi retratada como uma força centrípeta, principal mecanismo de operação da supremacia branca no âmbito observado, e que apareceu oposta apenas pelo interesse sexual – e, mais restritamente, também pelo discurso antirracista.

Ao levar em conta as experiências subjetivas das entrevistadas, as dinâmicas intracasal, e também ao observar a operação da moralidade sexual – tendo em vista a organização das prescrições em relação à posição de status dos grupos raciais –, pude fornecer uma leitura que se contrapõe aos argumentos de que a cor negra constitui um "capital" no "mercado de afetos" (Moutinho 2004), ou de que as vivências afetivo-sexuais brasileiras são racialmente "democráticas" e simultaneamente "racistas" (Wade 2009). A separação entre afeto e sexo no âmbito simbólico mostrou-se bastante relevante, com relativa liberalidade no aspecto sexual, a partir da imagem do racialmente "diferente" como atrativo, mas com maiores reservas ao envolvimento afetivo intrarracial. Defendo, assim, que as dinâmicas a partir das quais esses outros trabalhos chegaram a formulações de "capital" e "democracia", se não deixam de comportar algum grau de ambivalência, são primordialmente parte de antigos mecanismos sociais de articulação e perpetuação de diferenças e hierarquias raciais, segundo um imaginário no qual a sexualidade exacerbada constitui uma referência à inferioridade racial. Como tal, são incompatíveis com o conceito de "capital" e, principalmente, de "democracia".

A pesquisa indicou, no mais, que a população negra brasileira incorpora atualmente o discurso antirracista de maneira mais orgânica. Afinado, em um nível mais amplo com as lutas modernas de grupos marginalizados e criminalizados por igualdade e justiça, ele fornece imagens e argumentos contra-hegemônicos que são acionados pelos/as negros/as em suas interações com brancos/as, em oposição ao discurso racial hegemônico. Os conflitos simbólicos dessa natureza não são peculiares ao período atual[135]. Tampouco é original apontar os tensionamentos em torno dos marcos filosóficos que são então operacionalizados, já que tanto a reivindicação quanto a crítica aos marcos filosóficos da modernidade perpassam a produção intelectual e artística dos/as negros/as na diáspora (Gilroy 1993). O que verifiquei foi que, se não nos momentos iniciais de suas vidas – no âmbito de processos de socialização nos ambientes da família e escolar –, algumas entrevistadas tiveram acesso ao discurso antirracista a partir de certos pontos de suas trajetórias. Esse contato pareceu ainda bastante restrito a espaços intelectualizados, e apenas esboça uma versão massificada. Mesmo assim, quando aconteceu, ele desdobrou-se em transformações importantes e positivas para as maneiras como as entrevistadas se viam, dotando-as de referências capazes de forjar um novo olhar sobre si e sobre outras pessoas, e também de um marco para que articulassem uma contraposição nas interações com brancos/as que buscavam definir a situação em termos racializados e racistas.

---

[135] A título de exemplo: em *A reprodução do racismo*, Karl Monsma (2016), descreveu nos seguintes termos as relações entre brancos/as (locais e imigrantes) e negros/as no oeste paulista no período pré e pós-abolição: "Tanto para as elites locais como para os imigrantes, as questões centrais em boa parte do conflito com negros eram simbólicas, derivadas da recusa dos negros a aceitarem 'seu lugar' subordinado e mostrar o respeito que as elites e os imigrantes exigiam de negros." (18).

Como se poderia esperar, o alcance do discurso antirracista, entretanto, não foi capaz de reverter completamente os efeitos da interiorização da supremacia branca ou, de forma geral, de superar uma estrutura social que preconiza a inferioridade das mulheres negras, o que se revelou em sua articulação de maneira mais aspiracional do que concreta em certos aspectos da vida das entrevistadas. O discurso antirracista alcançou primordialmente o segmento escolarizado, e se sobrescreveu parcialmente ao discurso da democracia racial, de maneira que sempre permaneceu algum tipo de desconforto com algum traço ou função do corpo associado à negritude; o par negro e a família negra, conquanto passassem a ocupar um lugar de destaque no altar dos desejos e sonhos de futuro, não ensejaram necessariamente medidas concretas no que tange à escolha do/a parceiro/a. Não há dúvidas de que o discurso antirracista forneceu às entrevistadas importantes recursos, tais como a reelaboração da valoração estética tradicionalmente racista e representações positivas e dignas da feminilidade negra. As referências por ele oferecidas, se não foram capazes de substituir completamente conteúdos simbólicos e prescrições comportamentais hegemônicos – sistematicamente inscritas em sua subjetividade pelo processo de socialização e pelas contínuas interações –, lhes apresentam alternativas mais vantajosas, destituídas do olhar inferiorizante projetado a partir do grupo dominante. Contudo, transformações sociais mais amplas não dependem apenas da mudança de perspectiva por parte das mulheres negras, que estão inscritas em dinâmicas interacionais e relacionais que envolvem e requerem o olhar do/a outro/a, e que, como tal, não podem ser reconfiguradas isoladamente.

Por fim, destaco que este trabalho ajuda a dar visibilidade ao lugar central que raça/racismo, em sua articulação com gênero/machismo, ocupa nas relações sociais brasileiras. Trazendo para o centro da análise o "olhar oposicional" (hooks 1996) das mulheres negras, demonstrei que a interseccionalidade de gênero e raça – articulada pela estética, sexualidade e moralidade sexual – constitui mesmo as mais delicadas tramas da subjetividade e da intimidade. Como assinalei ao longo dos capítulos, a mobilização desses três elementos-chaves da interseccionalidade no âmbito afetivo-sexual, nos níveis interrelacionados da subjetividade, interações interpessoais, imaginário social e hierarquias sociais, estrutura a circulação e a distribuição dos afetos e do desejo, estabelece modos de ver, de ser e de sentir, e cristaliza vínculos e afastamentos.

# Sobre a autora

**Bruna Cristina Jaquetto Pereira** é doutora em Sociologia pela Universidade de Brasília (UnB), mestre em Sociologia pela mesma instituição e graduada em Relações Internacionais pela UNESP. Atualmente, é professora substituta do Departamento de Sociologia da UnB. É autora do livro *Tramas e dramas de gênero e de cor: a violência doméstica contra mulheres negras* (Brado Negro, 2016). Foi pesquisadora visitante no Departamento de Estudos Afroamericanos e da Diáspora Africana da Universidade da Califórnia, Berkeley (2017-2018). Em 2014, fundou o Grupo de Estudos Mulheres Negras - UnB.

# Sobre a Latin America Research Commons

Latin America Research Commons (LARC) é o impresso de publicação da Associação de Estudos Latino-Americanos (LASA), fundado em 2017 a fim de contribuir para a disseminação do conhecimento através da publicação de livros acadêmicos relacionados aos Estudos latino-americanos.

Seus principais idiomas de publicação são o espanhol e o português, e seu objetivo principal é garantir que acadêmicos do mundo inteiro sejam capazes de encontrar e acessar as pesquisas de que precisam sem barreiras econômicas ou geográficas.

**Diretora executiva da LASA**
Milagros Pereyra Rojas

**Editores principais**
Florencia Garramuño
Philip Oxhorn

**Comitê Editorial**
Natalia Majluf
João Jose Reis
Francisco Valdés Ugalde
Alejo Vargas V.

**Comitê Editorial Honorário – Premiados Kalman Silvert**
Wayne A. Cornelius
Lars Schoultz
Carmen Diana Deere
Julio Cotler †
Richard Fagen
Manuel Antonio Garretón
June Nash
Marysa Navarro
Peter Smith

**Produtora Editorial**
Julieta Mortati

# Bibliografia

Aidoo, Lamonte. *Slavery Unseen: Sex, Power, and Violence in Brazilian History*. Durham, NC: Duke University Press, 2018.

Almeida, Giane Elisa Sales de. 2009. "História da educação escolar de mulheres negras: as políticas públicas que não vieram." *InterMeio: Revista do Programa de Pós-Graduação em Educação-UFMS* 15 (30): 219-232 [DOI: http://dx.doi.org/10.1590/0104-4060.57236].

Almeida, Tânia Mara Campos de. 2014. Corpo feminino e violência de gênero: fenômeno persistente e atualizado em escala mundial. *Sociedade e Estado* 29 (2): 329-340.

Alves, Luciana. 2010. "Significados de ser branco: a brancura no corpo e para além dele." Dissertação mestrado em Educação, Universidade de São Paulo, São Paulo [https://www.teses.usp.br/teses/disponiveis/48/48134/tde-14062010-153851/publico/LUCIANA_ALVES.pdf]

Andrews, George Reid. 2014. *América Afro-Latina: 1800-2000*. São Carlos: EdUFSCar.

Azevedo, Thales de. 1955. *As elites de côr: um estudo de ascensão social*. São Paulo: Companhia Editora Nacional.

Bairros, Luiza. 1996. "Orfeu e Poder: uma perspectiva afro-americana sobre a política racial no Brasil." *Afro-Ásia* (17): 173-186.

Barbosa, Irene Maria Ferreira. 1983. *Socialização e relações raciais: um estudo de famílias negras em Campinas*. São Paulo: FFLCH - USP.

Barros, Mabia. 2013. "Síndrome de Cirilo e a solidão da mulher negra." Blogueiras Negras [https://www.geledes.org.br/sindrome-de-cirilo-e-a-solidao-da-mulher-negra-por-mabia-barros/].

Barros, Zelinda dos Santos. 2003. "Casais inter-raciais e suas representações acerca de raça." Dissertação de mestrado em Antropologia, Universidade Federal da Bahia, Salvador [https://repositorio.ufba.br/ri/bitstream/ri/14530/1/Zelinda%20Barros.pdf]

Bastide, Roger. 1961. "Dusky Venus, Black Apollo." *Race* 3 (1): 10-18.

Bastide, Roger e Fernandes, Florestan. [1955] 2008. *Brancos e negros em São Paulo: ensaio sociológico sobre aspectos da formação, manifestações atuais e efeitos do preconceito de cor na sociedade paulistana*. São Paulo: Global.

Batekoo. *Sobre nós*. Acesso em 10 out. 2017.

Bauman, Zygmunt. 2004. *Amor líquido: sobre a fragilidade dos laços humanos.* Rio de Janeiro: Jorge Zahar.

Bento, Maria Aparecida Silva. 2009. "Branqueamento e branquitude no Brasil." 25-57. Petrópolis, RJ: Vozes.

Bernardino-Costa, Joaze. 2011. "Trabalhadoras domésticas no Distrito Federal e suas condições de trabalho." In *Tensões e experiências: um retrato das trabalhadoras domésticas de Brasília e Salvador,* editado por Natalia Mori; Soraya Fleischer; Angela Figueiredo; Joaze Bernardino-Costa; e Tânia Cruz, 133-180. Brasília-DF: Centro Feminista de Estudos e Assessoria.

Bernardino-Costa, Joaze. 2015. "Decolonialidade e interseccionalidade emancipadora: a organização política das trabalhadoras domésticas no Brasil." *Sociedade e Estado* 30 (1): 147-163.

Bernardino-Costa, Joaze. 2018. "Decolonialidade, Atlântico Negro e intelectuais negros brasileiros: em busca de um diálogo horizontal." *Sociedade e Estado* 33 (1): 117-135.

Berquó, Elza. 1987. "Nupcialidade da população negra no Brasil." *Textos NEPO* 11.

Bicudo, Virgínia Leone. *Atitudes raciais de pretos e mulatos em São Paulo.* São Paulo: Editora Sociologia e Política, [1945] 2010.

Bocayuva Helena. 2001. *Erotismo à brasileira: o excesso sexual na obra de Gilberto Freyre.* Rio de Janeiro: Garamond.

Borges, Rosane. 2014. "Amor (afro)centrado: é possível falar nesses termos?" *Blogueiras Negras* [https://www.geledes.org.br/amor-afrocentrado-e-possivel-falar-nesses-termos/]

Bourdieu, Pierre. 1990. *The Logic of Practice.* Stanford, CA: Stanford University Press.

Bourdieu, Pierre. 2013. "Esboço de uma teoria prática." In *A sociologia de Pierre Bourdieu,* editado por Renato Ortiz. São Paulo: Olho D'Água.

Bozon, Michel. 2004. *Sociologia da sexualidade.* Rio de Janeiro: Editora FGV.

Bozon, Michel e Heilborn, Maria Luiza. 2006. "Iniciação à sexualidade: modos de socialização, interações de gênero e trajetórias individuais." In *O aprendizado da sexualidade: reprodução e trajetórias sociais de jovens brasileiras,* editado por Maria Luiza Heilborn, Estela M. L. Aquino, Michel Bozon e Daniela Riva Knauth, 156-204. Rio de Janeiro: Garamond; Fiocruz.

BRANDLAB, Google. 2017. "*Dossiê BrandLab: a revolução dos cachos.*" [https://www.thinkwithgoogle.com/intl/pt-br/advertising-channels/v%C3%ADdeo/revolucao-dos-cachos/]

Brandão, Leci. 1987. "Eu só quero te namorar". Música n. 1 no álbum *Um ombro amigo,* Copacabana.

Burdick, John. 1998. *Blessed Anastacia: Women, Race and Christianity in Brazil.* London: Routledge.

Burdick, John. 1999. "Tortura e Redenção." *Religião e Sociedade* 20 (1): 55-64.

Butler, Judith. 1990. *Gender Trouble: Feminism and the Subversion of Identity.* New York; London: Routledge.

Butler, Judith. 2004. *Undoing Gender*. New York; London: Routledge, 2004.

Caldwell, Kia Lilly. 2007. *Negras in Brazil: Re-Envisioning Black Women, Citizenship, and the Politics of Identity*. New Brunswick; New Jersey; London: Rutgers University Press.

Carneiro, Sueli. 1995. "Gênero, raça e ascensão social." *Revista Estudos Feministas* 3 (2): 544-552.

Carneiro, Sueli. 2003a. "Enegrecer o feminismo: a situação da mulher negra na América Latina a partir de uma perspectiva de gênero." In *Racismos contemporâneo*, editado por Ashoka Empreendimentos Sociais; Takano Cidadania, 49-58. Rio de Janeiro: Takano Editora.

Carneiro, Sueli. 2003b. "Mulheres em movimento." *Estudos Avançados* 17 (49): 117-133.

Carone, Iray e Bento, Maria Aparecida Silva Bento (org.). 2009. *Psicologia Social do racismo: estudos sobre branquitude e branqueamento no Brasil*. São Paulo: Vozes.

Castro, Camila Penna de. 2012. "Ordem da interação, embaraço e a agência do self na obra de Erving Goffman." *Teoria e Sociedade* 20 (1): 198-217.

Cartola. 1976. "O mundo é um moinho". Música n.1 do álbum *Cartola II*, Discos Marcus Pereira.

Caulfield, Sueann. 1996. "Raça, sexo e casamento: crimes sexuais no Rio de Janeiro, 1918-1940." *Afro-Ásia* 18: 125-164.

Cavalleiro, Eliane dos Santos. 2004. *Do silêncio do lar ao silêncio escolar: racismo, preconceito e discriminação na educação infantil*. São Paulo: Editora Contexto.

Cavalleiro, Eliane dos Santos. 2013. *Veredas das noites sem fim: socialização e pertencimento racial em gerações sucessivas de famílias negras*. Brasília-DF: Universidade de Brasília.

CGEE – Centro de Gestão e Estudos Estratégicos. 2016. *Mestres e doutores 2015: Estudos da demografia da base técnico-científica brasileira*. Brasília--DF: CGEE.

Chagas, Reimy Solange. 2014. *A união faz a força: expressões do mito familiar em famílias negras*. São Paulo: Intermeios.

CODEPLAN - Companhia de Planejamento do Distrito Federal. 2014. *Pesquisa por Amostra de Domicílios - Distrito Federal - PDAD/DF - 2013*. Brasília-DF: CODEPLAN; SEPLAN; GDF.

CODEPLAN - Companhia de Planejamento do Distrito Federal. 2017. *Perfil do negro no DF: escolaridade, ocupação e rendimento, e inclusão digital*. Brasília-DF: CODEPLAN.

Collins, Patricia Hill. 2004. *Black Sexual Politics: African Americans, Gender, and the New Racism*. New York; London: Routledge.

Collins, Patricia Hill. 2009. *Black Feminist Thought: Knowledge, Consciousness, and the Politics of Empowerment*. New York; London: Routledge.

Collins, Patricia Hill e Bilge, Sirma. 2016. *Intersectionality*. Cambridge; Malden: Polity Press.

Connell, Raewyn. 2009. *Gender in World Perspective*. Cambridge, UK; Malden, MA, USA: Polity Press.

Conrado, Mônica e Ribeiro, Alan Augusto Moraes. 2017. "Homem Negro, Negro Homem: masculinidades e feminismo negro em debate." *Revista Estudos Feministas* 25 (1): 73-97.

Corrêa, Mariza. 1981. "Repensando a família patriarcal brasileira: notas para o estudo das formas de organização familiar do Brasil." *Cadernos de Pesquisa* (37): 5-16.

Corrêa, Mariza. 1996. "Sobre a invenção da mulata." *Cadernos Pagu* (6-7): 35-50.

Corrêa, Mariza. 2013. *As ilusões da liberdade: a escola Nina Rodrigues e a antropologia no Brasil*. 3a. edição revista e atualizada. Rio de Janeiro: Editora FIOCRUZ.

Costa Pinto, Luiz de Aguiar. [1953] 1998. *O negro no Rio de Janeiro: relações de raça numa sociedade em mudança*. Rio de Janeiro: Editora UFRJ.

Costa, Carmen. 1955. "Eu sou a outra". Música n. 8 no álbum *Carmen Costa com orquestra*, Copacabana.

Costa, Rosely Gomes. 2009. "Mestiçagem, racialização e gênero." *Sociologias* (21): 94-120.

Crenshaw, Kimberlé. 1991. "Mapping the Margins: Intersectionality, Identity Politics, and Violence against Women of Color." *Stanford Law Review* 43 (6): 1241-1299.

Crenshaw, Kimberlé. 2002. "Documento para o encontro de especialistas em aspectos da discriminação racial relativos ao gênero." *Revista Estudos Feministas* 10 (1): 171-188.

Cruz, Ariane. 2016. *The Color of Kink: Black Women, BDSM, and Pornography*. New York: New York University Press.

Cruz, Denise Ferreira da Costa. 2019. *Que leveza busca Vanda?: ensaio sobre cabelos no Brasil e em Moçambique*. Belo Horizonte: Letramento.

Cruz, Victoria Santa. [1978] 2015. "Me gritaron negra." Vídeo. Performance de Victoria Santa Cruz.

Curiel, Ochy. 2013. *La nación heterosexual: análisis del discurso jurídico y el régimen heterosexual desde la antropología de la dominación*. Bogotá: Brecha Lésbica; en la frontera.

Damasceno, Caetana Maria. 2013. "'Cor' e 'boa aparência' no mundo do trabalho doméstico: problemas de pesquisa da curta à longa duração." In XXVII Simpósio Nacional De História, Natal-RN.

Dávila, Jerry. 2006. *Diploma de brancura*. São Paulo: Editora UNESP.

Davis, Angelique M. e Ernst, Rose. 2017. "Racial Gaslighting." *Politics, Groups, and Identities* 4: 1-14.

Deliosky, Kathy. 2008. "Normative White Femininity: Race, Gender and the Politics of Beauty." *Atlantis* 33 (1): 49-59.

Diangelo, Robin. 2011. "White Fragility." *International Journal of Critical Pedagogy* 3 (3): 54-70.

Diangelo, Robin. 2018. *White Fragility: Why It's So Hard for White People to Talk About Racism*. Boston, MA: Beacon Press.

Diniz, Debora; Costa, Bruna Santos; Gumieri, Sinara. 2015. "Nomear feminicídio: conhecer, simbolizar e punir." *Revista Brasileira de Ciências Criminais* 114 (23): 225-239.

Dixon, Angela R. e Telles, Edward E. 2017. "Skin Color and Colorism: Global Research, Concepts, and Measurement." *Annual Review of Sociology* 43 (1): 405-424.

Djavan. 1982. "Sina". Música n. 5 no álbum *Luz*, Sony.

Domingues, José Maurício. 2014. *Teorias sociológicas no século XX*. Rio de Janeiro: Civilização Brasileira.

Du Bois, W. E. B. 2015. *The Souls of Black Folk*. New York, NY: Dover Publications.

Durham, Eunice R. 1999. "Família y reproducción humana." In *Antropología social y política: hegemonía y poder – el mundo en movimiento*, editado por María Rosa Neufeld, 59-84. Buenos Aires: Editorial Universitaria de Buenos Aires – Eudeba.

Edmonds, Alexander. 2007a. "No universo da beleza: notas de campo sobre cirurgia plástica no Rio de Janeiro." In *Nu & vestido: dez antropólogos revelam a cultura do corpo carioca*, editado por Mirian Goldenberg. Rio de Janeiro; São Paulo: Record.

Edmonds, Alexander. 2007b. "Triumphant Miscegenation: Reflections on Beauty and Race in Brazil." *Journal of Intercultural Studies* 28 (1): 83-97.

Engel, Cíntia e Pereira, Bruna C. J. 2015. "A organização social do trabalho doméstico e de cuidado: considerações sobre gênero e raça." *Revista Punto Género* (5): 4-24.

Epstein, Rebecca; Blake, Jamilia e Gonzzlez, Thalia. 2017. "Girlhood Interrupted: The Erasure of Black Girls Childhood." *SSRN Electronic Journal*.

Erickson, Rebecca J. 2005. "Why emotion work matters: sex, gender, and the division of household labor." *Journal of Marriage and Family* 67 (2): 337-351.

Evaristo, Conceição. 2017. "Rosa Maria Rosa." In *Histórias de leves enganos e parecenças*, editada por Conceição Evaristo, 19-20. 3ª. edição revisada. Rio de Janeiro: Malê.

Fanon, Frantz. 2008. *Pele negra, máscaras brancas*. Salvador: EDUFBA.

Faustino Nkosi, Deivison. 2014. "O pênis sem o falo: algumas reflexões sobre homens negros, masculinidades e racismo." In *Feminismos e masculinidades: novos caminhos para enfrentar a violência contra a mulher*, editado por Eva Alterman Blay, 75-104. São Paulo: Cultura Acadêmica.

Felinto, Marilene. 1992. *As mulheres de Tijucopapo*. Rio de Janeiro: Editora 34.

Fernandes, Florestan. 1972. *O negro no mundo dos brancos*. São Paulo: Difusão Européia do Livro.

Fernandes, Florestan. [1965] 2008. *A integração do negro na sociedade de classes: o legado da "raça branca"*. São Paulo: Globo.

Figueiredo, Ângela. 2002a. "'Cabelo, cabeleira, cabeluda e descabelada': identidade, consumo e manipulação da aparência entre os negros brasileiros."

In XXVI Reunião Anual da Associação Nacional de Pós-Graduação e Pesquisa em Ciências Sociais, Caxambu [https://www.anpocs.com/index.php/papers-26-encontro/gt-23/gt17-14/4475-afigueiredo-cabelo/file].

Figueiredo, Ângela. 2002b. *Novas elites de cor: estudo sobre os profissionais liberais negros de Salvador*. São Paulo: Annablume.

Figueiredo, Ângela. 2004. "Fora do jogo: a experiência dos negros na classe média brasileira." *Cadernos Pagu* (23): 199-228.

Figueiredo, Ângela. 2015. "Carta de uma ex-mulata à Judith Butler." *Revista Periódicus* 1 (3): 152-169.

Figueroa, Mónica G. Moreno e Moore, Megan Rivers. 2013. "Beauty, Race and Feminist Theory in Latin America and the Caribbean." *Feminist Theory* 14 (2): 131-136, 2013.

Flauzina, Ana Luiza Pinheiro. 2015. *Utopias de nós desenhadas a sós*. Brasília--DF: Brado Negro.

Flick, Uwe. 2004. "Triangulation in Qualitative Research." In *A Companion to Qualitative Research*, editado por Uwe Flick; Ernest von Kardoff e Ines Steike, 178-183. London; Thousand Oaks; New Delhi.

Fonseca, Claudia. 2000. *Família, fofoca e honra*. Porto Alegre: UFRGS.

Formiga, Glêides Simone de Figueiredo. 2015. "No rastro de dores: trajetórias de vida e registros de superação em narrativas de mulheres negras com experiência de relações afetivo-sexuais com outras mulheres." Tese de doutorado em Antropologia, Universidade de Brasília, Brasília-DF [https://repositorio.unb.br/bitstream/10482/20311/1/2015_Gl%c3%aaidesSimonedeFigueiredoFormiga.pdf].

Foucault, Michel. 1988. *A história da sexualidade I: a vontade de saber*. Rio de Janeiro: Edições Graal.

Frankenberg, Ruth. 1993. *White Women, Race Matters: The Social Construction of Whiteness*. Minneapolis: University of Minnesota Press.

Fraser, Nancy. 2006. "Da redistribuição ao reconhecimento? Dilemas da justiça numa era 'pós-socialista'." *Cadernos de Campo (São Paulo, 1991)* 15 (14-15): 231-239.

Freyre, Gilberto. [1933] 1995. *Casa-grande & senzala: formação da família brasileira sob o regime da economia patriarcal*. 30a. ed. Rio de Janeiro: Record.

Gaskell, George. 2002. "Entrevistas individuais e grupais." In *Pesquisa qualitativa com texto: imagem e som- um manual prático*, editado por Martin Bauer e George Gaskell, 64-89. Petrópolis-RJ: Vozes.

Gastaldo, Édison. 2008. "Goffman e as relações de poder na vida cotidiana." *Revista Brasileira de Ciências Sociais* 23 (68): 149-153.

Giacomini, Sônia. 1988. *Mulher e escrava: uma introdução histórica ao estudo da mulher negra no Brasil*. Petrópolis – RJ: Vozes.

Giacomini, Sônia. 1994. "Beleza mulata e beleza negra." *Revista Estudos Feministas* (94): 217-227.

Giacomini, Sônia Maria. 2006. *A alma da festa: família, etnicidade e projetos num clube social da zona norte do Rio de Janeiro – o Renascença Clube*. Belo Horizonte; Rio de Janeiro: Editora UFMG; IUPERJ.

Giddens, Anthony. 1993. *A transformação da intimidade sexualidade: amor e erotismo nas sociedades modernas*. São Paulo: UNESP.

Gilliam, Angela e Gilliam, Onik'a. 1995. "Negociando a subjetividade de mulata no Brasil." *Revista de Estudos Feministas* 3 (2): 525-543.

Gilroy, Paul. 1993. *The Black Atlantic: Modernity and Double Consciousness*. London; New York: Verso.

Goffman, Erving. 1983. "The Interaction Order: American Sociological Association, 1982. Presidential Address." *American Sociological Review* 48 (1): 1-17].

Goffman, Erving. 2013. *A representação do eu na vida cotidiana*. Petrópolis, RJ: Editora Vozes.

Golash-Boza, Tanya. 2010. "Does Whitening Happen? Distinguishing between Race and Color Labels in an African-Descended Community in Peru." *Social Problems* 57 (1): 138-156.

Goldani, Ana Maria. 1993. "As famílias no Brasil contemporâneo e o mito da desestruturação." *Cadernos Pagu* (1): 67-110.

Goldstein, Donna M. 1999. "'Interracial' Sex and Racial Democracy in Brazil: Twin Concepts?" *American Anthropologist* 101 (3): 563-578.

Goldstein, Donna M. 2003. *Laughter out of Place: Race, Class, Violence, and Sexuality in a Rio Shantytown*. Berkeley; Los Angeles; London: University of California Press.

Gomes, Nilma Lino. 2002. "Trajetórias escolares, corpo negro e cabelo crespo: reprodução de estereótipos ou ressignificação cultural?" *Revista Brasileira de Educação* (21): 40-51.

Gomes, Nilma Lino. 2008. *Sem perder a raiz: corpo e cabelo como símbolos da identidade negra*. Belo Horizonte: Autêntica.

Gomes, Nilma Lino. 2011. "Movimento negro, saberes e a tensão regulação-e-mancipação do corpo e da corporeidade negra." *Contemporânea - Revista de Sociologia da UFSCar* (2): 37-60.

Gonzalez, Lélia. 1982a. "A esperança branca." *Folha de São Paulo*, 21 de março.

Gonzalez, Lélia. 1982b. "A mulher negra na sociedade brasileira: uma abordagem político-econômica." In *O lugar da mulher: estudos sobre a condição feminina na sociedade atual*, editado por Madel T. Luz, 89-106. Rio de Janeiro: Edições Graal.

Gonzalez, Lélia. 1984. "Racismo e sexismo na cultura brasileira." *Ciências Sociais Hoje* 2 (1): 223-244.

Gonzalez, Lélia. 1988a. "A categoria político-cultural de Amefricanidade." *Revista Tempo Brasileiro* (92/93): 69-82.

Gonzalez, Lélia. 1986. *Odara Dudu = Beleza Negra*. Folder de Campanha de Lélia Gonzalez para Deputada Estadual pelo PDT/RJ. Arquivo Lélia Gonzalez.

Gonzalez, Lélia. 1988a. "A categoria político-cultural de Amefricanidade." *Revista Tempo Brasileiro* (92/93): 69-82.

Gonzalez, Lélia. 1988b. "Por un feminismo afrolatinoamericano." *Isis; An International Review Devoted to the History of Science and its Cultural Influences* ix: 133-141.

Gonzalez, Lélia. 1991. "Entrevista com Lélia Gonzalez." *Jornal Nacional do Movimento Negro Unificado.*

Gonzalez, Lélia. 1994. "Lélia fala de Lélia." *Revista Estudos Feministas* 2 (2): 383-386.

Gordon, Doreen. 2013. "A Beleza Abre Portas: Beauty and the Racialised Body among Black Middle-Class Women in Salvador, Brazil." *Feminist Theory* 14 (2) 203-218.

Guimarães, Antônio Sérgio Alfredo. 2011. "Raça, cor, cor da pele e etnia." *Cadernos de Campo (São Paulo, 1991)* 20 (20): 265-271.

Hakim, Catherine. 2010. "Erotic Capital." *European Sociological Review* 26 (5): 499-518.

Hall, Stuart. 1997. "The Spectacle of the "Other"." In *Representation: Cultural Representations and Signifying Practices*, editado por Stuart Hall, 225-279. London; Thousand Oaks, CA; New Delhi: Sage.

Hall, Stuart. 2013. "Raça, o significado flutuante." *Revista Z Cultural - Revista do Programa Avançado de Cultura Contemporânea* VIII (2).

Hanchard, Michael. 1994. *Orpheus and Power: The Movimento Negro of Rio de Janeiro and São Paulo, Brazil, 1945-1988.* Princeton: Princeton University Press.

Hanchard, Michael. 2000. "Racism, Eroticism, And the Paradoxes of a U.S. Black Researcher in Brazil." In *Racing Research, Researching Race: Methodological Dilemmas in Critical Race Studies*, editado por France Winddance Twine e Jonathan W. Warren, 165-186. New York; London: New York University Press.

Harding, Sandra. 1995. "'Strong Objectivity': A Response to the New Objectivity Question." *Synthese* 104 (3): 331-349.

Harding, Sandra. 2015. *Objectivity and Diversity: Another Logic of Scientific Research.* Chicago: University of Chicago Press.

Harris, Marvin. 1964. *Patterns of Race in the Americas.* New York: Walker and Company.

Heilborn, Maria Luiza. 1999. "Construção de si, gênero e sexualidade." In *Sexualidade: o olhar das ciências sociais*, editado por Maria Luiza Heilborn, 40-59. Rio de Janeiro: Editora Zahar.

Heilborn, Maria Luiza. 2006a. "Entre as tramas da sexualidade brasileira." *Revista Estudos Feministas* 14 (1): 43-59.

Heilborn, Maria Luiza. 2006b. Experiências da sexualidade, reprodução e trajetórias biográficas juvenis. In *O aprendizado da sexualidade: reprodução e trajetórias sociais de jovens brasileiras*, editado por Maria Luiza Heilborn,

Estela M. L. Aquino, Michel Bozon e Daniela Riva Knauth, 30-97. Rio de Janeiro: Garamond; Fiocruz.

Heilborn, Maria Luiza; Cabral, Cristiane S. e Bozon, Michel. "Valores sobre sexualidade e elenco de práticas: tensões entre modernização diferencial e lógicas tradicionais." In *O aprendizado da sexualidade: reprodução e trajetórias sociais de jovens brasileiras*, editado por Maria Luiza Heilborn, Estela M. L. Aquino, Michel Bozon e Daniela Riva Knauth, 207-264. Rio de Janeiro: Garamond; Fiocruz.

Hernton, Calvin C. 1973. *Sex and Racism in America.* St Albans: Paladin.

Hine, Christine. 2000. *Virtual Ethnography.* London: Sage.

Hine, Christine; Campanella, Bruno. 2015. "Por uma etnografia para a internet: transformações e novos desafios." *MATRIZes* 9 (2): 167-173.

Hirata, Helena e Kergoat, Danièle. 2007. "Novas configurações da divisão sexual do trabalho." *Cadernos de Pesquisas* 37 (132): 595-609.

Hobbs, Mitchell; Owen, Stephen e Gerber, Livia. 2017. "Liquid Love? Dating Apps, Sex, Relationships and the Digital Transformation of Intimacy." *Journal of Sociology* 53 (2): 271-284.

Hofbauer, Andreas. 2006. "Ações afirmativas e o debate sobre racismo no Brasil." *Lua Nova: Revista de Cultura e Política* (68): 9-56.

Honneth, Axel. 2003. *Luta por reconhecimento.* São Paulo: Editora 34.

hooks, bell. 1989. *Straightening Our Hair.* New York: South End Press.

hooks, bell. 1995. "Intelectuais Negras." *Revista Estudos Feministas* 3 (2): 464-478.

hooks, bell. 1996. "The Oppositional Gaze: Black Female Spectator." In *Movies and Mass Culture*, editado por John Belton, 247–264. New Brunswick, N.J.: Rutgers University Press.

hooks, bell. 1997. "Representing Whiteness in the Black Imagination." In *Displacing Whiteness: Essays in Social and Cultural Criticism*, editado por Ruth Frankenberg, 165-179. Durham, NC: Duke University Press.

hooks, bell. 2001. *Salvation: Black People and Love.* New York: Harper Perennial.

Hordge-Freeman, Elizabeth. 2015. *The Color of Love: Racial Features, Stigma and Socialization in Black Brazilian Families.* Austin: University of Texas Press.

Ianni, Octávio. 1960. "Raça e mobilidade social." In *Côr e mobilidade social em Florianópolis: aspectos das relações entre negros e brancos numa comunidade do Brasil meridional*, editado por Fernando Henrique Cardoso e Octávio Ianni, 155-190. São Paulo: Companhia Editora Nacional.

IBGE - Instituto Brasileiro de Geografia e Estatística. 2020a. *Rendimento de todas as fontes - PNAD Contínua 2019* [https://biblioteca.ibge.gov.br/visualizacao/livros/liv101709_informativo.pdf].

IBGE - Instituto Brasileiro de Geografia e Estatística. 2020b. *Tabulações especiais sobre as condições de vida da população brasileira 2018* [https://www.ibge.gov.br/estatisticas/sociais/populacao/9221-sintese-de-indicadores-sociais.html?edicao=27611&t=sobre].

IPEA - Instituto de Pesquisa Econômica Aplicada. 2017. *Retrato das desigualdades de gênero e raça.* Brasília-DF: IPEA [https://www.ipea.gov.br/retrato/indicadores.html].

IPEA - Instituto de Pesquisa Econômica Aplicada; FBSP - Fórum Brasileiro de Segurança Pública, orgs. 2019. *Atlas da violência 2019.* Brasília-DF; Rio de Janeiro; São Paulo: IPEA; FBSP. [https://www.ipea.gov.br/atlasviolencia/download/19/atlas-da-violencia-2019].

Itaboraí, Nathalie Reis. 2015. "Mudanças nas famílias brasileiras (1976-2012): uma perspectiva de classe e gênero." 2015. Tese de doutorado em Sociologia, Universidade do Estado do Rio de Janeiro, Rio de Janeiro.

Jarrín, Alvaro. 2017. *The Biopolitics of Beauty: Cosmetic Citizenship and Affective Capital in Brazil.* Oakland, CA: University of California Press.

Jesus, Carolina Maria. 1986. *Diário de Bitita.* Rio de Janeiro: Editora Nova Fronteira.

Knauth, Daniela; Ceres, Víctoria G; Leal, Andréa F. e Fachel, Jandyra. 2006. "As trajetórias afetivo-sexuais: encontros, união e separação." In *O aprendizado da sexualidade: reprodução e trajetórias sociais de jovens brasileiras,* editado por Maria Luiza Heilborn, Estela M. L. Aquino, Michel Bozon e Daniela Riva Knauth, 269-309. Rio de Janeiro: Garamond; Fiocruz.

Korsmeyer, Carolyn. 2002. *Making Sense of Taste: Food and Philosophy.* Ithaca; London: Cornell University Press.

Lima Barreto, Afonso Henriques de. [1948] 2011. *Clara dos Anjos.* São Paulo: Ática.

Lobato, Josefina Pimenta. 2012. *Antropologia do amor: do Oriente ao Ocidente.* Belo Horizonte: Autêntica Editora.

Lorber, Judith. 2006. "Shifting Paradigms and Challenging Categories." *Social Problems* 53 (4): 448-453.

Lorde, Audre. 2007. "Uses of the Erotic: The Erotic as Power." In *Sister Outside,* editado por Audre Lorde, 53-59. Berkeley, CA: Crossing Press.

Louro, Guacira Lopes. 2000. "Corpo, escola e identidade." *Educação & Realidade* 25 (2): 59-76.

Lucinda, Elisa. 2002. "Mulata exportação". In *O semelhante,* editado por Elisa Lucinda, 184-185. Rio de Janeiro: Record.

Maia, Cláudia de Jesus. 2007. "A invenção da solteirona: conjugalidade moderna e terror moral – Minas Gerais (1890-1948)." Tese de doutorado em História, Universidade de Brasília, Brasília-DF [https://repositorio.unb.br/bitstream/10482/2331/1/2007_ClaudiadeJesusMaia.PDF].

Mama, Amina. 1997. "Sheroes and Villains: Conceptualizing Colonial and Contemporary Violence Against Women in Africa." In *Feminist Genealogies, Colonial Legacies, Democratic Futures,* editado por M. Jacqui Alexander e Chandra Talpade Mohanty, 46-62. New York; London: Routledge.

Martin'ália. 2005. "Pretinhosidade". Música n. 9 no álbum *Menino do Rio,* Quitanda/Biscoito Fino.

McClintock, Anne. 2010. *Couro imperial: raça, gênero e sexualidade no embate colonial.* Campinas-SP: Editora da Unicamp.

Mckittrick, Katherine. 2006. *Demonic Grounds: Black Women and the Cartographies of Struggle.* Minneapolis; London: University of Minnesota Press.

Mead, George Herbert e Morris, Charles W. 1967. *Mind, Self, and Society.* Chicago: University of Chicago Press.

Melo, Paula Balduíno de. 2015. "Matronas afropacíficas: fluxos, territórios e violências: gênero, etnia e raça na Colômbia e no Equador." Tese de doutorado em Antropologia Social, Universidade de Brasília, Brasília-DF [https://repositorio.unb.br/bitstream/10482/19188/1/2015_PaulaBalduinodeMelo.pdf]

Meyer, Dagmar Estermann; Klein, Carin e Fernandes, Letícia Prezzi. 2012. "Noções de família em políticas de 'inclusão social' no Brasil contemporâneo." *Revista Estudos Feministas* 20, (2): 433-449.

Miller-Young, Mireille. 2014. *A Taste for Brown Sugar: Black Women in Pornography.* Durham, NC: Duke University Press.

Miskolci, Richard. 2013. *O desejo da nação: masculinidade e branquitude no Brasil de fins do XIX.* São Paulo: Annablume.

Monsma, Karl. 2016. *A reprodução do racismo: fazendeiros, negros e imigrantes no oeste paulista, 1880-1914.* São Carlos: EdUFSCar.

Moore, Henrietta L. 2008. *The Subject of Anthropology: Gender, Symbolism and Psychoanalysis.* Cambridge, UK; Malden, MA, USA: Polity Press.

Morrison, Toni. (1970) 2007. *The Bluest Eye.* New York: Vintage Books.

Moura, Clóvis. 1988. *Sociologia do negro brasileiro.* São Paulo: Editora Ática.

Moutinho, Laura. 2004. *Razão, "cor" e desejo: uma análise comparativa sobre relacionamentos afetivo-sexuais "inter-raciais" no Brasil e na África do Sul.* São Paulo: UNESP.

Munanga, Kabengele (org.). 2005. *Superando o racismo na escola.* Brasília-DF: Ministério da Educação, Secretaria de Educação Continuada, Alfabetização e Diversidade.

Nascimento, Abdias do. 1978. *O genocídio do negro brasileiro: processo de um racismo mascarado.* Rio de Janeiro: Editora Paz e Terra S/A.

Nascimento, Beatriz. 1990. "A mulher negra e o amor." *Jornal Maioria Falante*, mar., (17): 3.

Nascimento, Beatriz. 2006. "Parte II - É tempo de falarmos de nós mesmos." *Eu sou Atlântica: sobre a trajetória de vida de Beatriz Nascimento*, editado por Alex Ratts, 91-129. São Paulo: Instituto Kuanza; Imprensa Oficial do Estado de São Paulo.

nascimento, tatiana. 2017. "lundu." In *lundo*, editado por tatiana nascimento, 40-41. Brasília-DF: padê editorial.

Nash, Jennifer C. 2008. "Re-thinking intersectionality" *Feminist Review* 89 (1) 1-15.

Nelson, Alondra. 2008. "Bio Science: Genetic Genealogy Testing and the Pursuit of African Ancestry." *Social Studies of Science* 38 (5): 759-783.

Nobles, Melissa. 2000. *Shades of Citizenship: Race and the Census in Modern Politics.* Stanford: Stanford University Press.

Nogueira, Isildinha Baptista. 1998. "Significações do corpo negro." Tese de doutorado em Psicologia, Universidade de São Paulo, São Paulo [http://www.ammapsique.org.br/baixe/corpo-negro.pdf].

Nogueira, Isildinha Baptista. 1999. "O corpo da mulher negra." *Pulsional Revista de Psicanálise* XIII (135): 40-45.

Nogueira, Oracy. 2007. "Preconceito racial de marca e preconceito racial de origem: sugestão de um quadro de referência para a interpretação do material sobre relações raciais no Brasil." *Tempo Social* 19 (1): 287-308.

Norvell, John M. 2001. "A brancura desconfortável das camadas médias brasileiras." In *Raça como retórica: a construção da diferença,* editado por Yvonne Maggie e Claudia B. Rezende, 245-267. Rio de Janeiro: Civilização Brasileira.

Novaes, Joana V. e Vilhena, Junia de. 2003. "De Cinderela a moura torta: sobre a relação mulher, beleza e feiura." *Interações* 8 (15): 9-36.

Nunes, Brasilmar Ferreira. 2009. "Elementos para uma sociologia dos espaços edificados em cidades: o 'Conic' no Plano Piloto de Brasília." *Cadernos Metrópole* 21: 13-32.

Nunes, Davi. 2016. "A palavra não é amor, é dengo". Duque dos Banzos. Acesso em 20 de outubro de 2018 [https://ungareia.wordpress.com/2016/11/09/a-palavra-nao-e-amor-e-dengo].

Oda, Ana Maria Galdini Raimundo. 2008. "Escravidão e nostalgia no Brasil: o banzo." *Revista Latinoamericana de Psicopatologia Fundamental* 11 (4): 735-761.

Oliveira, Cloves Luiz Pereira e Barreto, Paula Cristina da Silva. 2003 "Percepção do Racismo no Rio de Janeiro." *Estudos Afro-Asiáticos* 25 (2): 183-213.

Oliveira, Luís Cláudio de. 2016. *Famílias negras centenárias: memórias e narrativas.* Rio de Janeiro: Mar de Ideias Navegação Cultural.

Oliveira, Ualace Roberto de Jesus. 2017. "Classes sociais e classes socioeconômicas: um estudo sobre os estratos sociais na região metropolitana de Salvador entre 2003 a 2010." *Estação Científica (UNIFAP)* 6 (3): 85-96.

Omi, Michael. 2001. "The Changing Meaning of Race." In *America Becoming: Racial Trends and Their Consequences,* editado por National Research Council, 243-263. v.1. Washington, DC: The National Academies Press.

Omi, Michael e Winant, Howard A. 1994. *Racial Formation in the United States: From the 1960s to the 1980s.* New York: Routledge.

Osuji, Chinyere. 2013a. "Confronting Whitening in an Era of Black Consciousness: Racial Ideology and Black-white Interracial Marriages in Rio de Janeiro." *Ethnic and Racial Studies* 36 (10): 1490-1506.

Osuji, Chinyere. 2013b. "Racial 'Boundary-Policing." *Du Bois Review* 10 (1): 179-203.

Osuji, Chinyere. 2016. "An African/Nigerian-American Studying Black-White Couples in Los Angeles and Rio de Janeiro." In *Race and the Politics of*

*Knowledge Production: Diaspora and Black Transnational Scholarship in the USA and Brazil*, editado por Gladys L. Mitchell-Walthour e Elizabeth Hordge-Freeman, 123-138. New York: Palgrave.

Oyèwúmi, Oyèronkè. 2002. "Conceptualizing Gender: The Eurocentric Foundations of Feminist Concepts and the Challenge of African Epistemologies." *Jenda: A Journal of Culture and African Women Studies* 2 (1).

Pacheco, Ana Cláudia Lemos. 2006. "Raça, gênero e relações sexual-afetivas na produção bibliográfica das Ciências Sociais Brasileiras – um diálogo com o tema." *Afro-Ásia* (34): 153-188.

Pacheco, Ana Cláudia Lemos. 2013. *Mulher negra: afetividade e solidão*. Salvador: EDUFBA.

Oyèwúmi, Oyèronkè. "Conceptualizing Gender: The Eurocentric Foundations of Feminist Concepts and the Challenge of African Epistemologies." *Jenda: A Journal of Culture and African Women Studies* 2 (1) 2002.

Paixão, Marcelo; Rossetto, Irene; Montovalene, Fabiana e Carvano, Luiz M., orgs. 2010. *Relatório Anual das Desigualdades Raciais no Brasil; 2009-2010: Constituição Cidadã, seguridade social e seus efeitos sobre as assimetrias de cor ou raça*. Rio de Janeiro: Editora Garamond [http://flacso.redelivre.org.br/files/2012/07/343.pdf]

Parker, Richard Guy. 1991. *Corpos, prazeres e paixões: a cultura sexual no Brasil contemporâneo*. São Paulo: Editora Best Seller.

Paschel, Tianna S. 2016. *Becoming Black Political Subjects: Movements and Ethno-Racial Rights in Colombia and Brazil*. Princeton; Oxford: Princeton University Press.

Pateman, Carole. 1988. *The Sexual Contract*. Stanford, CA: Stanford University Press.

Pereira, Ana Claudia Jaquetto. 2019. *Intelectuais negras brasileiras: horizontes políticos*. Belo Horizonte: Letramento.

Pereira, Bruna Cristina Jaquetto. 2016. *Tramas e dramas de gênero e de cor: a violência doméstica contra mulheres negras*. Brasília-DF: Brado Negro.

Perlongher, Néstor. 1987. *O negócio do michê: prostituição viril em São Paulo*. São Paulo: Editora Brasiliense.

Perosa, Graziela Serroni. 2006. "A aprendizagem das diferenças sociais: classe, gênero e corpo em uma escola para meninas." *Cadernos Pagu* (26): 87-111.

Petruccelli, José Luis. 2001. "Seletividade por cor e escolhas conjugais no Brasil dos 90." *Estudos Afro-Asiáticos* 23 (1): 29-51.

Pierson, Donald. 1971. *Brancos e pretos na Bahia: estudo de contacto racial*. São Paulo: Cia. Editora Nacional.

Pilão, Antonio Cerdeira e Goldenberg, Mirian. 2012. "Poliamor e monogamia: construindo diferenças e hierarquias." *Revista Ártemis* 13 (1): 62-71.

Pinho, Osmundo Araújo. 2004. "O efeito do sexo: políticas de raça, gênero e miscigenação." *Cadernos Pagu*, 3 (23): 89-119.

Pinho, Osmundo Araújo. 2008. "Relações raciais e sexualidade." In *Raça: novas perspectivas sociológicas,* editado por Osmundo Araújo Pinho e Livio Sansone, 257-283. Salvador: ABA; EDUFBA.

Pinho, Osmundo Araújo. 2012. "Race Fucker: representações raciais na pornografia gay." *Cadernos Pagu* (38): 159-195.

Pinho, Patrícia Santana. 2006. "Afro-Aesthetics in Brazil." In *Beautiful/Ugly: African and Diaspora Aesthetics,* editado por Sarah Nuttall, 266-289. Durham, NC; London: Duke University Press.

Pinho, Patrícia Santana. 2009. "White but Not Quite: Tones and Overtones of Whiteness in Brazil." *Small Axe* 13 (2): 39-56.

Pinto, Elisabete Aparecida. 2015. *Etnicidade, gênero e educação: a trajetória de vida de Laudelina de Campos Mello (1904-1991):* Anita Garibaldi.

Pinto, Elisabete Aparecida. 2004. *"Sexualidade na identidade da mulher negra a partir da diáspora africana: o caso do Brasil."* Tese de doutorado em Psicologia Social, Pontifícia Universidade Católica de São Paulo, São Paulo.

Piza, Edith. 2009. "Porta de vidro: entrada para a branquitude." *In: Psicologia social do racismo: estudos sobre branquitude e branqueamento no Brasil,* editado por Iray Carone; Maria Aparecida Silva Bento, 59-90. Petrópolis-RJ: Vozes.

Poli, Moema de. 2006. "Repensando as uniões inter-raciais no Brasil." *História, Ciências, Saúde-Manguinhos* 13 (4): 1051-1057.

Pravaz, Natasha. 2003. "Brazilian *Mulatice*: Performing Race, Gender, and the Nation." *The Journal of Latin American Anthropology* 8 (1): 116-147.

Quivy, Raymond e Van Campenhoudt, Luc. 1995. *Manual de investigação em Ciências Sociais.* Lisboa: Gradiva.

Ramos, Jair de Souza. 2003. "Ciência e racismo: uma leitura crítica de Raça e assimilação em Oliveira Vianna." *História, Ciências, Saúde-Manguinhos* 10 (2): 573-601.

Ratts, Alex. 2006. *Eu sou Atlântica: sobre a trajetória de vida de Beatriz Nascimento.* São Paulo: Instituto Kuanza; Imprensa Oficial do Estado de São Paulo.

Rezende, Claudia Barcellos. 2016. "Imaginando o bebê esperado: parentesco, raça e beleza no Rio de Janeiro." *Etnográfica: Revista do Centro de Estudos de Antropologia Social* 20 (2): 231-249.

Ribeiro, Alan Augusto Moraes e Faustino, Deivison Mendes. 2017. "Negro tema, negro vida, negro drama: estudos sobre masculinidades negras na diáspora." *Transversos: Revista da História* (10): 163-182.

Ribeiro, Carlos Antonio Costa e Silva, Nelson do Valle. 2009. "Cor, educação e casamento: tendências da seletividade marital no Brasil, 1960 a 2000." *Dados* 52 (1): 7-51.

Ribeiro, Jucélia Santos Bispo. 2006. "Brincadeiras de meninas e de meninos: socialização, sexualidade e gênero entre crianças e a construção social das diferenças." *Cadernos Pagu* (26): 145-168.

Rich, Adrienne. 2012. "Heterossexualidade compulsória e existência lésbica." *Bagoas – Estudos gays: gêneros e sexualidades*, 4 (5): 17-44.

Rocha, Emerson Ferreira. 2010. "Os códigos da raça: uma perspectiva teórica sobre o racismo." Dissertação de mestrado em Ciências Sociais, Universidade Federal de Juiz de Fora, Juiz de Fora [http://repositorio.ufjf.br:8080/jspui/bitstream/ufjf/2545/1/emersonferreirarocha.pdf].

Rocha, Emerson Ferreira. 2017. "Riqueza e status entre mulheres negras no Brasil." *Sociedade e Estado* 32 (1): 217-244.

Rodrigues, Cristiano dos Santos. 2020. *Afro-latinos em movimento: protesto negro e ativismo institucional no Brasil e na Colômbia*. Curitiba: Appris.

Rosa, Waldemir. 2014. "Homem preto do gueto: um estudo sobre a masculinidade no rap brasileiro." Dissertação de mestrado em Antropologia, Universidade de Brasília, Brasília-DF [https://repositorio.unb.br/bitstream/10482/2769/1/Disserta%c3%a7%c3%a3o%20Waldemir%20Rosa.pdf]

Rottenberg, Catherine. 2004. "Passing: Race, Identification, and Desire." *Criticism* 45 (4): 435-452.

Said, Edward W. 1990. *Orientalismo: o Oriente como invenção do Ocidente*. São Paulo: Companhia das Letras.

Salem, Tania. 2004. "'Homem... já viu, né?': representações sobre sexualidade e gênero entre homens de classe popular." In *Família e sexualidade*, Maria Luiza Heilborn, 15-61. Rio de Janeiro: Editora FGV.

Santos, Jocélio Telles dos. 1999. "Nação Mestiça: Discursos e práticas oficiais sobre os afro-brasileiros." *Luso-Brazilian Review* 36 (1): 19-31.

Santos, Lívia Natália de S. 2016. *Água negra e outras águas*. Salvador: EPP.

Santos, Rosa Maria Rodrigues dos. 2009. "De café e de leite." In *Psicologia social do racismo: estudos sobre branquitude e branqueamento no Brasil*, editado por Iray Carone; Maria Aparecida Silva Bento, 121-130. Petrópolis-RJ: Vozes.

Scalon, Maria Celi. 1992. "Cor e seletividade conjugal no Brasil." *Estudos Afro- -Asiáticos* (23): 17-36.

Schucman, Lia Vainer. 2014. "Sim, nós somos racistas: estudo psicossocial da branquitude paulistana." *Psicologia & Sociedade* 26 (1): 83-94.

Schucman, Lia Vainer. 2018. *Famílias inter-raciais: tensões entre cor e amor*. Salvador: EDUFBA.

Schucman, Lia Vainer; Mandelbaum, Belinda; Fachim, Felipe Luis. 2017. "Minha mãe pintou meu pai de branco: afetos e negação da raça em famílias interraciais." *Revista de Ciências HUMANAS* 51 (2): 439-455.

Schuller, Kyla. 2017. *The Biopolitics of Feeling: Race, Sex, and Science in the Nineteenth Century*. Durham, NC: Duke University Press.

Schutz, Alfred. 1979. *Fenomenologia e relações sociais*. Rio de Janeiro: Zahar.

Schwarcz, Lilia Moritz. 1993. *O espetáculo das raças: cientistas, instituições e a questão racial no Brasil – 1870-1930*. São Paulo: Companhia das Letras.

Shakur, Assata. 2005. *A Message to my Sistas*. [S.l.]. Acesso em 15 de fevereiro de 2017 [http://www.hartford-hwp.com/archives/45a/669.html].

Sheriff, Robin E. 2001. *Dreaming Equality: Color, Race, and Racism in Urban Brazil*. New Brunswick, New Jersey, and London: Rutgers University Press.

Silva, Eliana Gesteira da, e Fonseca, Alexandre Brasil. 2013. "Ciência, estética e raça: observando imagens e textos no periódico O Brasil Médico, 1928-1945." *História, ciências e saúde – Manguinhos* 20 (supl.): 1287-1313.

Silva, Nelson do Valle. 1987. "Distância social e casamento inter-racial no Brasil." *Estudos Afro-Asiáticos* 14: 54-83.

Silva, Nelson do Valle. 1991. "Estabilidade temporal e diferenças regionais no casamento interracial." *Estudos Afro-Asiáticos* (21): 49-60.

Silva, Petronilha Beatriz Gonçalves. 2015. "Crianças negras entre a assimilação e a negritude." *Revista Eletrônica de Educação* 9 (2): 161-188, 2015.

Slenes, Robert W. 2011. *Na senzala, uma flor – Esperanças e recordações na formação da família escrava: Brasil Sudeste século XIX*. Campinas: Editora da Unicamp.

Smith, Clarissa; Attwood, Feona e Mcnair, Brian (org.). 2018. *The Routledge Companion to Media, Sex and Sexuality*. Abingdon, Oxon; New York: Routledge.

Sorj, Bila. 2013. "Arenas de cuidado nas interseções entre gênero e classe social no Brasil." *Cadernos de Pesquisas* 43 (149): 478-491.

Souza, Claudete Alves da Silva. 2008. "A solidão da mulher negra: sua subjetividade e seu preterimento pelo homem negro na cidade de São Paulo". Dissertação de mestrado em Ciências Sociais, Pontifícia Universidade Católica de São Paulo. https://tede2.pucsp.br/handle/handle/3915

Souza, Neusa Santos. 1983. *Tornar-se negro: as vicissitudes da identidade do negro brasileiro em ascensão social*. Rio de Janeiro: Edições Graal.

Spink, Mary Jane P. 2011. "Pessoa, indivíduo e sujeito: notas sobre efeitos discursivos de opções conceituais." In *Psicologia social e pessoalidade*, editado por Mary Jane P. Spink, Pedro Figueiredo e Jullyane Brasilino, 1-22. Rio de Janeiro: Centro Edelstein de Pesquisas Sociais; ABRAPSO.

Stepan, Nancy Leys. 2005. *"A hora da eugenia": raça, gênero e nação na América Latina*. Rio de Janeiro: FIOCRUZ.

Stoler, Ann Laura. 1995. *Race and the Education of Desire*. Durham, N. C.; London: Duke University Press.

Stolke, Verena. 2006. "O enigma das interseções: classe, "raça", sexo, sexualidade: a formação dos impérios transatlânticos do século XVI ao XIX." *Revista Estudos Feministas* 14 (1): 15-42.

Suarez, Joana. 2012. "Professora acusa escola de omissão em crime de racismo." *O Tempo*, 19 de julho [https://www.otempo.com.br/cidades/professora-acusa-escola-de-omiss%C3%A3o-em-crime-de-racismo-1.321267].

Taylor, Ula Yvette. 2017. *The Promises of Patriarchy: Women and the Nation of Islam*. Chapel Hill, The University of North Carolina Press.

Teixeira, Moema de Poli. 1986. "Família e identidade racial: a questão da cor nas relações e representações de um grupo de baixa renda." Dissertação de mestrado em Antropologia Social, Universidade Federal do Rio de Janeiro, Rio de Janeiro.

Teixeira, Moema de Poli; Beltrão, Kaizô Iwakami e Sugahara, Sonoê. 2013. "Além do preconceito de marca e de origem: a motivação política como critério emergente para classificação racial." In *Características étnico-raciais da população: classificações e identidades*, editado por José Luis Petruccelli; Ana Lucia Saboia, 101-123. Rio de Janeiro: IBGE [https://biblioteca.ibge.gov.br/visualizacao/livros/liv63405.pdf].

Telles, Edward E. 2004. *Race in Another America: The Significance of Skin Color in Brazil*. Princeton, N.J.: Princeton University Press.

Telles, Edward E. e PERLA - The Project on Ethnicity and Race in Latin America. 2014. *Pigmentocracies: Ethnicity, Race, and Color in Latin America*. Chapel Hill: The University of North Carolina Press.

Tomás, Maria Carolina. 2012. "Interracial Marriage in Brazil: A Discussion about Local Marriage Market, Parents' Characteristics, and Household Chores.". Tese de doutorado em Sociologia e em Demografia, University of California, Berkeley [https://digitalassets.lib.berkeley.edu/etd/ucb/text/Tomas_berkeley_0028E_12998.pdf].

Tomás, Maria Carolina. 2016. "Relações raciais nas famílias brasileiras." *Revista Brasileira de Estudos de População* 33 (3): 703-710.

Traverso-Yépez, Martha A. e Pinheiro, Verônica de Souza. 2005. "Socialização e gênero na adolescência." *Revista Estudos Feministas* 13 (1): 147-162.

Turra, Cleusa e Venturi, Gustavo. 1995. *Racismo cordial: a mais completa análise sobre o preconceito de cor no Brasil*. Folha de S. Paulo/Datafolha. São Paulo: Editora Ática.

Twine, France Winddance. 1998. *Racism in a Racial Democracy: The Maintenance of White Supremacy in Brazil*. New Brunswick, NJ; London: Rutgers University Press.

Twine, France Winddance. 2000. "Racial Ideologies, Racial Methodologies, and Racial Fields." In *Researching Race: Methodological Dilemmas in Critical Race Studies*, 1-34. New York; London: New York University Press.

Twine, France Winddance e Warren, Jonathan W. (orgs.). 2000. *Racing Research, Researching Race: Methodological Dilemmas in Critical Race Studies*. New York; London: New York University Press.

Velho, Gilberto. 1994. *Projeto e metamorfose: antropologia das sociedades complexas*. Rio de Janeiro: Zahar.

Veloso, Álvaro G. 2006. "La entrevista en profundidad individual." In *Metodologías de investigación social*, editado por Manuel C. Ceráon, 219-231. Santiago: Lom Ediciones.

Vianna, Claudia e Finco, Daniela. 2009. "Meninas e meninos na educação infantil: uma questão de gênero e poder." *Cadernos Pagu* (33): 265-283.

Vianna, Hermano. 1995. *O mistério do samba*. Rio de Janeiro: Zahar.

Vieira, Nanah Sanches. 2014. "O trabalho da babá: trajetórias corporais entre o afeto, o objeto e o abjeto." Dissertação de mestrado em

Sociologia, Universidade de Brasília, Brasília-DF [https://repositorio.unb.br/handle/10482/16822?mode=full].

Viveros Vigoya, Mara. 2000. "Dionísios negros: corporalidad, sexualidad y orden socio-racial en Colombia." In ¿*Mestizo yo?*, editado por Mario Bernardo Figueroa Muñoz e Pío Eduardo Sanmiguel A., 95-130. Bogotá: CES/Universidad Nacional.

Wade, Peter. 2009. *Race and Sex in Latin America*. London; New York: Pluto Press.

Warren, Jonathan W. "Masters in the Field: White Talk, White Privilege, White Biases." 2020. In *Racing Research, Researching Race: Methodological Dilemmas in Critical Race Studies*, editado por France Winddance Twine e Jonathan W. Warren, 135-164. New York; London: New York University Press.

Wazana, Tompkins Kyla. 2012. *Racial Indigestion: Eating Bodies in the 19th Century*. New York: New York University Press.

Williams, Erica Lorraine. 2013. *Sex Tourism in Bahia: Ambiguous Entanglements*. Champaign, IL: University of Illinois Press.

Winters, Lisa Ze. 2016. *The Mulatta Concubine: Terror, Intimacy, Freedom, and Desire in the Black Transatlantic*. Athens, GA: University of Georgia Press.

Wolf, Naomi. 2002. *The Beauty Myth*. New York: Random House.

Wynter, Sylvia. 2003. "Unsettling the Coloniality of Being/Power/Truth/Freedom: Towards the Human, After Man and Its Overrepresentation – An Argument." *CR: The New Centennial Review* 3 (3): 257-337.

Young, Robert C. G. 2005. *Desejo colonial: hibridismo em teoria, cultura e raça*. São Paulo: Perspectiva.

Zanello, Valeska. 2018. *Saúde mental, gênero e dispositivos: cultura e processos de subjetivação*. Curitiba: Appris.

Zuberi, Tukufu. 2001. *Thicker than Blood*: How Racial Statistics Lie. Minneapolis: University of Minnesota Press.

# Índice remissivo

www.ingramcontent.com/pod-product-compliance
Lightning Source LLC
Chambersburg PA
CBHW030403270326
41926CB00009B/1245